中青年经济学家文库

时变弹性生产函数模型研究

章上峰 著

经济科学出版社

图书在版编目（CIP）数据

时变弹性生产函数模型研究／章上峰著 .—北京：
经济科学出版社，2015.8
（中青年经济学家文库）
ISBN 978-7-5141-5947-9

Ⅰ.①时… Ⅱ.①章… Ⅲ.①生产函数法-研究
Ⅳ.①F014.1

中国版本图书馆 CIP 数据核字（2015）第 172656 号

责任编辑：凌　敏　程辛宁
责任校对：隗立娜
责任印制：李　鹏

时变弹性生产函数模型研究
章上峰　著
经济科学出版社出版、发行　新华书店经销
社址：北京市海淀区阜成路甲 28 号　邮编：100142
教材分社电话：010-88191343　发行部电话：010-88191522
网址：www.esp.com.cn
电子邮件：lingmin@esp.com.cn
天猫网店：经济科学出版社旗舰店
网址：http://jjkxcbs.tmall.com
北京九州迅驰传媒文化有限公司印装
880×1230　32 开　8.5 印张　220000 字
2015 年 8 月第 1 版　2015 年 8 月第 1 次印刷
ISBN 978-7-5141-5947-9　定价：22.00 元
（图书出现印装问题，本社负责调换。电话：010-88191502）
（版权所有　侵权必究　举报电话：010-88191586
电子邮箱：dbts@esp.com.cn）

序

马克思曾经说过，一门学科只有在成功地运用数学时，才能成为真正的科学。数量经济学是在经济理论指导下，运用数学、统计学方法和计算机技术，定量研究经济变量数量关系及其变化规律性的经济科学。这一学科诞生以来就不断有相关领域的研究者获得诺贝尔经济学奖，成为经济研究领域的"显学"。

中国的数量经济学发展较晚，在乌家培、张守一等老一辈经济学家努力下，20世纪80年代中期中国宏观经济模型才第一次参与世界模型连接并取得成功；90年代才培养出第一批中国自己的数量经济学博士。21世纪以来，一批在世界名校获得终身教职的学者应邀回国，推进了中国数量经济学与国际接轨。

经济学不同于自然科学，任何一个经济模型都不是通过实验设计，而是建立在一定的假设基础上，特别是根据国情而设定的假设。没有假设，就没有经济模型。西方经济理论的假设基础正是西方的国情。因此，在运用西方经济理论分析中国经济问题时，需要注意这些经济理论的前提假设在中国是否仍继续成立。如果不成立，就需要创新修正，构建适合中国国情的经济模型。

如何结合西方经济理论和中国国情，巧妙运用数学和统计学方法，构建适合中国国情的经济模型并加以应用推广，是对中国学术界提出的高水平要求，具有很大的创新性和挑战性。章上峰同志所著的《时变弹性生产函数模型研究》一书，正是由于这方面的研究特色，做出突破性学术贡献，正试图成为我国研究宏观经济生产函数模型的一部力作。

本书原是章上峰同志的博士论文，曾获得国家统计局优秀博士论文一等奖（2013）的学术荣誉。他的博士论文研究，在获得国家社会科学基金资助基础上，最近几年又对论文做了认真的修改和完善。

对中国生产函数模型研究取得一定成果，固然令人高兴，但是，关于适合中国国情的经济模型研究任重道远。"不登高山，不知天之高也"，我们应该在无穷的学术研究中攀登一个又一个高峰。愿此与作者、学者共勉之。

汪同三

2015年6月25日

前　言

中国是否需要构建自己的经济理论和模型？从方法论角度看，经济研究的过程，大致上包括从零散事实到典型化事实，再到一般理论模型和真实模型，最后到经济规律发现等环节。其中，典型化事实研究至关重要，是经济理论发展的方向和经济学研究的核心。宏观经济增长理论，包括新古典经济增长理论和内生经济增长理论，都是建立在"卡尔多事实"基础上的。Cobb-Douglas生产函数模型成功地刻画了新古典增长模型"卡尔多事实"的稳态增长特征，其模型结构简单、经济意义明显且容易估计，因而受到广泛应用。但是，"卡尔多事实"在世界范围内成立吗？转型时期的中国经济是否符合"卡尔多事实"？如果不符合，应该构建什么样的生产函数模型来刻画和解释？

本书在刻画中国经济非稳态增长典型化事实及解释方面做出初步探讨，拓展了Cobb-Douglas生产函数模型，从经济学角度提出时变弹性生产函数模型，构建一个相对完整的理论和应用研究框架，从而丰富和发展了经济增长理论和生产函数模型。

本书具有以下五个方面独到的创新之处和学术贡献：

第一，本书利用经济学原理，研究了构建时变弹性生产函数模型的必要性、可行性、统计学检验和经济学检验以及若干拓展思路，本书构建了一个相对完整的理论研究框架。

第二，本书提出利用时变弹性生产函数模型测度劳动收入份额的新思路，为国民经济核算资料提供新的参考依据。

第三，本书利用时变弹性生产函数模型测度得到理论劳动收入份额，并将实际劳动收入份额变化分解成技术进步偏向和市场扭曲两个因素，可以更好地刻画和理解劳动收入份额变化。研究发现，技术进步偏向是中国劳动收入份额长期运行的决定因素，而市场扭曲则是中国劳动收入份额短期波动的决定因素。

第四，本书提出利用时变弹性生产函数模型替代收入份额法，用于估计逐期贡献率，为科学计算全要素生产率提供新的方法和视角。

第五，本书基于时变弹性生产函数模型推导出一个全新的全要素生产率分解公式。全要素生产率增长率，在数值上等于中性技术进步增长率与偏向技术进步增长率之和，等于资本生产率增长率与劳动生产率增长率的加权和，其权数分别为资本产出弹性和劳动时变产出弹性。

本书内容基本框架如下：第一篇时变弹性生产函数模型理论研究由第一章至第五章组成；第二篇时变弹性生产函数模型应用研究由第六章至第十章组成。第一章绪论和第二章文献综述研究建立时变弹性生产函数模型的必要性；第三章模型设定与估计方法研究研究建立时变弹性生产函数模型的可行性；第四章研究时变弹性生产函数模型统计学与经济学检验；第五章研究时变弹性生产函数模型拓展思路与方法。第六章研究技术进步偏向定义及其测度；第七章研究初次分配中劳动收入份额测算方法；第八章进一步推导得到劳动收入份额的一个新的分解公式；第九章研究时变弹性生产函数与全要素生产率科学计算；第十章进一步推导得到时变弹性生产函数生产率分解公式及其政策含义；最后第十一章是本书的研究总结和今后研究展望。

本书出版得到国家社会科学基金项目（09CTJ005）、国家自然科学基金项目（71403247）、全国统计科学研究计划项目（2012LY016）、浙江省高校人文社科重点研究基地（浙江工商大学统计学）、教育部省属高校人文社会科学重点研究基地——浙江工商大学现代商贸研究中心、浙江工商大学青年人才基金重点项目的联合资助。

由于水平和精力有限,本书难免有错误和不足之处,恳请读者批评指正。

章上峰

2015年6月

目 录

第一篇 时变弹性生产函数模型理论研究

第一章 绪论 3
第一节 研究背景 3
第二节 研究内容 16
第三节 创新之处 18

第二章 生产函数模型研究综述 20
第一节 资本存量核算文献综述 21
第二节 经济增长理论文献综述 33
第三节 总量生产函数模型发展思路 39
第四节 文献述评 58

第三章 时变弹性生产函数模型设定与估计方法 60
第一节 非参数生产函数模型 62
第二节 变系数生产函数模型 68

第三节　可变参数生产函数模型 …………………………… 74
　　第四节　面板数据生产函数模型 …………………………… 77
　　第五节　时变弹性生产函数模型比较 ……………………… 81

第四章　时变弹性生产函数模型统计学与经济学检验 ……… 85
　　第一节　研究数据说明 ……………………………………… 86
　　第二节　受约束回归检验方法 ……………………………… 86
　　第三节　统计学检验结果 …………………………………… 96
　　第四节　经济学意义检验 …………………………………… 109
　　第五节　结果分析 …………………………………………… 112

第五章　时变弹性生产函数模型拓展思路与方法 …………… 114
　　第一节　因素导向时变弹性生产函数模型 ………………… 114
　　第二节　CES 生产函数模型拓展 …………………………… 116
　　第三节　VES 生产函数模型拓展 …………………………… 117
　　第四节　内生增长时变弹性生产函数模型 ………………… 119
　　第五节　可变规模报酬时变弹性生产函数模型 …………… 121
　　第六节　面板数据生产函数模型拓展 ……………………… 122
　　第七节　实证结果 …………………………………………… 123

第二篇　时变弹性生产函数模型应用研究

第六章　技术进步偏向定义及其测度 ………………………… 133
　　第一节　引言 ………………………………………………… 133
　　第二节　技术进步偏向定义溯源 …………………………… 136

第三节　技术进步偏向数理模型·················· 139
　　第四节　中国技术进步偏向的测度·················· 145
　　第五节　政策含义讨论·························· 153

第七章　初次分配中劳动收入份额测算方法研究············ 155
　　第一节　收入份额法··························· 156
　　第二节　时变弹性生产函数与劳动收入份额·············· 160
　　第三节　实证结果····························· 162
　　第四节　不同时变弹性生产函数测算结果对比············· 166
　　第五节　结果分析····························· 168

第八章　技术进步偏向与劳动收入份额：
　　　　　一个新的分解公式························· 169
　　第一节　引言······························· 169
　　第二节　文献综述···························· 172
　　第三节　经济模型···························· 174
　　第四节　实证结果···························· 182
　　第五节　影响机制研究·························· 186
　　第六节　结果分析与建议························ 190

第九章　时变弹性生产函数与全要素生产率··············· 192
　　第一节　问题的提出·························· 192
　　第二节　全要素生产率再测算····················· 195
　　第三节　实证研究···························· 198
　　第四节　结果分析···························· 209

· 3 ·

第十章 时变弹性生产函数生产率分解公式及其政策含义 …… 211
第一节 一个新的全要素生产率分解公式 …………… 211
第二节 生产率公式政策启示含义 …………………… 216
第三节 实证研究 ……………………………………… 220
第四节 结果分析与建议 ……………………………… 227

第十一章 总结与展望 ………………………………………… 229
第一节 经济解释 ……………………………………… 229
第二节 研究总结 ……………………………………… 232
第三节 今后研究展望 ………………………………… 235

参考文献 ……………………………………………………… 238
后 记 ………………………………………………………… 256

第一篇

时变弹性生产函数模型理论研究

第一章

绪　论

第一节

研究背景

一、卡尔多事实

现代经济学研究，从方法论看可以归纳成这样一个路线：观察经济现象，收集经济数据，提出经济问题，归纳典型化事实；建立经济理论和模型，揭示和探索经济规律，解释典型化事实；将经济理论模型转化为经济计量模型并进行经验研究；利用经济理论模型和经验研究结果解释经济现象和典型化事实，验证经济理论和假说，提供政策建议。其中，典型化事实至关重要，典型化事实是一种能够反映经济运行的真实和基本特征的具有代表性的关键性事实（王诚，2007），典型化事实研究已经成为经济学研究的核心。

在发展经济学中，经济学家归纳了发展中国家的大量典型化事实，例如，刘易斯提出"二元经济结构"理论，纳克斯提出"贫困循环陷阱"理论，钱纳里提出"经济结构"理论，等等。在宏观经济学研究和经济增长领域中，最有代表性的典型化事实则是"卡尔多事实"。它不仅仅是对现实的描述，也提出了一种研究问题的方法。1961年，卡尔多总结了发达国家在经济发展过程中六个方面的典型化事实：第一，劳动生产率稳速增长；第二，劳均资本稳速增长；第三，资本回报率稳定；第四，资本产出比也稳定；第五，国民收入中资本份额和劳动力份额保持稳定；第六，不同国家劳动生产率和总产出增长率存在差异。其中，对于一个国家和地区的经济增长典型化事实总结主要体现在前五个方面，而第五个典型事实，即国民收入中资本份额和劳动力份额保持稳定是"卡尔多事实"的核心内容。

"卡尔多事实"描绘了生产要素分配份额在国民收入中具有较强的时间稳定性，吻合新古典模型稳态平衡的经济增长规律（Solow，1956，1958；Cass，1964；Lucas，1988；Romer，1986，1990；Gollin，2002；Leandro and Joan，2003）。尽管这一教条不断受到质疑，但仍然有很多人将它视为"像'光速'一样恒常不变的东西"（Solow，1957；Kravis，1959），"卡尔多事实"从研究论文写入教科书中，从新古典经济增长模型到内生经济增长理论，"卡尔多事实"稳态均衡增长的模型假设，成为几乎所有经济增长理论的共同起点。在卡尔多之后，经济增长基本沉迷于"稳定状态"的模型推导中去了（张平，2006）。"卡尔多事实"在实证上得到许多研究的证实（Gollin，2002；Leandro and Joan，2003；Kehoe，2005），近年来也面临证伪的有力挑战（Blanchard，1997；Samuel and Gilles，2003；李稻葵等，2009；Jones and Romer，2010）。

典型化事实研究，是经济理论发展的方向。经济增长典型化事实研究是经济增长理论的研究起点，是经济增长模型研究的根本出发点。中国经济的"典型化事实"研究和发现仍然是一个未完成的任务。王诚（2007）结合经济学发展史上对于经济学的性质、功能、效应等方面的各种观点，从中国经济学发展面临的理论与现实的矛盾、理论与政策的矛盾以及理论与经验检验的矛盾等诸多困惑，尤其是宏观经济理论和实践的矛盾的求解动机出发，在建立以"典型化事实"系统为基础的中国经济研究体系方面做出开创性探讨研究。该文指出以计量分析指标所显示的典型化事实，及其所赖以产生的基础模型，必须建立在长期经济理论研究的积累之上。欧阳晓、生延超和易先忠（2012）以新兴大国的代表"金砖国家"为经验对象，总结和概括了大国经济发展的典型化特征。

"卡尔多事实"在世界范围内成立吗？中国经济是否符合"卡尔多事实"的稳态增长特征？如果不符合，中国经济呈现什么样的非稳态增长？本书试图在建立中国经济典型化事实及解析方面做出初步探讨。从"卡尔多事实"面临的挑战出发，结合国民经济核算资料进行国际比较和中国经济特征刻画，提出中国经济非稳态增长典型事实，构建"真实模型"时变弹性生产函数模型，并从理论和应用两个角度构建一个相对完整的研究框架。

二、卡尔多事实的国际比较

"卡尔多事实"在宏观经济理论的重大意义在于其保证了经济是稳态增长的。从另一个层面讲，如果经济是稳态增长，卡尔多总结的典型事实是稳定的、很难发生变动的。[①]"卡尔多事实"刻画了一个国家的经济稳态增长特征，其中第五个典型事实，即国民收入中资本份额和劳动力份额保持稳定是"卡尔多事实"的核心内容。事实上，不论是新古典经济增长模型还是内生经济增长模型，广为使用的经济增长模型，都隐含着要素分配份额稳定的假定（肖红叶、郝枫，2009）。从逻辑意义上讲，如果第五个典型事实不成立，即要素分配份额不稳定，则可以认为"卡尔多事实"不适用，经济呈现非稳态增长；从现实角度上看，如果一个国家的要素分配份额保持稳定，其前四个典型事实，即劳动生产率、劳均资

---

① 从这个意义上看，"卡尔多事实"可以看成和"经济稳态增长"等价的。

本增长速度和资本回报率、资本产出比也基本上是稳定的。因此，资本份额和劳动力份额是否保持稳定，是判断"卡尔多事实"适用性的最简单也最有效的关键指标。据此，本书提出经济稳态增长和"卡尔多事实"是否符合的判断标准：如果一个国家的资本和劳动力收入份额基本稳定，表明这个国家经济稳态增长，符合"卡尔多事实"；反之，如果一个国家的资本和劳动力收入份额不稳定，波动变化较大，表明这个国家经济非稳态增长，不符合"卡尔多事实"。为此，本书详细考察十四个世界代表性国家，在1985~2011年期间的劳动力收入份额变化趋势。

收入法 GDP 由劳动者报酬、固定资产折旧、营业盈余和生产税净额四部分组成。劳动者报酬是雇员对企业提供劳动获得的工资和各种形式的报酬；固定资本折旧是生产中使用的房屋和设备在核算期内磨损的转移价值；营业盈余是企业从事经营活动所获得的利润；生产税净额是企业向政府支付的利润前的税金减去政府对企业由于政策性的原因造成的亏损而给予的补贴。劳动收入份额由劳动者报酬占收入法 GDP 比重表示。结合联合国《国民核算年鉴》和历年《国际统计年鉴》，收集了 1985~2011 年世界代表性国家劳动收入份额数据。①

图 1-1 给出代表性国家 1985~2011 年劳动收入份额变化趋势图。为了测度劳动收入份额的波动变化程度，我们引入极差（Range）和标准差系数（V_σ），反映劳动收入份额的变化程度。极差等于劳动收入份额最大值减去最小值，标准差系数等于标准差与平均值的比值。极差和标准差系数较小，说明劳动收入份额变化较小，经济稳态增长，"卡尔多事实"基本成立；极差和标准差系数较大，说明劳动收入份额变化较大，经济非稳态增长，"卡尔多事实"不成立。

---

① 本章在于观察劳动收入份额在长期是否基本稳定，个别年份数据缺失不影响结果判断，也未作处理。

第一章 绪 论

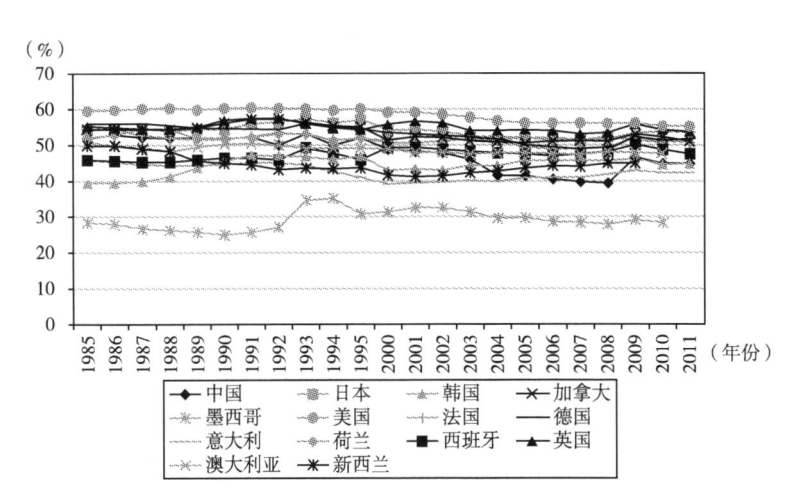

图 1-1 代表性国家 1985~2011 年劳动收入份额变化趋势

根据图 1-1 和表 1-1 可知，在 1985~2011 年这段研究时期内，根据极差和标准差系数的大小，可以将样本简单地划分为两种类型：

表 1-1 代表性国家 1985~2011 年劳动收入份额 单位:%

年份	中国	日本	韩国	加拿大	墨西哥	美国	法国	德国	意大利	荷兰	西班牙	英国	澳大利亚	新西兰
1985	52.9	54.3	39.5	54.3	28.7	59.6	54.9	56.0	46.1	52.1	45.8	55.4	51.1	49.9
1986	52.9	54.3	39.7	54.5	27.8	60.0	53.9	56.1	45.4	53.2	45.5	55.0	50.2	49.4
1987	51.9	54.3	39.8	54.7	26.8	60.3	52.9	56.2	44.6	54.1	45.1	54.6	49.3	48.9
1988	51.7	53.9	41.3	54.6	26.2	60.5	51.9	55.5	44.2	53.7	45.3	54.5	48.6	48.2
1989	54.1	54.2	43.8	54.8	25.7	59.9	51.3	54.7	44.3	52.2	45.5	55.2	49.6	45.8
1990	54.7	55.0	45.8	56.1	25.0	60.4	51.8	54.2	45.1	51.9	46.3	56.9	50.5	45.1
1991	52.2	55.8	47.2	57.2	25.5	60.5	52.1	52.4	45.2	52.6	46.8	57.3	50.8	44.6
1992	50.3	56.3	47.5	57.3	27.3	60.4	52.3	54.3	45.2	53.2	46.2	57.4	50.1	43.4

· 7 ·

续表

年份	中国	日本	韩国	加拿大	墨西哥	美国	法国	德国	意大利	荷兰	西班牙	英国	澳大利亚	新西兰
1993	49.5	57.3	47.0	56.4	34.7	60.2	52.8	56.3	44.4	53.1	49.3	56.0	49.1	43.7
1994	50.3	56.2	46.3	55.3	35.3	59.8	51.4	54.8	42.6	51.4	47.2	54.8	49.1	43.6
1995	51.4	57.0	46.8	54.9	31.1	60.2	51.9	54.3	41.1	51.7	45.9	54.4	49.1	43.8
2000	48.7	54.1	42.8	51.4	31.3	59.3	51.9	53.4	39.2	50.6	49.5	55.8	49.2	41.6
2001	48.2	54.1	43.4	52.2	32.6	59.0	52.2	53.1	39.5	50.8	49.2	56.5	48.4	41.2
2002	47.8	53.7	43.0	52.1	32.6	58.5	52.6	52.7	39.8	51.3	48.8	56.1	48.2	41.9
2003	46.2	52.7	44.4	51.2	31.4	57.6	52.5	52.4	40.2	51.5	48.4	54.1	47.6	42.5
2004	41.6	51.4	44.6	50.9	29.6	56.7	52.2	51.5	39.9	51.1	47.7	54.0	48.0	42.8
2005	41.4	51.5	45.8	50.6	29.6	56.2	52.0	50.4	40.7	49.6	47.4	54.5	48.0	43.7
2006	40.6	52.0	46.2	51.3	28.6	56.1	51.9	49.4	41.0	49.0	47.2	54.1	47.9	44.5
2007	39.7	51.3	46.1	51.2	28.4	56.1	51.5	48.6	40.9	49.3	47.6	53.2	47.6	44.1
2008	39.5	—	46.0	51.4	—	56.0	51.6	49.0	41.7	49.5	48.4	53.4	—	—
2009	46.6	51.6	46.4	53.3	29.2	56.2	53.6	51.9	42.8	52.3	50.0	55.8	48.1	45.0
2010	45.0	50.6	44.9	52.3	28.2	55.3	53.3	51.2	42.3	51.1	48.8	54.4	47.5	—
2011	44.9	—	45.1	—	—	55.4	53.5	51.6	42.2	50.8	47.4	53.7	—	—
标准差系数	0.152	0.067	0.08	0.067	0.103	0.052	0.036	0.077	0.069	0.053	0.05	0.043	0.036	0.087
极差	0.1000	0.0365	0.0554	0.0405	0.0970	0.0335	0.0167	0.0443	0.0518	0.0275	0.0318	0.0221	0.0218	0.0559

第一类国家劳动收入份额变化较小，极差小于0.1，标准差系数基本在0.09以内，包括日本、韩国、加拿大、美国、法国、德国、意大利、荷兰、西班牙、英国、澳大利亚、新西兰。这类国家是发达国家和中等发达国家，说明发达国家和中等发达国家基本符合劳动份额在长期内保持不变的经济稳态平衡增长的"卡尔多事实"，其中发达国家吻合程度更好。

第二类国家劳动收入份额波动较大，极差大于0.1，标准差系数接近甚至超过0.1，包括中国和墨西哥。中国和墨西哥都属于发展中国家，说明发展中国家的劳动收入份额长期内不是一个固定常数，经济增长呈现非稳态增长，不符合"卡尔多事实"稳态增长理论。

值得一提的是，1995~2008年期间中国劳动收入份额共降低了11.90个百分点；其中，1995~2003年下降了5.20个百分点，2003~2004年则骤降了4.60个百分点，2004~2008年又进一步又下降了2.10个百分点。2008年，我国劳动收入份额为39.50%，不仅低于1995年的51.44%，也低于同期世界主要工业化国家的平均水平：2008年美国劳动收入份额为56.0%，英国53.4%，法国51.6%，加拿大51.4%，韩国46.0%。

三、中国经济非稳态增长典型事实

经济稳态增长典型事实的国际比较结果表明，发达国家和中等发达国家呈现经济稳态增长特征，基本符合"卡尔多事实"；但是，中国等发展中国家经济呈现非稳态特征，不符合"卡尔多事实"。对中国经济增长典型化事实的研究是对中国经济增长模型研究的起点和出发点。本书结合中国30省市劳动收入份额统计数据，考察中国劳动收入份额变化的极差和标准差系数，进一步刻画中国经济非稳态增长典型事实。

其中，1978~2011年分省份的收入法GDP来自《中国国内生产总值核算资料：1978~1995》、《中国国内生产总值核算资料：1978~2004》以及历年《中国统计年鉴》。表1-2列出统计结果（其中四川包含重庆）。由表1-2可知，所有省市劳动收入份额极差都大于0.1，绝大多数省市劳动收入份额标准差系数接近甚至超过0.1。这说明我国区域背景下劳动收入份额变化较大，在长期内不是一个固定常数，经济呈现非稳态增长，不符合"卡尔多事实"。

表 1-2　　　　我国各省市劳动收入份额波动统计　　　　单位:%

省份	安徽	北京	福建	甘肃	广东	广西	贵州	海南	河北	河南
标准差系数	24.7	24.2	22.7	22.9	23.1	24.0	23.3	27.4	20.1	21.8
极差	0.1404	0.1809	0.1407	0.0925	0.1513	0.1072	0.1119	0.1207	0.105	0.1249
省份	黑龙江	湖北	湖南	吉林	江苏	江西	辽宁	内蒙古	宁夏	青海
标准差系数	19.8	25.2	22.2	27.6	15.0	27.3	17.8	29.0	15.9	21.4
极差	0.1309	0.1280	0.1195	0.1524	0.0826	0.1444	0.1195	0.1360	0.0729	0.1137
省份	山东	山西	陕西	上海	四川	天津	西藏	新疆	云南	浙江
标准差系数	24.3	24.8	24.8	17.4	15.1	22.8	52.1	20.9	18.7	20.7
极差	0.1474	0.1461	0.1543	0.1545	0.0803	0.1842	0.2061	0.098	0.1343	0.143

　　白重恩和钱震杰（2009），罗长远和张军（2009）从产业角度对中国劳动收入份额的变化进行实证研究，指出三次产业劳动收入份额的波动和三次产业结构变化将导致中国劳动收入份额变化，为解释中国劳动收入份额变化提供产业视角的证据。本书研究发现，中国 30 省市劳动收入份额统计数据的波动变化较大，进一步为中国劳动收入份额变化和经济非稳态增长提供区域视角的证据。不论从国家宏观层面，还是产业视角或者区域视角，国民核算数据都表明中国经济呈现非稳态增长的典型特征。

　　结合国家宏观层面的国民经济核算数据，图 1-2 和图 1-3 直观地刻画了改革开放以来中国经济非稳态增长典型事实①：第一，劳动生产率（产出劳动比）加速增长：1978~2011 年，劳动生产

---

① 严格意义上讲，中国经济非稳态增长典型事实，是指我们观察到中国和稳态增长的"卡尔多事实"不同的非典型特征事实。对中国经济非稳态增长典型事实的研究，有助于我们对中国经济增长模式的思考，并建立理论模型进行政策探讨。

率从 0.0821 上升到 0.9309；劳动生产率指数平均值 1.0770 大于 1。第二，劳均资本加速增长：1978～2011 年，劳均资本从 0.1540 上升到 2.6308，劳均资本指数平均值 1.0907 大于 1，且呈上升趋势。第三，资本边际产出（资本回报率）加速下降，劳动边际产出（劳动回报率）稳速上升：1978～2011 年，资本边际产出从 0.2913 下降到 0.1977，劳动边际产出从 0.0372 上升到 0.4108；资本边际产出指数平均值 0.9894 小于 1，且呈下降趋势，劳动边际产出指数平均值 1.0761 大于 1，且呈稳定趋势。第四，资本生产率（产出资本比）加速下降：1978～2011 年，资本生产率从 0.5330 下降到 0.3538，资本生产率指数平均值 0.9880 小于 1，且呈下降趋势。第五，国民收入中资本和劳动力收入份额不断变化：国民收入中资本份额 1995 年以来呈增长趋势；劳动力份额 1995 年以来呈下降趋势。

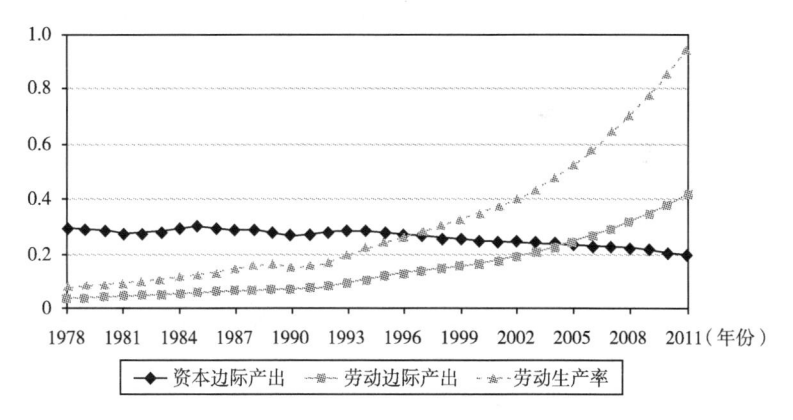

图 1-2 边际产出与劳动生产率

中国经济呈现非稳态增长特征，不符合"卡尔多事实"，是由于我国经济处于经济转型时期，随着国际化、市场化不断增强，经济结构不断变化，生产要素的流动限制减少和价格放开，生产要素投入数量与价格是不断变化的，因而不同时期的生产要素分配份额

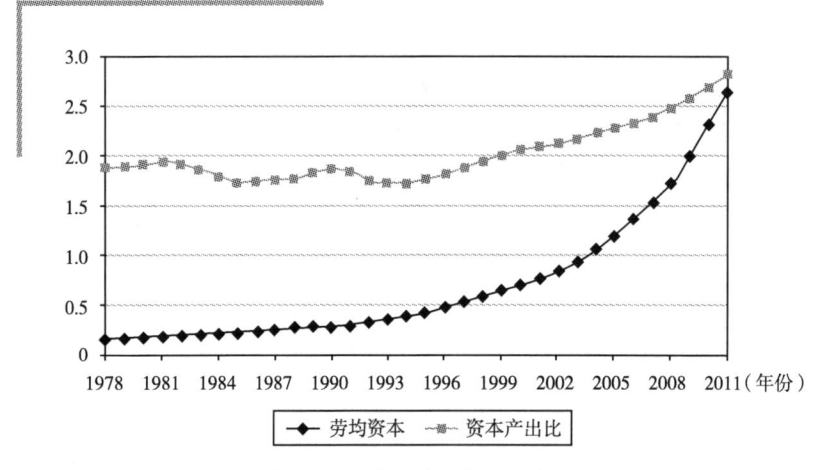

图 1-3 劳均资本与资本产出比

也会存在一定程度的变化，导致生产要素收入份额在长期内不是一个固定常数（章上峰和许冰，2009，2010）。

四、问题的提出

如何选择刻画中国经济非稳态增长典型事实的经济模型？进一步地，如何利用经济模型推导和解释中国经济非稳态增长典型事实？王诚（2007）认为，经济研究的过程，大致上包括从零散事实到典型化事实，再到一般理论模型和真实模型，最后到经济规律发现等环节；其中，真实模型通常是指能够代表和反映真实经济关系的一个模型体系。中国经济增长的典型化事实得到越来越完整地发现和提炼，经济发展的内在规律会得到越来越多地揭示，中国的经济理论模型就会越来越接近于"真实模型"。李金华（2013）认为，一个好的经济学模型应该是哲学、经济学、逻辑学以及统计学、数学知识的完美组合；经典的模型所以谓之经典而历久不衰，就是因为其能解决现实问题，能指导人们对经济现象做出相对可靠的认识和判断，具有强烈的现实性和普适性。

第一章 绪 论

经济增长理论,包括新古典经济增长理论和内生经济增长理论,都是建立在经济稳态增长的基础上的。利用 Cobb-Douglas 生产函数估计得到的产出弹性是固定常数,成功地刻画了新古典稳态经济增长模型中生产要素分配份额稳定的"卡尔多事实"。此外,Cobb-Douglas 生产函数具有结构简单、经济意义明显且容易估计等优点,因而受到广泛应用。

假定只有资本和劳动力两种生产要素,不变规模报酬的 Cobb-Douglas 生产函数:

$$Y_t = A_t K_t^\alpha L_t^\beta \quad (\alpha + \beta = 1) \qquad (1.1)$$

其中,Y_t、A_t、K_t 和 L_t 分别表示第 t 期的实际产出、技术水平、资本投入和劳动力投入。假定技术水平 A_t 由一组可控制变量的指数线性组合表示 $\ln A_t = \sum_{i=1}^{m} \lambda_i Z_{it}$ [①],对式 (1.1) 两边取自然对数,得:

$$\ln Y_t = \sum_{i=1}^{m} \lambda_i Z_{it} + \alpha \ln K_t + \beta \ln L_t \quad (\alpha + \beta = 1) \qquad (1.2)$$

式 (1.2) 分别对 $\ln K_t$ 和 $\ln L_t$ 求导,α 和 β 分别代表第 t 期资本和劳动力的产出弹性:

$$\alpha = \frac{\partial \ln Y_t}{\partial \ln K_t} = \frac{\partial Y_t}{\partial K_t} \cdot \frac{K_t}{Y_t} = \frac{\partial Y_t / \partial K_t \cdot K_t}{Y_t},$$

$$\beta = \frac{\partial \ln Y_t}{\partial \ln L_t} = \frac{\partial Y_t}{\partial L_t} \cdot \frac{L_t}{Y_t} = \frac{\partial Y_t / \partial L_t \cdot L_t}{Y_t} \qquad (1.3)$$

完全竞争市场,资本和劳动根据边际产出 MPK 和 MPL 获得报酬 r 和 w:

[①] 为保持全书研究连贯性,同时不影响研究结果,本书研究采取这个假设条件。技术水平由常数项 Z_1、市场化程度 Z_2 和经济结构 Z_3 的指数线性组合表示(章上峰,2011)。

$$r_t = MPK_t = \partial Y_t/\partial K_t, w_t = MPL_t = \partial Y_t/\partial L_t \tag{1.4}$$

资本和劳动要素的收入份额分别等于：

$$\frac{w_t \cdot L_t}{Y_t} = \frac{MPL_t \cdot L_t}{Y_t} = \frac{\partial Y_t/\partial L_t \cdot L_t}{Y_t}, \frac{r_t \cdot K_t}{Y_t} = \frac{MPK_t \cdot K_t}{Y_t} = \frac{\partial Y_t/\partial K_t \cdot K_t}{Y_t} \tag{1.5}$$

因此，在完全市场竞争假设条件下，资本弹性 α 在数值上等于资本份额，劳动弹性 β 在数值上等于劳动份额。①

$$\frac{r_t \cdot K_t}{Y_t} = \frac{\partial Y_t/\partial K_t \cdot K_t}{Y_t} = \alpha, \frac{w_t \cdot L_t}{Y_t} = \frac{\partial Y_t/\partial L_t \cdot L_t}{Y_t} = \beta \tag{1.6}$$

发达国家和中等发达国家等市场化国家由于经济平稳增长，基本符合"卡尔多事实"，因此 Cobb-Douglas 生产函数可以较好地刻画发达国家的稳态经济增长特征。

由于国民核算资料缺乏，收入份额法在我国的使用受到一定限制。国内外学者的通行做法是，利用 Cobb-Douglas 生产函数估计得到 α 和 β 值；然后利用 α 和 β 估计值，进行全要素生产率测算等。Cobb-Douglas 生产函数认为样本观测值的经济结构保持不变，解释变量对被解释变量的影响保持不变，即 α 和 β 值是固定常数。Cobb-Douglas 生产函数成功地刻画了新古典稳态经济增长模型中生产要素分配份额较强的时间稳定性特征，吻合新古典模型稳态平衡的"卡尔多事实"。Cobb-Douglas 生产函数可以较好地刻画发达国家市场竞争相对完全、生产要素分配份额相对较为稳定的情况。

但是，Cobb-Douglas 生产函数是否也可以较好刻画中国经济非稳态增长特征？为此，本书引入计量经济学结构性检验方法，利用 CHOW 检验方法判断 Cobb-Douglas 生产函数的模型是否发生了结

---

① 根据统计学原理，当资本和劳动力收入份额国民核算数据缺失的情况下，可以利用 Cobb-Douglas 生产函数估计得到产出弹性，并利用产出弹性替代收入份额，进行全要素生产率核算等方面的应用研究。

构变化。这种方法是把时间序列数据分为两部分,其分界点就是检验模型是否发生结构变化的临界点。选取 t^* 年作为分界点,分析 t^* 年前后回归系数是否发生显著变化,引入定性虚拟变量 D:

$$D_t = \begin{cases} 1 & t \geq t^* \\ 0 & t < t^* \end{cases} \tag{1.7}$$

建立不变规模报酬 Cobb-Douglas 生产函数虚拟变量模型:

$$\ln(Y_t/L_t) = \sum_{i=1}^{m} \gamma_i Z_{it} + \alpha \ln(K_t/L_t) + \alpha'_1 \cdot D_t \\ + \alpha'_2 \cdot D_t \cdot \ln(K_t/L_t) + \varepsilon_t \tag{1.8}$$

如果考虑经济变量和结构调整的连续性,可以建立临界指标虚拟变量模型来反映:

$$\ln(Y_t/L_t) = \sum_{i=1}^{m} \gamma_i Z_{it} + \alpha \ln(K_t/L_t) + \alpha'_3 \cdot D_t \cdot [\ln(K_t/L_t) \\ - \ln(K_{t^*}/L_{t^*})] + \varepsilon_t \tag{1.9}$$

虚拟变量模型和临界指标虚拟变量模型的 CHOW 检验结果都表明中国 Cobb-Douglas 生产函数的结构变化是普遍存在的。利用 Cobb-Douglas 生产函数估计得到的 α 和 β 值是固定常数,反映的只是整个研究时期的一个平均产出弹性水平,未能反映不同时期资本和劳动力的收入份额的变化。进一步地,利用 Cobb-Douglas 生产函数弹性水平替代研究时期生产要素平均份额可能是合适的,但用于替代不同时期生产要素分配份额比并用于逐期要素贡献率测算,所得的结论很可能是有偏的甚至有误的(章上峰和许冰,2009)。

不变替代弹性生产函数、变替代弹性生产函数和超越对数生产函数[①]都是可变弹性生产函数模型,是对不变弹性生产函数模型的

---

① 在不变规模报酬假设下,超越对数生产函数模型和 CES 生产函数模型的在形式上是相同的。

有效改进。但是，以上三种变弹性生产函数对于产出弹性的假设是非常严格的，他们假定资本和劳动力产出弹性分别是劳均资本的线性函数或者对数线性组合函数，这个假定也经常是不合理的。无论是 Cobb-Douglas 生产函数，还是 CES 生产函数，都很难解释过去二十年内欧洲大陆国家劳动收入份额所发生的变化：在这些国家，劳动和资本之间的替代弹性接近于 1（Blanchard，1997），但是劳动收入份额却不是一个不变的值（罗长远，2008）。事实上，以上三种变弹性生产函数主要关注要素的替代弹性，是以要素替代弹性为线索发展起来的。

本书正是从时变产出弹性出发，结合现代统计学和计量经济学的新发展，从理论和应用两个角度深入系统研究时变弹性生产函数模型，试图构建一个相对完整的时变弹性生产函数模型理论和应用研究框架。

第二节

研究内容

本书从时变产出弹性出发，结合现代统计学和计量经济学的新发展，从理论和应用两个角度深入系统研究时变弹性生产函数模型，试图构建一个相对完整的时变弹性生产函数模型理论和应用研究框架。

（1）在理论研究上：首先，结合中国经济的非稳态增长特征，研究建立时变弹性生产函数的必要性；其次，借鉴现代统计学和计量经济学的新发展，利用非参数和半参数模型、变系数模型、可变参数状态空间模型和面板数据模型，建立时变弹性生产函数模型用以估计不同时期资本和劳动力产出弹性，研究建立时变弹性生产函数的可行性；再其次，如何验证时变弹性生产函数客观准确性是有待解决的一个重要问题（章上峰和许冰，2009）；本书提出利用非参数广义似然比检验方法检验时变弹性生产函数的统计显著性；利用产出弹性的收入分配份额经济学意义检验时变弹性生产函数的经济学准确性；并结合模型估计原理、统计学检验和经济学检验，比较时变弹性生产函数的合意性。最后，从模型结构出发，研究因素导向变系数生产函数、CES生产函数、VES生产函数、内生增长生产函数、可变规模报酬生产函数和面板数据生产函数模型的拓展思路和方法。

（2）在应用研究上：首先，由于目前学术界对于劳动收入份额的测算方法还存在诸多争议（罗长远，2008），统计资料的限制和统计口径的变化使得劳动收入份额测算结存在诸多困难（李济广，2008；白重恩和钱震杰，2009；肖红叶和郝枫，2009）。本书分析了资金流量表和投入产出表测度劳动收入份额的优缺点，并提出利用时变弹性生产函数测度劳动收入份额的新思路，为测度劳动收入份额提供新的研究视角，为国民核算资料提供新的参考依据。其次，基于偏向型技术进步视角，利用时变弹性生产函数模型测度得到理论劳动收入份额，并将实际劳动收入份额变化分解成技术进步偏向和市场扭曲两个因素，可以更好地刻画和理解劳动收入份额变化。再其次，利用Cobb-Douglas生产函数产出弹性用于估计逐期贡献率很可能是有偏的甚至有误的；本书从资本和劳动力产出弹性的时变性出发，提出利用时变弹性生产函数模型代替收入份额法确定不同时期资本和劳动力的时变产出弹性，并用于估计逐期贡献率，从而为科学计算全要素生产率提供新的方法和视角（章上峰和许冰，2009）。最后，利用时变弹性生产函数模型，分解资本、劳动力、中性技术进步、偏向技术进步和全要素生产率对经济增长的贡献度；提出一个新的全要素生产率分解公式，给出经济解释并说明对经济发展方式转变的政策含义。

第三节

创新之处

不论是在理论上还是应用上,时变弹性生产函数模型都是一个富有挑战性的创新性课题。本书具有以下五个方面独到的创新之处和学术贡献:

第一,本书基于中国经济非稳态增长典型事实,利用经济学原理研究了构建时变弹性生产函数模型的必要性;基于统计学和计量经济学的新发展,研究了估计时变弹性生产函数模型的可行性;提出时变弹性生产函数模型统计学检验和经济学检验;提出了时变弹性生产函数模型的若干拓展思路。本书构建了一个相对完整的时变弹性生产函数模型理论研究框架,为生产函数模型理论和应用提供了新的方法和工具。

第二,我国统计资料的限制和统计口径的变化使得劳动收入份额测算存在的诸多困难,本书提出利用时变弹性生产函数模型测度劳动收入份额的新思路,为国民经济核算资料提供新的参考依据。实证研究结果表明利用时变弹性生产函数测算劳动收入份额具有可行性、准确性和稳定性等优点,是一种可选择的新方法。

第三,本书基于偏向型技术进步视角,利用时变弹性生产函数模型测度得到理论劳动收入份额,并将实际劳动收入份额变化分解成技术进步偏向和市场扭曲两个因素,可以更好地刻画和理解劳动收入份额变化。研究发现,技术进步偏向是中国劳动收入份额长期运行的决定因素,而市场扭曲则是中国劳动收入份额短期波动的决定因素。

第四,本书指出 Cobb-Douglas 生产函数估计得到的产出弹性,反映的只是整个研究时期的一个平均产出弹性水平,因此利用 Cobb-Douglas 生产函数进行逐期全要素生产率的测算所得的结论可能是有偏的甚至是有误的。本书提出利用时变弹性生产函数模型替代收入份额法，用于估计逐期贡献率，为科学计算全要素生产率提供新的方法和视角。

第五，本书基于时变弹性生产函数模型推导出一个全新的全要素生产率分解公式。全要素生产率增长率，在数值上等于中性技术进步增长率与偏向技术进步增长率之和，等于资本生产率增长率与劳动生产率增长率的加权和，其权数分别为资本产出弹性和劳动时变产出弹性。该分解公式蕴含着重要的政策含义：通常情况下资本增长率快于劳动力增长率，提高劳动收入份额，有利于降低外延贡献率，提高全要素生产率贡献率，从而促进经济向集约型发展方式转变，实现经济"包容性"增长。

第二章

生产函数模型研究综述

发展是全球共同关心的主题,而经济增长是发展的前提,因而受到各国政府高度重视。生产函数模型,具有其简洁的数学形式,可以为正确认识一个国家或者地区的经济增长状况提供重要参考依据,生产函数模型受到经济学者和政府管理部门的高度关注和广泛利用。

生产函数模型是描述生产过程中投入的生产要素的某种组合与它可能的最大产出之间依存关系的数学表达式:

$$Y = F(A, K, L, \cdots)$$

其中,Y 分别为产出量,A、K 和 L 为技术、资本和劳动力等投入要素。投入要素是指生产过程中发挥作用,对产出量产生贡献的生产要素。生产要素对产出量的作用与影响,主要是由一定的经济技术条件决定,在一定的经济技术条件下就有一定的生产函数。所以生产函数,从本质上来讲,是反映厂商生产过程中投入要素与产出量之间的经济技术关系。无论何种社会制度,任何生产过程都必须是生产资料、劳动和技术的有效结合。

亚当·斯密、马克思、理查德等许多经济学巨匠都对经济增长理论和生产函数模型做出开创性贡献和精辟的论述。20 世纪 20 年代末,美国数学家 Charles Cobb 和经济学家 Paul Douglas 提出了生产函数这一名词，并用 1899~1922 年的美国统计数据资料，导出了著名 Cobb-Douglas 生产函数。此后，关于生产函数模型的研究呈现长盛不衰的局面。从古典经济增长理论，到新古典经济增长理论，再到内生经济增长理论，经济学家们皓首穷经、孜孜以求探索增长之谜；经济增长理论推陈出新，成为历久常新的永恒话题。

20 世纪 50 年代，著名经济学家 Solow 解决了经济增长路径的平稳性问题，并证明技术进步是经济长期增长的引擎，从而开拓了经济增长理论的"新古典"时代，极大地推动了经济增长理论的一次飞跃式发展。但是技术外生假设未能解释经济长期增长的源泉，20 世纪 80 年代以来，以 Romer，Lucas 等为代表的经济学家，致力于经济增长理论的内生化研究，引导内生经济增长理论的"新"时代。

无论是新古典经济增长理论还是内生经济增长理论的实证研究，都涉及资本存量的核算问题，因此本章第一节首先回顾了我国资本存量的核算方法，并提供核算结果。考虑到生产函数模型是在经济增长理论发展起来的，本章第二节概括了从新古典经济增长理论到内生经济增长理论的研究文献。本书重点是构建一个相对完整的时变弹性生产函数理论和应用研究框架。第三节分别以替代弹性、生产率变化和产出弹性为线索重点了阐述总量生产函数模型的发展思路；最后一节通过对生产函数模型评述说明建立时变弹性生产函数模型的必要性，并指出本书研究的出发点。

第一节

资本存量核算文献综述

一、物质资本存量

新古典经济增长理论认为资本投入量应该是资本的服务流量，

而不是资本存量。但是,资本服务流量很难具体核算;在实际研究中一般假定资本服务流量占资本存量的比例相对固定,从而采用资本存量来替代资本投入量。

资本存量是指在一定时点下安装在生产中资本数量,一般用来度量生产过程中的资本投入。由于中国没有过大规模资产普查,已有的资本存量数据都是估算的结果。如何正确地测算我国资本存量一直是困扰众多研究者的难题,一些学者对中国总量资本存量核算进行研究,代表作有张军扩(1991),贺菊煌(1992),邹至庄(Chow, 1993),Jefferson 等(1996),任若恩和刘晓生(1997),Hu 和 Khan(1997),王小鲁(2000),王小鲁、樊纲(2000),Young(2000),Wang 和 Yao(2001),张军(2002),黄永峰等(2002),宋海岩等(2003),李治国和唐国兴(2003),何枫等(2003),张军和章元(2003),张军等(2003),龚六堂和谢丹阳(2004),张军、吴桂英和张吉鹏(2004),肖红叶和郝枫(2005),汤向俊(2006),孙敬水和董亚娟(2007),徐现祥、周吉梅和舒元(2007),单豪杰(2008),钱雪亚、王秋实和伊立夫(2009),徐杰段、万春杨和建龙(2010),叶宗裕(2010),等等。

早期测算的一般做法是使用各种替代方法,不同研究者使用不同的替代方法,估计结果有所区别。近年来,随着国家统计局国民经济核算司出版发行了《中国国内生产总值核算历史资料》等系列书籍之后,资本存量的测算得到很大的发展,核算结果也逐步趋向于一致。张军、吴桂英和张吉鹏(2004)利用这些书籍提供的统计数据,测算了我国 30 个省市 1952~2000 年各年年末的物质资本存量,为正确测算我国资本存量提供了规范化研究。曹吉云(2007),单豪杰(2008),章上峰和许冰(2009, 2010),徐杰段、万春杨和建龙(2010),叶宗裕(2010)等延续发展了张军、吴桂英和张吉鹏(2004)研究方法和思路。

资本存量测算方法目前被普遍采用的是戈登史密斯(Goldsmith)在 1951 年开创的永续盘存法。采用相对效率几何递减模型，资本存量的估算可以写作：

$$K_t = K_{t-1}(1-\delta) + I_t \tag{2.1}$$

其中，K_t 表示第 t 期期末的资本存量，I_t 表示第 t 期的投资（即新增固定资本），δ 为固定资本的经济折旧率。式（2.1）涉及三个问题，即基年资本存量 K 的确定、经济折旧率 δ 的确定以及当年投资 I 的选取和投资品价格指数的构造。

（一）基年资本存量 K_0 的确定

中国没有过大规模的资产普查，缺乏基期资本存量数据是测算中国资本存量的主要难题之一。Perkins（1998）、张军扩（1991）和何枫等（2003）假设我国 1953 年资本产出比为 3，倒推 1952 年的资本存量为 2 000 亿元左右；邹至庄（1993）根据非农业部门资本存量、农业资本存量和土地价值之和，推算出 1952 年中国资本存量为 1 750 亿元，剔除土地价值后为 1 050 亿元；王小鲁和樊纲（2000）据反复推算将 1952 年的资本存量设为 1 600 亿元；张军（2003）通过假设上海市拥有的资本存量占全国的资本存量的比例与上海市的 GDP 占全国总的 GDP 的比例相当，估计全国物质资本存量在 800 亿元左右；贺菊煌（1992）通过一系列假设计算出 1952 年不变价资本存量约为 508 亿元；胡和阚（Hu and Khan, 1997）、宋海岩等（2003）利用全国固定资本形成总额指数和固定资产投资价格指数，估计 1952 年不变价资本存量为 509 亿元。许多国际研究机构如 OECD 采用基期的投资比上相邻时期 GDP 年均增长率（或投资增长率）加上折旧率后的比值来核算基期资本存量，单豪杰（2008）推算出 1952 年资本存量在 342 亿元左右；Young（2000），张军、吴桂英和张吉鹏（2004），曹吉云（2007），章上峰和许冰（2009，2010）直接采用了 10% 的比例作为分母，核算计 1952 年不变价资本存量为 807 亿元。Young（2000）认为，由于永续盘存法采用相对效率几何递减模型；如果重点关注的是 1978 年以后的资本存量，那么 1952 年资本存量 K_0 到 1978 年递减为$(1-\delta)^{26}K_0$，从而使得基期数据对于1978年以后的研究结果就显得不太重要了。

值得一提的是，张军、吴桂英和张吉鹏（2004）计算出1978/1952，1990/1952，2000/1952基期固定资本存量基期价格比分别为1.0080779，1.864569134，3.556570567。

(二) 经济折旧率δ的确定

在折旧率选择上，不同研究有所差异。Perkins（1998），王小鲁（2000），郭玉清（2006）均假定为5%；Hall和Jones（1999），Young（2000）假定6%的折旧率；龚六堂和谢丹阳（2004）假定10%的折旧率；黄永峰等（2002）对在一项中国制造业资本存量的研究中，估算出设备的经济折旧率为17%，建筑为8%；张军、吴桂英和张吉鹏（2004）参照黄永峰等（2002）的研究，对重置率和折旧率加以区分，根据重建筑安装工程、设备工器具购置和其他费用三类资本品在总固定资产中的权重分别为63%、29%和8%，折旧率分别是6.9%、14.9%和12.1%，在相对效率呈几何递减的模式下，计算得到固定资本形成总额的经济折旧率δ是9.6%；单豪杰（2008）计算得到固定资本形成总额的经济折旧率δ是10.96%。徐现祥、周吉梅和舒元（2007）和徐杰、段万春和杨建龙（2010）利用投入产出表提供的固定资产折旧数据，计算不同年份的折旧率。

(三) 当年新增固定资本投资选取

早期关于新增固定资本投资量的研究采用积累投资额统计指标，如张军扩（1991），Chow（1993），贺菊煌（1992），张军（2002），张军和章元（2003）等。近年来新增固定资本估算主要有两种统计指标：第一种指标是采用全社会固定资产投资，如王小鲁等（2000）和郭玉清（2006）；全社会固定资产投资额的主要优点是有较长的时序数据，而且主要采用全面统计报表，数据较为全面可信，但是它的主要问题是与SNA的统计体系不相容。第二种指标是采用固定资本形成总额，固定资本形成总额是不包括存货的投资流量,它以全社会固定资产投资额为基础,通过一定的调整计算而得。其中,固定资产投资额是固定资本形成总额的主要部分,这也是大部分年份这两列数据的值相差不大的原因。固定资本形成总额与经济学研究中通常所指的投资I具有一致的含义,同时也是和国际上通常用的固定资产投资基本一致的指标,因此是衡量当年投资I的合理指标(张军、吴桂英和张吉鹏,2004)。最近的研究如张军、吴桂英和张吉鹏(2004),曹吉云(2007),单豪杰(2008),章上峰和许冰(2009,2010),徐杰段、万春杨和建龙(2010),叶宗裕(2010)等大多采用这个统计指标。

黄永峰等(2002)认为,对于处置的固定资产,从理论上可以近似地视为折旧资产的处理价值。曹吉云(2007),章上峰和许冰(2009,2010)参考黄永峰等(2002)的研究,采用法定残值率代替资本品的相对效率 μ 中间值4%,它表示资本品在寿命终了时,相对效率为新资本品的4%可以直接用于计算的固定资本存量计算公式如下:

$$K_t = K_{t-1}(1 - \delta + \mu\delta) + I_t = K_{t-1}(1 - \delta') + I_t \qquad (2.2)$$

(四)投资品价格指数构造

由于价格变动的因素,特别是20世纪80年代以后,投资品的价格上升得很快,因此各年的投资价值以及固定资产原值的数据是不可比较的,在采用永续盘存法时必须将当年价格表示的投资用一定的价格指数进行平减,折算成以基年不变价格表示的实际值(Zhang,2003)。早期研究主要通过符合经济学原理的假设构造相应指数,例如,Hu 和 Khan(1997)以及宋海岩等(2003)用全国建筑材料价格指数来代替;Jefferson 等(1996)采用建筑安装平减指数和设备安装购置平减指数的加权平均来计算;Young(2000)构造了一个隐含的固定资本形成指数;黄永峰等(2002)直接利用零售物价指数替代;李治国和唐国兴(2003),张军和章元(2003)借鉴或者直接采用上海市固定资产投资价格指数。

二、人力资本存量

舒尔茨认为人力资本主要指凝聚在劳动者身上的知识、技能及其所表现出来的劳动能力，这种能力的获得一般要付出一定的直接或间接的成本，但又可给个人、家庭和社会带来福利的增加，一般将人力资本定义为个人所拥有的技能、能力和知识。人力资本是无形的和不可触摸的，人力资本存量估算是一项基础性工作。人力资本不能直接得到，人力资本易于定义但却难以计量，人力资本估计通常是间接的和有偏的。

常用人力资本度量方法包括有收入法、成本法和受教育年限法这三种。收入法从收入的观点看，人力资本是劳动者凭借其以获取收入的能力，体现为所有未来预期收入流的现值；成本法从投资的观点看，人力资本体现为投资在教育、健康、在职培训和迁移上，从人力资本核算的角度测算培养劳动力的教育和培养成本，进而度量人力资本存量。

收入法或者成本法都是估算人力资本的货币价值，教育年限法则是以教育的成就或国民受教育程度来间接地描述人力资本水平。受教育年限法区分为平均受教育年限法和累计受教育年限法两种。平均受教育年限法将劳动率分类，然后按照不同劳动力的人力资本水平特质对其进行加权求和，即得到总的人力资本存量

$$H_t = \sum_{i=1}^{7} HE_{it} \cdot h_i$$

其中，$i = 1、2、3、4、5、6、7$ 分别表示文盲半文盲、小学、初中、高中、大学专科、大学本科和研究生。H_t 为 t 年的人力资本总量，HE_{it} 为 t 年第 i 学历层次的劳动力人数，h_t 为第 i 学历水平的受教育年限。

但是，受教育年限法通常忽略知识的累积效应，认为劳动者的

人力资本存量呈算术级数增长,将小学教育的 1 年时间与大学教育的 1 年时间等同,因而不能充分反映没受教育阶段的时间价值存在的巨大差异。累积受教育年限法考虑了人力资本的累积效应:

$$H_t = \sum_{i=1}^{7} HE_{it} e^{\lambda h_i}$$

累积受教育年限法关键的是确定 λ 值,选取不同的 λ 值,将得到不同的人力资本存量。Bils 和 Klenow(2000)使用 Minser 方程计算了 52 个国家的平均 λ 值为 0.0956,中国为 0.045;汤向俊(2006)对中国的 λ 值选取为 10% 进行计算。

近年来,一些学者从不同角度发展了人力资本核算方法。例如,孙敬水和许利利(2008)放弃以往以某一指标代替人力资本的传统人力资本计量方法,通过建立一个人力资本评价体系,从而得到比较全面的人力资本综合存量。此外,一些学者将永续盘存法作为人力资本存量核算的基本方法,例如,Kendrick(1976,1994),张帆(2000),孙景蔚(2005),侯凤云(2007),钱雪亚和周颖(2005),钱雪亚、王秋实和刘辉(2008),钱雪亚、王秋实和伊立夫(2009),焦斌龙和焦志明(2010)等。侯凤云(2007)人力资本范围包括教育、文化、科研、健康、干中学和就业迁移六种类别;钱雪亚、王秋实和刘辉(2008)认为人力资本涵盖了教育培训投资、卫生保健类投资;焦斌龙和焦志明(2010)把人力资本估算范围定义为教育、卫生、科研、培训和迁移五种人力资本的总和。整体上,永续盘存法通过相对效率系数序列有效地解决了不同年代投资的效率差异和质量差异,是对目前所运用累计成本法的改进和完善,是更为科学合理的(钱雪亚,2009)。

人力资本综合指标评价方法存在指标体系的设计和权重选取问题;而人力资本存量估算估算范围,将直接关系着最终结果的准确度和适用性。相对而言,平均受教育年限方法,简明扼要、数据可得性与精确性强,还吻合内生经济增长理论"干中学"和"边干边学"的人力资本积累正相关原理,即受教育程度越高,劳动力在劳动中积累经验的能力越高和接受新技术、新知识越容易,劳动力受教育年限与劳动力收入成正相关。用教育年限法估算中国人力资本还是相对可靠的(王艾青和安立仁,2004),王金营(2001),胡鞍钢(2002),彭国华(2005,2007),董亚娟(2007),孙敬水和董亚娟(2007),王小鲁、樊纲和刘鹏(2009)等采用平均受教育年限方法。

三、核算结果

国家统计局国民经济核算司编写的《中国国内生产总值核算历史资料:1952~1995》、《中国国内生产总值核算历史资料:1996~2002》、《中国国内生产总值核算历史资料:1952~2004》系列书籍,公布了1952~2004年固定资本形成总额(当年价格)和固定资本形成总额指数,由此可以得到1952~2004年固定资本形成总额价格指数,后来的研究大都采用这个统计指标。根据《中国统计年鉴》可以得到2005~2008年固定资本形成总额(当年价格),2005~2008年固定形成总额价格指数构造如下:根据《中国统计年鉴》可得2005~2008年固定资产投资价格指数,并用于替代2005~2008年固定形成总额价格指数(图2-1说明1991~2004年两者替代关系较好),计算可得2005~2008年全国实际固定资本形成总额。

根据以上论述,本书基期定在1952年,借鉴张军、吴桂英和张吉鹏(2004)核算方法和结果得1952年固定资本存量为807亿元;经济折旧率采纳张军(2004)取9.6%,法定残值率参考黄勇峰等(2002),曹吉云(2007),章上峰和许冰(2009,2010)的研究取4%,以上年年底资本存量和年末资本存量简单算术平均作为本年资本存量额,得到1952~2008年我国固定资本存量,如表2-1所示。

第二章 生产函数模型研究综述

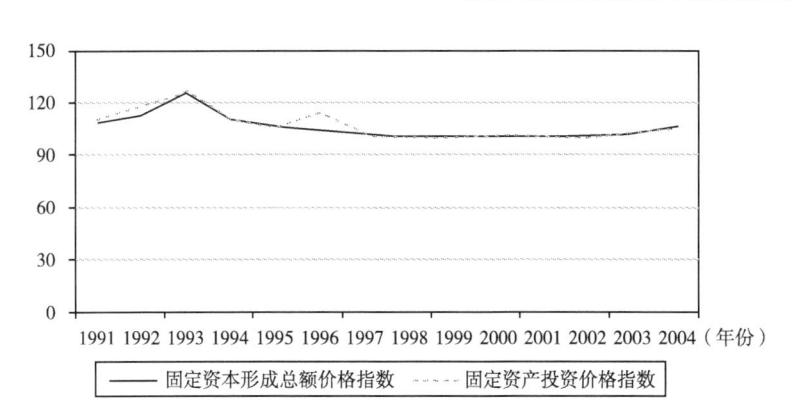

图2-1　1991~2004年投资价格指数比较（上年=100）

表2-1　　　　　　　　　资本存量核算结果　　　　　　　单位：亿元

年份	名义固定资本形成总额（亿元）	固定资本形成总额发展速度（%）	固定资本形成总额指数（%）	固定资本形成总额价格指数（%）	实际固定资本形成总额（亿元）	实际固定资本存量（亿元）	平均实际固定资本存量（亿元）
1952	80.7	—	—	—	80.7	807.0	—
1953	115.3	142.9	144.6	98.8	116.7	849.3	828.2
1954	140.9	122.2	123.0	99.4	143.5	914.6	881.9
1955	145.5	103.3	107.9	95.7	154.9	985.2	949.9
1956	219.6	150.9	151.4	99.7	234.5	1 128.8	1 057.0
1957	187.0	85.2	88.9	95.8	208.4	1 233.3	1 181.0
1958	333.0	178.1	177.4	100.4	369.8	1 489.4	1 361.3
1959	435.7	130.8	120.7	108.4	446.3	1 798.5	1 643.9
1960	473.0	108.6	108.9	99.7	486.1	2 118.8	1 958.6
1961	227.6	48.1	49.0	98.2	238.2	2 161.7	2 140.2
1962	175.1	76.9	71.7	107.3	170.8	2 133.2	2 147.4
1963	215.3	123.0	117.3	104.8	200.3	2 136.9	2 135.1
1964	290.3	134.8	137.7	97.9	275.8	2 215.8	2 176.4

续表

年份	名义固定资本形成总额（亿元）	固定资本形成总额发展速度（%）	固定资本形成总额指数（%）	固定资本形成总额价格指数（%）	实际固定资本形成总额（亿元）	实际固定资本存量（亿元）	平均实际固定资本存量（亿元）
1965	350.1	120.6	124.7	96.7	344.0	2 355.5	2 285.7
1966	406.8	116.2	118.5	98.1	407.6	2 546.0	2 450.8
1967	323.7	79.6	79.3	100.3	323.2	2 634.6	2 590.3
1968	300.2	92.7	96.0	96.6	310.3	2 702.1	2 668.4
1969	406.9	135.5	138.7	97.7	430.4	2 883.4	2 792.8
1970	545.9	134.2	134.2	100.0	577.6	3 195.2	3 039.3
1971	603.0	110.5	109.3	101.1	631.3	3 532.0	3 363.6
1972	622.1	103.2	101.9	101.2	643.3	3 849.8	3 690.9
1973	664.5	106.8	106.7	100.1	686.4	4 181.3	4 015.6
1974	748.1	112.6	112.4	100.2	771.5	4 567.5	4 374.4
1975	880.3	117.7	116.3	101.2	897.2	5 043.7	4 805.6
1976	865.1	98.3	97.6	100.7	875.7	5 454.6	5 249.2
1977	911.1	105.3	103.8	101.5	909.0	5 860.8	5 657.7
1978	1 073.9	117.9	117.2	100.6	1 065.3	6 386.0	6 123.4
1979	1 153.1	107.4	105.1	102.2	1 119.6	6 917.1	6 651.5
1980	1 322.4	114.7	111.3	103.0	1 246.1	7 525.8	7 221.4
1981	1 339.3	101.3	98.1	103.2	1 222.5	8 054.6	7 790.2
1982	1 503.2	112.2	109.7	102.3	1 341.0	8 653.4	8 354.0
1983	1 723.3	114.6	111.9	102.5	1 500.6	9 356.5	9 004.9
1984	2 147.0	124.6	119.7	104.1	1 796.3	10 290.5	9 823.5
1985	2 672.0	124.5	116.1	107.2	2 085.4	11 427.5	10 859.0
1986	3 139.7	117.5	110.4	106.4	2 302.3	12 676.7	12 052.1
1987	3 798.7	121.0	115.0	105.2	2 647.7	14 156.1	13 416.4
1988	4 701.9	123.8	109.0	113.6	2 886.0	15 737.5	14 946.8

续表

年份	名义固定资本形成总额（亿元）	固定资本形成总额发展速度（%）	固定资本形成总额指数（%）	固定资本形成总额价格指数（%）	实际固定资本形成总额（亿元）	实际固定资本存量（亿元）	平均实际固定资本存量（亿元）
1989	4 419.4	94.0	86.6	108.5	2 499.3	16 786.4	16 261.9
1990	4 827.8	109.2	103.6	105.4	2 589.2	17 828.6	17 307.5
1991	6 070.3	125.7	115.9	108.5	3 000.9	19 186.6	18 507.5
1992	8 513.7	140.3	124.1	113.0	3 724.1	21 142.3	20 164.4
1993	13 309.2	156.3	125.0	125.1	4 655.2	23 849.0	22 495.7
1994	17 312.7	130.1	117.9	110.3	5 488.5	27 139.5	25 494.3
1995	20 885.0	120.6	113.8	106.0	6 245.9	30 884.2	29 011.9
1996	24 048.1	115.1	110.8	103.9	6 920.4	34 958.3	32 921.3
1997	25 965.0	108.0	106.2	101.7	7 349.5	39 086.1	37 022.2
1998	28 569.0	110.0	110.0	100.0	8 084.4	43 568.3	41 327.2
1999	30 527.3	106.9	107.3	99.6	8 674.6	48 227.6	45 898.0
2000	33 844.4	110.9	109.7	101.1	9 516.0	53 299.0	50 763.3
2001	37 754.5	111.6	111.1	100.4	10 572.3	58 959.3	56 129.1
2002	43 632.1	115.6	115.3	100.2	12 189.9	65 715.4	62 337.4
2003	53 490.7	122.6	119.9	102.2	14 615.6	74 274.7	69 995.1
2004	65 117.7	121.7	114.6	106.2	16 749.5	84 179.1	79 226.9
2005	77 304.8	118.7	116.8	101.6	19 571.1	95 992.3	90 085.7
2006	90 150.9	116.6	114.9	101.5	22 486.1	109 631.7	102 812.0
2007	105 435.9	117.0	112.6	103.9	25 311.4	124 839.5	117 235.6
2008	126 209.5	119.7	109.9	108.9	27 822.3	141 156.6	132 998.0

由于平均受教育年限方法在我国受到普遍应用，且方法简单、数据易得，从而方便比较，本书采用该种核算方法：首先，在核算人力资本存量的过程中，将从业人员分为文盲与半文盲、小学、初中、高中、大专、本科和研究生，受教育年限分别为 1 年、6 年、

9年、12年、15年、16年和19年；为了使统计口径统一，本书采用彭国华（2005，2007）方法，计大专及以上受教育年限统一为15.5，笔者比较研究发现两者估算结果基本一致。其次，从业人员结构比率数据，1978~1998年从业人员的数据来自王金营（2001），1999~2008年的数据来自各年《中国劳动统计年鉴》。平均受教育年限人力资本存量核算结果，如表2-2所示。

表2-2　　1978~2008年中国人均受教育年限核算结果

年份	文盲半文盲（%）	小学（%）	初中（%）	高中（%）	大专（%）	本科（%）	研究生（%）	大专以上（%）	平均教育年限
1978	39.3	29.54	21.59	8.83	0.17	0.56	0	5.48	5.28
1979	37.02	30.14	22.71	9.32	0.25	0.57	0	5.65	5.47
1980	34.85	30.47	24.14	9.65	0.31	0.58	0	5.82	5.65
1981	32.78	30.9	25.37	10.03	0.35	0.57	0	5.98	5.81
1982	31.41	30.74	26.47	10.42	0.4	0.57	0	6.10	5.94
1983	29.93	30.93	27.36	10.75	0.47	0.56	0	6.22	6.07
1984	28.52	31.21	28.22	10.96	0.53	0.56	0	6.32	6.18
1985	27.16	31.55	29.06	10.99	0.67	0.57	0	6.43	6.29
1986	25.2	32.56	29.84	11.02	0.78	0.59	0	6.55	6.43
1987	22.81	34.02	30.62	11.02	0.91	0.61	0	6.70	6.58
1988	20.26	35.69	31.31	11.06	1.05	0.64	0	6.85	6.75
1989	17.32	37.66	32.04	11.12	1.2	0.66	0	7.03	6.94
1990	16.85	37.23	32.63	11.3	1.31	0.69	0	7.09	7.00
1991	16.08	36.92	33.26	11.6	1.42	0.72	0	7.17	7.09
1992	15.43	36.47	33.91	11.88	1.55	0.75	0	7.25	7.17
1993	14.91	35.9	34.54	12.14	1.72	0.79	0	7.33	7.25
1994	14.31	35.48	35.09	12.41	1.89	0.82	0	7.41	7.33
1995	13.72	35.01	35.62	12.74	2.05	0.86	0	7.49	7.42

续表

年份	文盲半文盲(%)	小学(%)	初中(%)	高中(%)	大专(%)	本科(%)	研究生(%)	大专以上(%)	平均教育年限
1996	13.15	34.22	36.53	13.02	2.2	0.89	0	7.58	7.51
1997	13.48	33.96	35.73	13.52	2.38	0.93	0	7.59	7.52
1998	13.08	33.26	36.17	13.97	2.54	0.98	0	7.67	7.60
1999	11	33.3	39.9	11.9	2.8	1	0	7.77	7.71
2000	9.4	32.1	41.1	12.7	3.5	1.2	0	8.02	7.96
2001	7.8	30.9	42.3	13.5	4.1	1.4	0.1	8.27	8.22
2002	7.8	30	43.2	13.1	4.3	1.6	0.1	8.31	8.26
2003	7.1	28.7	43.7	13.6	4.8	1.9	0.1	8.45	8.40
2004	6.2	27.4	45.8	13.4	5	2.1	0.13	8.59	8.55
2005	7.8	29.2	44.1	12.1	4.5	2.1	0.18	8.34	8.30
2006	6.7	29.9	44.9	11.9	4.3	2.1	0.23	8.39	8.35
2007	6	28.3	46.9	12.2	4.3	2.1	0.2	8.50	8.46
2008	5.3	27.4	47.7	12.7	4.4	2.3	0.21	8.61	8.58

第二节

经济增长理论文献综述

通过对已有相关文献的考察，有助于把握经济增长理论的内在发展逻辑，从而进一步探讨经济增长理论可能的发展方向。借鉴潘士远和史晋川（2002），徐现祥（2006）的研究思路，本书梳理了经济增长理论的发展脉络。

一、新古典经济增长理论

Smith（1776）指出一个国家经济增长的主要动力在于劳动分工、资本积累和技术进步，Marshall（1920）强调了企业的外部经济与内部经济对经济增长的作用，Schumpter（1934）进一步指出，经济增长不是由外生因素引起的，而是由内生因素即生产要素和生产条件实现"新组合"引起的。现代经济增长理论是建立在 Harrod（1939，1948），Domar（1946）的 Harrod-Domar 模型基础上的，Harrod-Domar 模型标志着数理经济方法开始在经济增长理论研究中的应用，是经济增长理论的第一次革命。

但是，Harrod-Domar 模型最为关键的假设是固定技术系数生产函数，这种生产函数只有在短期中具有一定的社会现实性，在长期中两种生产要素资本和劳动常常是可以相互替代的。Solow（1956），Swan（1956）修正了这一假设，代之于生产要素之间可以充分替代的新古典生产函数，分别独立地建立了新的经济增长理论模型，即 Solow-Swan 模型，也称为新古典经济增长模型。新古典经济增长模型解决了经济增长路径的平稳性问题，从而开拓了经济增长理论的"新古典"时代，极大地推动了经济增长理论的一次飞跃式发展，是经济增长理论的第二次革命。

二、内生经济增长理论

（一）早期内生经济增长理论

Arrow（1962）针对新古典经济增长理论的局限性，提出了技术进步或生产率的提高是资本积累的副产品的观点，他认为不仅进行投资的厂商可以通过积累生产经验而提高生产率，其他厂商也可以通过"学习"来提高生产率，即非竞争性的知识具有外部性。据此，可以将技术进步看成是有经济系统决定的内生变量。

Uzawa（1964，1965）突破了传统的单部门经济增长模型的局限，建立了一个包括物质生产部门和人力资本生产部门或教育部门的两部门经济增长模型，从而内生了经济系统中的技术进步。在 Uzawa 模型中，人力资本的生产函数具有线性的性质，这样，人力资本生产部门不递减的要素边际收益就可以抵消物质生产部门递减的要素边际收益，从而保证经济的持续增长。

但是，在 Arrow 的"干中学"模型中，一个社会的技术进步率最终取决于外生的人口增长率；而无论 Uzawa 模型中技术进步的作用如何，如果人口或劳动力的自然增长率不大于零的话，经济同样不可能持续地增长。

（二）AK 型内生经济增长理论

20 世纪 80 年代中期以来，以 Romer（1986）和 Lucas（1988）的研究为开端，长期经济增长问题再一次成为经济学家的关注热点。这一阶段的经济增长理论主要致力于研究一个国家经济的持续增长是如何被经济系统内生地决定，即人们所说的内生增长理论或新经济增长理论。

Romer（1986）沿着 Arrow（1962）用技术外部性或知识的溢出效应来解释经济增长的研究思路，克服了 Arrow "干中学"模型的缺陷，内生了技术进步，建立了 Arrow-Romer 模型。Romer（1986）指出，知识或技术是追求利润最大化的厂商进行物质资本投资的副产品，知识或技术不同于其他普通商品之处在于知识具有溢出效应，即一个厂商积累的知识或技术不仅提高了自己的生产率，而且也能提高社会中其他厂商的生产率。由此，经济就能保持长期增长。

Lucas（1988）则继承了 Uzawa（1965）用人力资本来解释经济增长的研究思路，强调了人力资本外部性对解释经济增长的重要性，建立了 Uzawa-Lucas 模型。Barro（1990）认为政府的生产性支出活动对私人厂商来说具有外部性，所以政府是推动经济增长的决定力量。

由于 Romer 和 Lucas 等人卓有成效的探索，很大程度上激活了经济增长理论的研究。但是，AK 型内生经济增长理论从外部性的角度把技术进步内生，在具体处理过程中隐含着技术、知识是竞争性投入品，但从使用者的角度强调技术、知识是公共物品（潘士远和史晋川，2001；徐现祥，2006）。Romer（1994）指出他最满意的工作就是放弃了自己亲自开创的 AK 型新经济增长理论。

（三）R&D 型内生经济增长理论

R&D 型内生经济增长理论工作是由 Romer 最早展开的，具有代表性的研究人物有 Romer，Grossman 和 Helpman 以及 Aghion 和 Howitt。R&D 型内生经济增长理论继承新古典经济增长理论的资本报酬递减假设，认为资本积累不能使经济增长在长期内得以维持，只有技术进步才是保持经济长期增长源泉的结论。R&D 型内生经济增长理论将技术进步内生化，认为技术创新的原因是企业为了追求利润最大化而将更多的生产性资源投入 R&D 中去，R&D 型内生增长经济理论成功地解释了长期经济增长的关键原因"技术创新"（杨剑波和郭小群，2008）。

Romer（1986，1990）把创新和经济增长的关系公式化，其形式可表述为：创新—垄断—报酬递增—不完全竞争。企业进行 R&D 投资就是为了通过技术创新而获取产品市场上的垄断利润。在 Romer 的理论模型中有三个部门：最终产品部门、中间产品部门和 R&D 部门。R&D 部门通过研究得到新的技术，并将其申请专利，然后把专利卖给中间产品部门，中间产品部门作为一个垄断者生产出资本品并将其出售给最终产品部门，最后由许多完全竞争的最终产品部门生产出最终产品。中间产品部门获取垄断利润，R&D 部门获取专利套利（专利价格）。一国经济是由 R&D 部门和中间产品部门为追求长期垄断利润而进行的技术创新来实现和维持长期增长的。

Grossman 和 Helpman（1991）的横向产品创新是指产品种类的增多，这类创新是由有前瞻眼光的企业家有意识地进行 R&D 投资造成的。这种新产品的生产者获得了垄断利润作为其先期 R&D 投入的回报，但是它不能完全获得其研究所带来的收益，否则对技术投资的过程将趋于收益递减。另外，技术创新带来了不能完全由创新者独占的收益，那将使得下一代的研究者能够比其前一代的研究者有更低的研究成本，故而内生技术创新能够继续进行，从而推动生产率和经济不断地增长。

Aghion 和 Howitt（1992）的纵向产品创新是指产品质量的提高。他们认为增长是由一系列随机的质量改进（垂直创新）带来的，而这些创新本身是来自于研发活动。这一理论关注质量改进创新。企业家竞相推出下一代产品，每一次研究的成功都在目标行业的"质量阶梯"上迈进了一步。企业用大部分产出进行 R&D 投入以便在行业内保持技术的暂时领先从而获取准租金。但他们在进行投资决策时，已经意识到他们的创新将被未来的创新所取代。

Grossman 和 Helpman（1991）、Aghion 和 Howitt（1992）的理论都认为创新产品既可能是最终消费品也可能是中间产品，如果创新是中间产品，那么创新就能带来生产最终产品部门全要素生产率的提高，增长就表现为最终产品质量的增加。但是，DeLong 和 Summers（1991）发现设备投资的增长是美国经济增长的重要因素，而 R&D 增长不是重要的原因；Dinopous 和 Thomoos（1998）的研究说明 R&D 型内生经济增长理论与经验事实相吻合方面不如人意；Jones（1995）实证分析发现，R&D 型内生经济增长理论所揭示的增长效应并不能得到 OECD 国家近 100 年增长事实的支持，而增长效应恰好是新增长理论的核心特征。

（四）人力资本内生经济增长理论

人力资本内生经济增长理论把新古典增长模型中的劳动力的定义扩大为人力资本投资。Romer（1986）、Lucas（1988）、Becker, Murphy 和 Tamura（1990）、Tamura（1991）、Lucas（1993）、Goodfriend 和 McDerott（1995）等强调人力资本是经济增长重要源泉。在 Romer（1986）、Lucas（1988）的模型中，将人力资本内生化，使得能像生产函数方法分析资本和劳动要素投入的数量对经济增长的贡献那样分析人力资本，克服了新古典经济在增长模型技术进步外生的缺陷。

但是，相当一部分经济学家认为人力资本概念则比物质资本更模糊，可测性更差，并且人力资本总量的可加性问题迄今还没有得到充分讨论。例如，Mankiw（1995）对人力资本定义问题提出质疑，Romer（1990）认为不同的研究者往往使用具有不同内涵的人力资本定义，Stern（1991）指出人力资本难以测度的问题使得用人力资本来解释经济增长没有太大的现实应用意义。虽然关于人力资本对经济增长作用的定量分析还没有令人信服的结果，可是在总体上看，经济学家并不否认人力资本对经济增长的重要作用。关于我国人力资本的测度问题上文已有详细论述。

三、经济增长理论评述

新古典生产函数的主要特征是投入要素的边际收益递减，所以在缺乏技术进步的情况下，长期的人均经济增长率趋于零。新古典经济增长模型证明了技术进步是经济长期增长的引擎，长期持续的经济增长只能借助于外生的技术进步。假设技术进步是外生的公共产品，没有回答经济体为什么能够实现长期经济增长，这也是新古典经济增长理论经常被攻击之处。但是不可否认的是，新古典经济增长理论在许多地区和国家仍然具有较好的解释力，为经济增长理论发展做了较好的铺垫，也已经成为经济增长理论研究的基准（徐现祥，2006）。

内生经济增长理论突破了新古典增长理论的研究局限，强调了知识和技术等因素在经济长期增长中的作用。但是，在内生经济增长理论中，制度和个人偏好仍被看作是外生的因素，经济制度问题实际上就从增长问题的研究中被排除出去了。新制度经济学派指责内生经济增长理论如同新古典增长理论一样，只是讲了增长本身，并没有真正说明发生经济增长现象的动因（潘士远和史晋川，2002）。

新制度经济学派试图从经济制度安排上解释经济增长的动因。但是，如何测度制度和制度变迁存在的难度，在一定程度上困扰着新制度经济学的发展，约束了新制度经济学的实证研究和理论推广。如果能够合理量化制度和制度变迁，将非常有利于新制度经济学的推广和应用。

第三节

总量生产函数模型发展思路

不同学者出于不同的研究目的，或者由于对经验生产函数的不同偏好，经常采用不同的生产函数模型来分析我国的经济增长状况。显然，不同的生产函数模型设定往往可能导致不同的研究结论。例如，在全要素生产率的测算上，我国经济学者对我国改革开放后全要素生产率贡献率的研究结果在10.13%~48%之间，可以说迥然不同（徐英等，2006）。又如，在《经济研究》2002年第4期中，同时刊登了两篇关于中国区域经济发展差异成因的研究论文，一篇研究显示中国区域经济发展的差异大约有90%是由外商投资分布的区域差异引起的，因此主张积极引导外商投资投向中西部地区以推动中西部地区的发展；另一篇的研究则表明外商投资导致的区域经济发展差异不到总差异的20%，明确否认了通过改变投资数量的空间分布来缩小区域经济差距的可行性。关于外商直接投资对中国区域经济发展影响的这两项研究，在结论与相应的政策取向上是迥异的。这种差异直接反映了研究过程中可能存在较大的二次统计误差（钱雪亚，2007）。二次统计误差部分地归因于实证数据的误差，此外，不同学者对于经济增长理论有不同的理解，或者出于不同的研究目的，或者由于对经验生产函数的不同偏好，采用不同的生产函数模型，这可能也是导致二次统计误差的重要原因之一。李子奈（2008）指出："因此，为了研究研发投入对生产率的影响，有人引入了反映研发因素的变量；为了研究 FDI 对生产率的影响，有人引入了反映 FDI 因素的变量；为了研究制度对生产率的影响，有人引入了反映制度因素的变量；为了研究产业结构对生产率的影响，有人引入了反映产业结构的变量。难道生产函数模型中包括的解释变量可以任人随意设定吗？"

迄今为止关于生产函数模型已经积累了大量的研究文献。但是，这些研究主要集中于生产函数某一特定领域的理论研究或者应用研究，而缺乏对于生产函数模型发展思路和应用范围的梳理和总结。借鉴李子奈和潘文卿（2000）的文献梳理工作，本书分别从要素替代弹性、生产率技术变化和产出弹性为线索回顾总结总量生产函数模型的发展思路。

一、以替代弹性为线索

在生产函数模型发展过程中，要素替代弹性是一个十分重要的概念。所谓要素替代弹性，是描述投入要素之间替代性质的一个量，主要用于描述要素之间替代能力的大小。要素替代弹性是与研究对象、样本区间甚至样本点联系在一起的。要素替代弹性定义为两种要素的比例的变化率与边际替代率的变化率之比，常用 σ 表示：

$$\sigma = \frac{d(K/L)}{K/L} \bigg/ \frac{d(MP_L/MP_K)}{MP_L/MP_K}$$

一般情况下要素替代弹性 $\sigma > 0$，表示生产要素之间具有替代性；σ 越小说明生产要素之间替代能力越小，σ 越大说明生产要素之间替代能力越大；当 $\sigma = 0$，要素之间不可替代，当 $\sigma = \infty$，要素之间具有无限替代性。

第二章 生产函数模型研究综述

生产函数模型的一个基本假设是关于要素之间替代性质的假设,由于该假设的发展,导致出现了各种不同的生产函数模型。根据要素之间替代弹性性质的描述为线索,生产函数模型经历了线性生产函数模型、投入产出生产函数模型、Cobb-Douglas 生产函数模型、不变替代弹性生产函数模型、可变替代弹性生产函数模型和超越对数生产函数模型的发展历程(李子奈和潘文卿,2000)。

(一) 线性生产函数

如果假设资本和劳动力之间是无限可以替代的,则描述投入和产出的生产函数模型可以表示为:

$$Y = A + \alpha K + \beta L$$

可以容易计算得到,线性生产函数模型的替代弹性 $\sigma = \infty$ 为无穷大,资本 K 和劳动力 L 之间是无限可以替代的。这是一种极端情况,一种要素可以被另一种要素替代直至减少为 0。

(二) 投入产出生产函数

另一种极端情况是假设资本 K 和劳动力 L 之间是完全不可替代的,生产函数模型可以表示为:

$$Y = \min(K/a, L/b)$$

该模型成为投入产出生产函数。a 和 b 分别为生产 1 单位的产出所必须投入的资本和劳动力数量。对于投入产出生产函数来说,容易计算得到要素替代弹性 $\sigma = 0$,资本和劳动力之间完全不可替代。

(三) Cobb-Douglas 生产函数

1928 年美国经济学家、数学家柯布(Charles Cobb)和道格拉斯(Paul Douglas)提出著名的柯布 – 道格拉斯(Cobb-Douglas)生产函数模型,形式如下:

$$Y = AK^{\alpha}L^{\beta}$$

其中,Y、A、K 和 L 分别表示实际产出、技术水平、资本投入和

· 41 ·

劳动力投入。

Cobb-Douglas 生产函数模型边际产出：

$$MP_K = \frac{\partial Y}{\partial K} = \alpha AK^{\alpha-1}L^\beta = \alpha\frac{AK^\alpha L^\beta}{K} = \alpha\frac{Y}{K}$$

$$MP_L = \frac{\partial Y}{\partial L} = \beta AK^\alpha L^{\beta-1} = \beta\frac{AK^\alpha L^\beta}{L} = \beta\frac{Y}{L}$$

Cobb-Douglas 生产函数模型的要素替代弹性：

$$\sigma = \frac{d(K/L)}{K/L} \bigg/ \frac{d(MP_L/MP_K)}{MP_L/MP_K} = d\ln(K/L)/d\ln(MP_L/MP_K)$$
$$= d\ln(K/L)/d\ln(\beta K/\alpha L) = d\ln(K/L)/$$
$$d[\ln(\beta/\alpha) + \ln(K/L)] = 1$$

与要素之间可以无限替代的线性生产函数和要素之间完全不可替代的投入产出生产函数模型不同，Cobb-Douglas 生产函数模型假定要素替代弹性为 1，是一个更加逼近于生产活动的模型。但是，Cobb-Douglas 生产函数模型不管研究对象是什么，不管样本区间是什么，不管一本观测值是什么，要素替代弹性都为 1，这是与实际不尽相符的。

（四）不变替代弹性生产函数

1961 年，Arrow, Chenery, Mihas 和 Solow 等多位学者提出了不变替代弹性（Constant Elasticity of Substitution, CES）生产函数模型，其基本形式如下：

$$Y = A(\delta_1 K^{-\rho} + \delta_2 L^{-\rho})^{-\frac{m}{\rho}}$$

不变替代弹性生产函数模型边际产出：

$$MP_K = \frac{\partial Y}{\partial K} = \frac{m}{\rho}\delta_1\rho K^{-\rho-1}A(\delta_1 K^{-\rho} + \delta_2 L^{-\rho})^{-\frac{m}{\rho}-1}$$

$$MP_L = \frac{\partial Y}{\partial L} = \frac{m}{\rho}\delta_2\rho L^{-\rho-1}A(\delta_1 K^{-\rho} + \delta_2 L^{-\rho})^{-\frac{m}{\rho}-1}$$

第二章 生产函数模型研究综述

不变替代弹性生产函数模型的要素替代弹性：

$$\sigma = d\ln(K/L)/d\ln(MP_L/MP_K) = d\left(\ln\left(\frac{K}{L}\right)\right) \Big/ d\left(\ln\left(\frac{\delta_2}{\delta_1}\left(\frac{K}{L}\right)^{1+\rho}\right)\right)$$

$$= d\left(\ln\left(\frac{K}{L}\right)\right) \Big/ d\left(\ln\left(\frac{\delta_2}{\delta_1}\right) + (1+\rho)\ln\left(\frac{K}{L}\right)\right) = \frac{1}{1+\rho}$$

不变替代弹性生产函数对于不同的研究对象，或者统一研究对象的不同样本区间，由于样本观测值不同，要素替代弹性 $1/(1+\rho)$ 是不同的，因此不变替代弹性生产函数模型比 Cobb-Douglas 生产函数模型更加贴近现实。值得注意的是，Cobb-Douglas 生产函数模型是 CES 生产函数模型的特例：Cobb-Douglas 生产函数模型的替代弹性为 1，CES 生产函数模型的替代弹性是 $1/(1+\rho)$；当 $\rho=0$ 时，则 CES 生产函数模型就退化成 Cobb-Douglas 生产函数模型。

但是，CES 生产函数仍然假定要素替代弹性与样本点无关，这就是不变替代弹性生产函数模型的"不变"的含义，而这一点仍然是与实际不符的。对于不同的样本点，由于要素的比例不同，相互之间的替代性质也可能是不同的。

（五）变替代弹性生产函数

变替代弹性（Variable Elasticity of Substitution，VES）生产函数是生产函数研究的一个前沿领域，较为著名的是 Salo 和 Hoffman 于 1968 年和 Revankar 于 1971 年提出的模型。Salo 和 Hoffman（1968）假定要素替代弹性 σ 为时间的线性函数：

$$\sigma = a + b \cdot t$$

认为随着时间的推移，技术进步使得的要素之间的替代变得容易。Revankar（1971）假定要素替代弹性 σ 为要素比例的线性函数：

$$\sigma = a + b \cdot K/L$$

认为随着要素比例的变化，要素之间的替代性质也会变化。实际应用中，Revankar（1971）模型与样本观测值相联系，因而使用价值更大，本书 VES 生产函数表示 Revankar（1971）提出的生产函数模型。如果假定 a=1，可得常用的 VES 生产函数形式如下：

$$Y = A\ K^{\frac{m}{1+c}} \left(L + \frac{b}{1+c} K \right)^{\frac{cm}{1+c}}$$

变替代弹性生产函数模型边际产出：

$$MP_K = \frac{\partial Y}{\partial K} = \frac{m}{1+c} \frac{Y}{K} + \frac{cm}{1+c} \frac{b}{1+c} Y \bigg/ \left(L + \frac{b}{1+c} K \right)$$

$$= \frac{m}{1+c} \frac{Y}{K} \left[1 + \frac{cb}{(1+c)L/K + b} \right]$$

$$MP_L = \frac{\partial Y}{\partial L} = \frac{cm}{1+c} A\ K^{\frac{m}{1+c}} \left(L + \frac{b}{1+c} K \right)^{\frac{cm}{1+c}-1} = \frac{m}{1+c} \frac{Y}{L} \frac{c(1+c)}{(1+c) + bK/L}$$

变替代弹性生产函数模型的要素替代弹性：

$$\sigma = d\ln(K/L)/d\ln(MP_L/MP_K)$$

$$= d(\ln(K/L))/d \left(-\ln K/L + \ln \left[1 + \frac{cb}{(1+c)L/K + b} \right] \right.$$

$$\left. - \ln \frac{c(1+c)}{(1+c) + bK/L} \right)$$

$$= a' + b' \cdot K/L$$

VES 生产函数模型假定要素替代弹性 σ 是资本 K 与劳动力 L 比例的线性函数，当 K/L 较大时，资本替代劳动就比较困难，替代弹性 σ 较小；当 K/L 较小时，资本替代劳动就比较容易，替代弹性 σ 较大。

值得注意的是，对于 VES 生产函数模型来说，当 a=1/(1+ρ)，b=0 时，替代弹性 σ=1/(1+ρ)，VES 生产函数模型就退化为 CES 生产函数模型；当 a=1，b=0 时，替代弹性 σ=1，VES 生产函数模型就退化为 Cobb-Douglas 生产函数模型。可见 Cobb-Douglas 生产函数和 CES 生产函数都是 VES 生产函数的特例。

(六) 超越对数生产函数

Christensan, Jorgenson 和 Lau 于 1973 年提出了一个更具一般性的变替代弹性生产函数模型：

$$\ln Y_t = \ln A_t + \beta_K \ln K_t + \beta_L \ln L_t + \beta_{KK} \ln^2 K_t + \beta_{LL} \ln^2 L_t + \beta_{KL} \ln K_t \ln L_t + \varepsilon_t$$

超越对数生产函数模型的显著特点是它的易估计和包容性。超越对数生产函数在形式上是一个简单的对数线性回归模型，容易估计。超越对数生产函数可以被认为是任何形式的生产函数的近似，容易证明 Cobb-Douglas 生产函数模型、CES 生产函数模型和 VES 生产函数模型都是超越对数生产函数模型的特例。例如，当 $\beta_{KK} = \beta_{LL} = \beta_{KL} = 0$ 时，超越对数生产函数模型退化为 Cobb-Douglas 生产函数模型；当 $\beta_{KK} = \beta_{LL} = -1/2\beta_{KL}$ 时，超越对数生产函数模型退化为 CES 生产函数模型。可以利用超越对数生产函数模型估计结果判断要素的替代性质。

二、以生产率变化为线索

生产率是经济学的重要概念，也是分析经济增长源泉的重要工具，尤其是政府制定长期可持续增长政策的重要依据。首先，估算全要素生产率有助于进行经济增长源泉分析，即分析各种因素（如资本、劳动力和技术进步等）对经济增长的贡献，识别经济是要素投入型增长还是效率型增长，确定经济增长的可持续性。其次，通过全要素生产率增长对经济增长贡献与要素投入贡献的比较，确定经济政策是应以增加总需求为主还是应以调整经济结构、促进技术进步为主，为政府制定和评价长期可持续增长政策提供决策依据。

全要素生产率的变化分解为四个部分：技术效率、技术进步、规模经济和配置效率。

（1）技术效率是指生产要素的使用效率或使用程度。技术效率和生产前沿面是联系在一起的。所谓生产前沿面，指的是在一定的要素投入下可能达到的最大产出，不同的要素投入对应不同的产出，所有产出所形成的曲线便是生产前沿面。但是，并不是所有企业都可以达到最大产出，技术效率便是用来衡量一个企业在等量要素投入条件下，其实际产出离最大产出的距离。距离越大，则技术效率越低；距离越小，则技术效率越高。技术效率的测算在经济与管理领域中具有非常重要的意义，从微观企业角度来看，运用随机生产前沿技术测算技术效率，将有利于考察和评价每个企业的综合绩效指标；从宏观角度看，测算各个国家或地区的技术效率，能够让我们了解每个国家或地区的经济增长质量。此外，可以以此为基础作进一步的研究，如利用技术效率研究隐形失业率等。

（2）如果说技术效率水体的提高，是指实际产出向前沿产出移动，反映生产要素的使用效率的提高；那么技术进步则是指前沿面随时间的推移而向外移动，可以定义为控制了要素投入之后技术前沿随时间的推移而变化的速率。根据新经济增长理论，技术进步是决定经济长期增长的根本源泉。技术进步可以分为两个部分：一部分为纯粹的技术变化部分，是所有地区拥有的共同的技术进步率，是由技术外溢与扩散效应导致每个地区都面临同样的前沿技术水平；另一部分是非中性技术进步，也就是随不同地区和时间而变，与不同个体相关，是个体表现出来的异质性。

（3）规模经济是指在其他条件不变的情况下，产出增长比例要高于要素投入规模综合增长比例。一般的，$\alpha+\beta$代表规模报酬，如果$\alpha+\beta>1$，说明存在规模经济；$\alpha+\beta=1$，不存在规模经济；$\alpha+\beta<1$，存在规模不经济。

（4）配置效率是指实际要素投入比例经常会偏离利润最大化条件下新古典标准生产模型要求的要素匹配比例。在投入不变的条件下，通过资源的优化组合和有效配置，效率就会提高，产出就会增加。配置效率又称为帕累托效率，完全竞争可以导致配置效率提高。生产要素从边际生产率较低的地方向边际生产率较高的地方流动，有利于提高资源配置效率，从而促进经济增长。

生产函数模型的解释变量主要由两个部分组成：生产要素和技术条件。根据生产率技术变化的描述为线索，生产函数模型发展历程包括：不包含技术进步的生产函数模型、包含技术进步的生产函数模型，包含技术效率的前沿生产函数模型、包含内生技术进步的生产函数模型（李子奈和潘文卿，2000）。

（一）不包含技术进步的生产函数模型

$$Y = AF(K,L)$$

不变技术生产函数模型假定不同时期具有相同的技术水平 A，技术进步的作用在所有样本点都是相同的。显然，这个假设是不符合实际的；技术的发展往往是和时间紧密相关的。在不同时期，随着新技术、新发明的推广和使用、管理水平的不断改进，技术进步是经常发生的。

（二）包含技术进步的生产函数模型

1942 年，Tinbergen 提出在生产函数中加入时间指数趋势项以测定技术进步；1957 年，Solow 进一步提出了包含技术进步的生产函数模型：

$$Y = A_t F(K,L)$$

常见的包含技术进步的生产函数模型主要有两种：

$$Y = A(1+\gamma)^t F(K,L)$$
$$Y = Ae^{\lambda t} F(K,L)$$

其中，γ 表示年均技术进步速度；当 λ 较小时，也可表示年技术进步速度。

生产函数模型是描述生产过程中投入的生产要素的某种组合与它可能的最大产出之间依存关系的数学表达式。但是在实际应用中，往往无法得到最大产出量的样本观测值；通常的做法是以实际产出量代替最大产出量。这个做法是以所有生产者在技术上是充分有效为假定前提的。但是，实际产出量往往不等于最大产出量，实际产出量和最大产出量是有一定距离的。正如 Farrell（1957）指出，并不是每一个生产者都处在生产函数的前沿上，都能够达到技术前沿，大部分生产者的效率与最优生产效率有一定的差距，即存在技术无效率。

（三）包含技术效率的前沿生产函数模型

前沿生产函数模型是根据已知的一组投入、产出的观测值定义出投入产出的一切可能组合的外部边界，使得所有投入产出观测值组成的坐标都位于这个边界的"下方"，而且与其尽可能地接近。技术效率反映了生产要素的使用效率。

前沿生产函数模型包括三种类型：确定性前沿生产函数模型、概率前沿生产函数模型和随机前沿生产函数模型。

1. 确定性前沿生产函数模型。从理论上讲，确定性前沿生产函数模型限制所有观测点包含于前沿面上或者前沿面之下，符合前沿生产函数模型的定义概念。确定性前沿生产函数模型主要包括参数估计和非参数估计两种方法。参数方法的模型形式为：

$$Y = A_t F(K, L) \ e^{-u} (u \geq 0)$$

但是，参数估计将影响产出量的技术效率、随机误差项不加区别，全部归入误差项中，使得它对观测值的误差比较敏感；非参数数据包络分析估计将影响产出量的技术效率、随机误差项不加区别，全部归入技术效率项中，使得它对观测值的技术效率比较敏感。

2. 概率前沿生产函数模型。概率前沿生产函数模型允许最有效的观测点在前沿面的上面，但是这些在前沿面之上的观测点的百分比是预先指定的。

3. 随机前沿生产函数模型。随机前沿生产函数模型将影响产出量的技术效率和随机误差项加以区别，模型可以写成：

$$Y = A_t F(K, L) \ e^{v-u} (u \geq 0)$$

其中，Y 为实际产出量，$A_tF(K,L)e^v$ 为前沿生产函数，$0 \leq e^{-u} \leq 1$ 反映相对于随机前沿的效率水平（生产非效率）。实际产出量总在 $A_tF(K,L)e^v$ 的下方，但是由于随机因素的影响可能位于 $A_tF(K,L)$ 的上方。

从模型结构上来看，随机前沿时变弹性生产函数模型是较为合意的总量生产函数模型，也是国内外应用最为广泛的前沿生产函数模型之一。

（四）包含内生技术进步的生产函数模型

新古典经济增长模型为说明经济的持续增长导入了外生的技术进步，但外生的技术进步率并没有能够从理论上说明持续经济增长的问题。内生增长理论是基于新古典经济增长模型发展起来的。Cobb-Douglas 生产函数对劳动生产要素的引入，使得有关人力资本因素在经济增长中的作用的研究在技术上成为可能。

Romer（1986）将知识作为一个独立要素引入生产函数，并且认为知识积累是经济增长的主要源泉。Lucas（1988）则把人力资本因素引入经济增长模型，他认为人力资本积累是经济得以持续增长的关键因素和经济发展的真正源泉，并使之内生化。从某种意义上说，内生经济增长理论的突破在于放松了新古典增长理论的假设并将技术变量内生化。Mamkiw, Romer 和 Wei（1992）认为引入人力资本因素的内生经济增长模型，可以解释各国经济增长的大部分差异，穷国将比富国有更高的经济增长率，存在条件收敛的现象。相关文献在前文内生经济增长理论中已有详细论述。

三、以产出弹性为线索

在经济学中，弹性是指具有依存关系的两个经济变量之间，一个变量对另一个变量变动的反应程度。弹性是从动态变化的角度衡量生产要素对产出的影响。如果用 α 表示资本弹性，用 β 表示劳动力弹性：

$$\alpha = \frac{\partial \ln Y}{\partial \ln K} = \frac{\partial Y}{\partial K} \frac{K}{Y} = \frac{\partial Y/Y}{\partial K/K} = \frac{\Delta Y/Y}{\Delta K/K}$$

$$\beta = \frac{\partial \ln Y}{\partial \ln L} = \frac{\partial Y}{\partial L} \frac{L}{Y} = \frac{\partial Y/Y}{\partial L/L} = \frac{\Delta Y/Y}{\Delta L/L}$$

资本弹性 α，即是产量变化率对资本变化率的反应程度；具体地讲，就是在其他条件不变的情况下，资本投入增加1%时，产出增加 α%；劳动力弹性 β，即是产量变化率对劳动力变化率的反应程度；具体地讲，就是在其他条件不变的情况下，劳动投入增加1%时，产出增加 β%。

产出弹性时变特征已有引起部分学者注意。汤兵勇和宋家第（1988）指出科技经济系统是动态时变的，不仅是过去与将来不同年份的产值、资本与劳动力在不断变化，每一年的全要素生产率在变化，而且资本、劳动对于产出的弹性也应该是时变的，应该是时间的函数。金锡万和陈世菊（1991）认为生产要素间的相互影响及其对经济增长的作用是一个动态的、复杂的、多变的相互制约与促进过程，这一过程的鲜明特点就是时变性。因此简单地用静态模型模拟一个动态的时变参数系统，不能正确描述经济产出与各投入要素的有关联系，也难以对技术进步与经济增长的关系进行动态分析，同时如果用于预测也会产生较大误差。杜广春（1994）认为资本与劳动的产出弹性并不是一个恒定值，而是一个随时间变化而变化的量，就长时期来看弹性值往往表现为一个动态过程，对于不同的生产部门弹性值也会有所区别。王智海和潘杰义（1994）认为产出弹性的大小与社会经济系统的技术状态有关，随着技术进步水平的提高和技术进步进程的加快，资本、劳动力的产出弹性也会发生一定的变化。刘金全（1999）认为在经济转型、技术创新刚刚形成时期，经济系统处于波动当中，采用非中性生产函数比Cobb-Douglas生产函数更为合适。李子奈和叶阿忠（2004）指出真正的常参数模型只存在于假设之中。王曦、舒元和才国伟（2007）详细论述了传统回归分析确定劳动和资本的产出弹性存在的问题。

第二章 生产函数模型研究综述

Griliches 和 Mairesse.（1998）、Olley 和 Pakes（1996）、Levinsohn 和 Petrin（2003）、Ackerberg, Caves 和 Frazer（2006）、Hong Jian（2008）、Fox 和 Gandhi（2010）专门探讨生产函数模型的估计和识别问题。本书尝试从资本和劳动力产出弹性视角出发，重新梳理以要素产出弹性为线索的生产函数模型发展。

（一）Cobb-Douglas 生产函数

Cobb-Douglas 生产函数：

$$Y = AK^\alpha L^\beta,$$

两边取自然对数，求导可得 α 和 β 分别代表第 t 期资本和劳动力的产出弹性：

$$\frac{\partial \ln Y_t}{\partial \ln K_t} = \frac{\partial Y_t}{\partial K_t} \cdot \frac{K_t}{Y_t} = \alpha$$

$$\frac{\partial \ln Y_t}{\partial \ln L_t} = \frac{\partial Y_t}{\partial L_t} \cdot \frac{L_t}{Y_t} = \beta$$

Cobb-Douglas 生产函数模型具有明确的参数意义，α 和 β 分别代表资本和劳动力的产出弹性，$\alpha + \beta$ 代表规模报酬，$\alpha + \beta < 1$ 表示规模报酬递减，$\alpha + \beta = 1$ 表示规模报酬不变，$\alpha + \beta > 1$ 表示规模报酬递增。

Cobb-Douglas 生产函数模型假定要素替代弹性为 1，Cobb-Douglas 生产函数模型还假定资本和劳动力的产出弹性 α 和 β 是固定常数。因此，Cobb-Douglas 生产函数模型是一个常参数模型，即认为样本观测值的经济结构保持不变，解释变量对被解释变量的影响保持不变。利用 Cobb-Douglas 生产函数估计得到的 α 和 β 反映的只是研究时期的一个平均弹性水平，未能反映不同时期资本和劳动力的产出弹性的变化。

（二）不变替代弹性生产函数

对 CES 生产函数两边取对数，得到：

· 51 ·

$$\ln Y = \ln A - \frac{m}{\rho}\ln(\delta_1 K^{-\rho} + \delta_2 L^{-\rho}) + \varepsilon$$

由于 Cobb-Douglas 生产函数的普遍适用性，当 $\rho = 0$ 时，要素替代弹性等于 1，CES 模型退化为 Cobb-Douglas 生产函数，假定 ρ 为接近于 0 的数，可以根据 ρ 的估计值是否接近于 0 来检验这种估计方法的可用性。将其中的 $\ln(\delta_1 K^{-\rho} + \delta_2 L^{-\rho})$ 在 $\rho = 0$ 处展开泰勒展开，取 0 阶、1 阶和 2 阶项，得到：

$$\ln Y = \ln A + \delta_1 m \ln K + \delta_2 m \ln L - 1/2\rho m \delta_1 \delta_2 (\ln K - \ln L)^2 + \varepsilon$$

上式是一个简单线性模型，采用单方程模型估计方法和变量变换，可以计算得到参数估计值。

根据上式，可得资本弹性产出弹性为：

$$\alpha = \partial \ln Y / \partial \ln K = \delta_1 m - \rho m \delta_1 \delta_2 \ln(K/L)$$

劳动力产出弹性为：

$$\beta = \partial \ln Y / \partial \ln L = \delta_2 m + \rho m \delta_1 \delta_2 \ln(K/L)$$

规模报酬等于资本弹性与劳动力弹性之和，即：

$$\alpha + \beta = \partial = (\delta_1 + \delta_2)m = m$$

可见，不变替代弹性生产函数是可变弹性生产函数模型，资本和劳动力产出弹性是对数劳均资本的线性函数，代表产出弹性之和的规模报酬是固定常数。当 $\rho = 0$ 时，不变替代弹性生产函数模型就退化成 Cobb-Douglas 生产函数模型。

当假定规模报酬不变 $m = 0$ 时，不变替代弹性生产函数模型就退化成为：

$$\ln(Y/L) = \ln A + \delta_1 \ln(K/L) - 1/2\rho\delta_1(1 - \delta_1)\ln^2(K/L) + \varepsilon$$

资本弹性产出弹性为：

$$\alpha = \partial \ln Y/\partial \ln K = \partial \ln(Y/L)/\partial \ln(K/L) = \delta_1 - \rho\delta_1(1 - \delta_1)\ln(K/L)$$

劳动力产出弹性为：

$$\beta = \partial \ln Y / \partial \ln L = 1 - \alpha = 1 - \delta_1 + \rho\delta_1(1-\delta_1)\ln(K/L)$$

（三）变替代弹性生产函数

VES 生产函数两边取对数，得到：

$$\ln Y = \ln A + \frac{m}{1+c}\ln K + \frac{cm}{1+c}\ln\left(L + \frac{b}{1+c}K\right) + \ln u$$

在 $\lambda = b/(1+c) = 0$ 处一阶台了展开，可得：

$$\ln Y = \ln A + \frac{m}{1+c}\ln K + \frac{cm}{1+c}\ln L + \frac{bcm}{(1+c)^2}\frac{K}{L} + \varepsilon$$

上式是一个简单线性模型，采用单方程模型估计方法和变量变换，可以计算得到参数估计值。根据上式，可得资本弹性产出弹性

$$\alpha = \partial \ln Y / \partial \ln K = \frac{m}{1+c} + \frac{bcm}{(1+c)^2}\frac{K}{L}$$

劳动力产出弹性为：

$$\beta = \partial \ln Y / \partial \ln L = \frac{cm}{1+c} - \frac{bcm}{(1+c)^2}\frac{K}{L}$$

规模报酬等于资本弹性与劳动力弹性之和，即：

$$\alpha + \beta = \frac{m}{1+c} + \frac{cm}{1+c} = m$$

可见，变替代弹性生产函数也是可变弹性生产函数模型，资本和劳动力产出弹性是劳均资本的线性函数，代表产出弹性之和的规模报酬是固定常数。当 b = 0 时，变替代弹性生产函数模型就退化成 Cobb-Douglas 生产函数模型。

当假定规模报酬不变 m = 1 时，变替代弹性生产函数模型就退化成为：

$$\ln(Y/L) = \ln A + \frac{1}{1+c}\ln(K/L) + \frac{bc}{(1+c)^2}K/L + \varepsilon$$

资本弹性产出弹性为：

$$\alpha = \partial \ln Y/\partial \ln K = \partial \ln(Y/L)/\partial \ln(K/L) = \frac{1}{1+c} + \frac{bc}{(1+c)^2}K/L$$

劳动力产出弹性为：

$$\beta = \partial \ln Y/\partial \ln L = 1 - \alpha = \frac{c}{1+c} - \frac{bc}{(1+c)^2}K/L$$

（四）超越对数生产函数

超越对数生产函数模型的显著特点是它的易估计和包容性，超越对数生产函数在形式上是一个简单的对数线性回归模型，容易估计。

利用超越对数生产函数模型容易估计得到资本产出弹性为：

$$\alpha = \frac{\partial Y/Y}{\partial K/K} = \frac{\partial \ln Y}{\partial \ln K} = \beta_K + 2\beta_{KK}\ln K + \beta_{KL}\ln L$$

劳动力产出弹性为：

$$\beta = \frac{\partial Y/Y}{\partial L/L} = \frac{\partial \ln Y}{\partial \ln L} = \beta_L + 2\beta_{LL}\ln L + \beta_{KL}\ln K$$

规模报酬等于资本弹性与劳动力弹性之和，即：

$$\alpha + \beta = \beta_K + \beta_L + (2\beta_{KK} + \beta_{KL})\ln K + (\beta_{KL} + 2\beta_{LL})\ln L$$

超越对数生产函数模型是变弹性生产函数模型，资本产出弹性和劳动力产出弹性是时变的，分别是资本和劳动力投入量的指数线性组合函数。容易证明 Cobb-Douglas 生产函数模型和 CES 生产函数模型等都是超越对数生产函数模型的特例：当 $\beta_{KK} = \beta_{LL} = -1/2\beta_{KL}$ 时，超越对数生产函数模型退化为 CES 生产函数模型；当 $\beta_{KK} = \beta_{LL} = \beta_{KL} = 0$ 时，超越对数生产函数模型退化为 Cobb-Douglas

生产函数模型。

当假定规模报酬不变 $\alpha + \beta = 1$ 时，有：

$$\beta_K + \beta_L = 1, \quad \beta_{KK} = \beta_{LL} = -1/2\beta_{KL}$$

变替代弹性生产函数模型就退化成：

$$\ln(Y_t/L_t) = \ln A_t + \beta_K \ln(K_t/L_t) + \beta_{KK} \ln^2(K_t/L_t) + \varepsilon_t$$

资本弹性产出弹性：

$$\alpha = \partial \ln Y / \partial \ln K = \partial \ln(Y/L) / \partial \ln(K/L) = \beta_K + 2\beta_{KK} \ln(K_t/L_t)$$

劳动力产出弹性：

$$\beta = \partial \ln Y / \partial \ln L = 1 - \alpha = 1 - \beta_K - 2\beta_{KK} \ln(K_t/L_t)$$

不变规模报酬假设下的超越对数生产函数模型退化为 CES 生产函数模型。

通过以上以要素产出弹性为线索的生产函数模型发展重新梳理后，本文发现：Cobb-Douglas 生产函数模型是不变弹性生产函数模型；不变替代弹性生产函数、变替代弹性生产函数和超越对数生产函数都是可变弹性生产函数模型，资本和劳动力产出弹性分别是对数劳均资本的线性函数、劳均资本的线性函数以及资本和劳动力投入量的指数线性组合函数。可变弹性生产函数模型是对不变弹性生产函数模型的有效改进，但是以上三种变弹性生产函数同时假定了产出弹性是对数劳均资本、劳均资本或者资本和劳动力投入量的指数线性函数，这些假设是非常严格的，也经常是不合理的。超越对数生产函数模型过多的待参数个数往往可能带来新的统计问题，例如自由度不足、多重共线性等统计计量问题。

实证研究表明许多国家劳动和资本之间的替代弹性非常接近于 1，但是变替代弹性生产函数函数很难解释替代弹性为 1 情况下欧洲大陆国家劳动收入占比所发生的变化（Blanchard，1997；罗长远，2008）。

（五）可变弹性生产函数

一些学者利用灰色理论、模糊数学、多层递归方法和 DEA 方法估计时变弹性。罗余才（1993）利用灰色关联度再结合回归分析估计产出弹性，刘小兵（1998）运用灰色理论方法求解产出弹性，许相敏和祁支锐（2006），施红星、刘思峰和方志耕（2006）分别运用灰聚类等相关灰色系统理论，计算资本和劳动对产出的弹性系数。刘思峰、党耀国、李炳军、李秀丽和王莲花（1999）采用灰色系统理论的思想方法和模型技术，建立货色 G–C–D 模型，并用以估计资本和劳动力的产出弹性。张良、窦春轶和时书丽（2006）运用模糊线性回归分析与线性规划求得 Cobb-Douglas 生产函数的模糊弹性参数。郭耀煌和张炜（1995）、郭耀煌、贾建民和高隆昌（1995）和陶章华、郭耀煌和张炜种（2001）提出弹性生产函数的基本理论表达式，并证明了 CES 生产函数、VES 生产函数和 Translog 生产函数均为该生产函数的特殊形式。金锡万和陈世菊（1991）和汤兵勇和宋家第（1988）利用 Cobb-Douglas 生产函数和索洛增长速度方程，从动态系统时变参数完全辨识的角度出发，假设劳动和资本的产出弹性是变化的，利用推广梯度递推算法计算了生产函数和全要素生产率，高宇明、齐中英（2008C）对多层递归方法做了进一步探讨。迟旭和杨德礼（1995，1997），刘瀛洲（1997），于秀艳和张相斌（2001）和 Zhang 等（2010）提出可变产出弹性的 DEA 测算方法，并用以测算我国的产出弹性。

近年来，随着非参数模型和状态空间模型引入经济学中，部分学者利用非参数模型和状态空间模型估计时变产出弹性。Shigeru Iwata（2003），赵志耘、刘晓路和吕冰洋（2006），Bing Xu 和 Berlin Wu（2007），章上峰和许冰（2009）提出时变产出弹性的非参数估计方法。赵志耘、刘晓路和吕冰洋（2006）利用非参数局部线性估计结果表明资本的产出弹性呈不断下降趋势，而劳动产出弹性呈不断上升趋势。章上峰（2007）估计结果表明资本弹性表现为 1978～1990 年不断增加，然后是 1990～2004 不断减小的"倒 V

形"趋势；劳动力弹性表现为先减小后增加再减小最后增加的"W 形"变化过程。

Ahmad（2005），孙福田和王福林（2005），章上峰和许冰（2009，2010），罗羡华、杨振海和周勇（2009），Zhang 等（2010），许冰（2010），刘海燕、李攀登和章上峰（2011），章上峰（2011）分别利用变系数生产函数模型测算我国资本和劳动力的时变产出弹性。孙福田和王福林（2005）给出在各种投入要素的弹性系数随时间变化的情况下，测算农业机械化贡献率的方法和模型。章上峰（2007）估计结果表明资本产出弹性大致经历了 1978~1994 年的上升过程和 1994~2004 年的下降过程，劳动力产出弹性大致经历了 1978~1993 年的下降过程和 1993~2004 年的上升过程。罗羡华、杨振海和周勇（2009）在 1981~2004 年实证研究发现，中国的资本和劳动产出弹性都不是常数而是时间的非线性函数，资本产出弹性以 1992 年为界先升后降在 0.21~0.68 之间，劳动产出弹性以 1992 年为界先降后升在 0.44~0.89 之间。刘海燕、李攀登和章上峰（2011）变系数生产函数模型估计结果发现，1985~2008 年资本产出弹性在 0.69~0.86 之间，劳动力产出弹性在 0.16~0.41 之间，规模报酬不变假设基本成立。

高宇明和齐中英（2008，2008b），章上峰和许冰（2009）应用时变参数状态空间模型，测算我国资本和劳动力的时变产出弹性。高宇明和齐中英（2008，2008b）研究发现 1978 年至今，除了 1990 年和 1991 年有所下降外，我国的资本产出弹性基本是平稳上升，变化在 0.32~0.37 之间；我国的劳动产出弹性变化变化在 0.631856~0.631862 之间，变化趋势基本和资本弹性变化趋势相同。

以产出弹性为线索的生产函数模型发展为认识时变产出弹性提供了宝贵的佐证资料，但是上述资料大多是基于数学或者工程学视角研究产出弹性时变特征，缺少经济学意义和经济解释；或者只研究某一种时变弹性生产函数的估计方法，缺少方法之间比较和显著性检验。

第四节

文献述评

经济理论是对经济特征事实的概括和假设，经济增长理论是对经济经济特征事实的概括和假设，从理论上解释经济增长规律和影响制约因素。生产函数模型是利用数学模型表示经济增长理论最重要的数学工具。经济增长理论的实证研究通常需要表示为具体的生产函数模型。Cobb-Douglas 生产函数模型成功地刻画了新古典稳态经济增长模型中生产要素分配份额较强的时间稳定性特征，吻合新古典模型稳态平衡的"卡尔多事实"；此外 Cobb-Douglas 生产函数模型具有结构简单、经济意义明显且容易估计的优点，因而受到广泛应用。新古典经济增长理论尽管由于自身存在的问题经常被攻击，但是由于 Cobb-Douglas 生产函数模型的成功运用，以及他们的较好解释力，使得新古典经济增长理论成为经济增长理论研究的基准（徐现祥，2006）。内生经济增长理论在很大程度上借鉴了新古典经济增长理论 Cobb-Douglas 生产函数表达形式，便于模型估计和检验，从而有利于内生经济增长理论的发展和推广。

经济增长理论，包括新古典经济增长理论和内生经济增长理论，都是建立在经济稳态增长的基础上的。内生经济增长生产函数模型在很大程度上仍然借鉴了新古典经济增长理论的 Cobb-Douglas 生产函数表达形式。新古典 Cobb-Douglas 生产函数以及内生经济增长理论生产函数模型都是常参数模型。发达市场化国家已经经历了经济社会转型期，市场竞争相对完全，劳动力流动较为方便，经济结构趋于合理稳定，因而生产要素分配份额也相对较为稳定；Cobb-Douglas 生产函数产出弹性是固定常数，可以较好地刻画发达国家市场竞争相对完全、生产要素分配份额相对较为稳定的情况。

但是，发展中国家处于经济转型时期，国际化、市场化不断增强，经济结构不断变化，随着生产要素的流动限制减少和价格放开，生产要素投入数量与价格是不断变化的，因而不同时期的生产要素分配份额也会存在一定程度的变化（章上峰和许冰，2010）。真正的常参数模型只存在于假设之中（李子奈和叶阿忠，2004）。Cobb-Douglas生产函数产出弹性是固定常数，未能反映经济转型中国等发展中国家生产要素分配份额不断变化的事实。进一步地，利用Cobb-Douglas生产函数估计的产出弹性替代生产要素平均份额可能是合适的，但用于替代整个研究时期生产要素分配份额并用于逐期要素贡献率测算，所得的结论很可能是有偏甚至是有误的（章上峰和许冰，2009）。

以产出弹性为线索的生产函数模型发展为认识时变产出弹性必要性提供了宝贵的佐证资料，但是已有相关资料大都是基于数学或者工程学视角研究产出弹性时变特征，缺少经济学意义和经济解释；或者只研究某一种时变弹性生产函数的估计方法，缺少方法之间的比较和检验。章上峰（2007），高宇明和齐中英（2008，2008b），罗羡华、杨振海和周勇（2009），许冰（2010），刘海燕、李攀登和章上峰（2011）从经济学时间研究时变弹性估计问题，但是时变弹性估计结果并不符合经济学意义。章上峰和许冰（2009，2010）首次从经济学视角系统研究时变弹性生产函数替代收入份额法替代不同时期资本和劳动力的产出弹性，开拓了时变弹性生产函数模型的规范研究。

为了客观地反映中国等发展中国家不同时期资本和劳动收入份额的变化，正确测算全要素生产率，非常有必要建立产出弹性可变的时变弹性生产函数模型。

第三章

时变弹性生产函数模型设定与估计方法

Cobb-Douglas 生产函数模型由于结构简单、经济意义明显且容易估计而受到广泛应用，其表达式如下：

$$Y_t = A_t K_t^\alpha L_t^\beta \tag{3.1}$$

其中，Y_t、A_t、K_t 和 L_t 分别表示第 t 期的实际产出、技术水平、资本投入和劳动力投入。对式（3.1）两边取自然对数，Cobb-Douglas 生产函数计量模型：

$$\ln Y_t = \ln A_t + \alpha \ln K_t + \beta \ln L_t + \varepsilon_t \tag{3.2}$$

但是，Cobb-Douglas 生产函数对应的产出弹性 α 和 β 值是固定常数，它们反映的只是整个研究时期的一个平均产出弹性水平，未能反映不同时期资本和劳动力的收入份额的变化。不变替代弹性生产函数、变替代弹性生产函数和超越对数生产函数都是可变弹性生产函数模型，是对不变弹性生产函数的有效改进；但是，他们同时引入新的假设，这些假设是非常严格的，也经常是不合理的。为了客观真实地反映不同时期资本和劳动收入份额的变化，非常有必要拓展 Cobb-Douglas 生产函数，研究产出弹性可变的时变弹性生产函数模型。

第三章 时变弹性生产函数模型设定与估计方法

现代统计学和计量经济学的新发展，使得合理构造生产函数模型，用于估计不同时期资本和劳动力产出弹性成为可能。本章系统研究非参数、变系数和可变参数和变系数面板数据模型的假设条件和估计方法，并用以估计不同时期资本和劳动力产出弹性。

本章的研究目的在于提供一个估计时变产出弹性的思路和框架。为阐述方便，本书假设只有资本和劳动力两种投入要素的生产函数模型；事实上容易将该模型推广到包含更多投入要素情况。基本生产函数模型形式如下：

$$Y_t = A_t F(K_t, L_t) \tag{3.3}$$

假设包含随机项的基本生产函数为：

$$Y_t = A_t F(K_t, L_t) u_t \tag{3.4}$$

两边取对数，得计量模型：

$$\ln Y_t = \ln A_t + \ln F(K_t, L_t) + \varepsilon_t \tag{3.5}$$

假设技术水平由一组可控制变量 Z 的指数线性组合表示，得计量模型：

$$\ln Y_t = \sum_{j=1}^{m} \beta_j X_{jt} + \ln F(K_t, L_t) + \varepsilon_t \tag{3.6}$$

其中，Cobb-Douglas 生产函数模型的计量模型为：

$$\ln Y_t = \sum_{j=1}^{m} \beta_j X_{jt} + + \alpha \ln K_t + \beta \ln L_t + \varepsilon_t \tag{3.7}$$

利用最小二乘估计方法（OLS）可以得到模型（3.7）的参数估计值。

第一节

非参数生产函数模型

一、非参数回归模型

非参数模型并不事先假定经济活动中变量之间的结构关系，而是通过估计获得这种结构关系，而且具有明确的数学描述。非参数模型较经典假设有更好的拟合效果，对以往经济现象的推断有更高的精度。非参数方法具有适应面广、可靠性强的特点，对模型的限制很少，特别适用于变量关系不确定的情况（叶阿忠，2003）。

设 X 为解释变量，Y 为被解释变量；X 是外生变量，是变量 Y 的重要影响因素。给定独立同分布的样本观测值（X_1，Y_1），（X_2，Y_2），…，（X_n，Y_n）建立如下非参数回归模型：

$$Y_i = m(X_i) + u_i, i = 1,2,\cdots,n \tag{3.8}$$

其中，m(·)是未知函数，u_i 为随机误差项，反映了方程中解释变量外其他影响被解释变量的可观察或不可观察的因素对被解释变量的影响，以及模型的设定误差等。模型（3.8）既可以是对时间序列数据，也可以是对横截面数据建立的非参数回归模型。

非参数回归模型的估计方法包括核估计、局部线性估计、近邻估计和样条估计等。一般的非参数模型回归涉及核权函数，最早由 Stoney 于 1977 年提出，用一种广义的加权方法对序列进行加权平均获得估计值，而权数则是非参数各变量的函数值。一个合适的权函数取决于核函数 K(·)的形式和窗宽 h。常见的核函数有密度核、高斯核和 Epanechnikov 核等。m(x)的 Nadaraya-Watson 核估计为：

第三章 时变弹性生产函数模型设定与估计方法

$$\hat{m}_n(x) = \sum_{i=1}^{n} W_{ni}(x) Y_i = \sum_{i=1}^{n} K_h(x - X_i) Y_i / \sum_{j=1}^{n} K_h(x - X_j) \tag{3.9}$$

$K_h(\cdot) = K(\cdot/h)/h$,$K(\cdot)$为概率密度函数,$K(\cdot)$是$(-\infty, \infty)$上原点对称的标准正态分布高斯核:

$$K(u) = \frac{1}{(2\pi)^{1/2}} \exp\left(-\frac{1}{2}u^2\right)$$

Nadaraya-Watson 核估计等价于模型(3.8)的加权最小二乘估计。当X_i落在离 x 越近时,权数就大;反之,当X_i落在离 x 越远时,权数就小。当X_i落在$[x-3h, x+3h]$之外时,权数基本上为零。

窗宽 h 是控制核估计精度的重要参数,如果窗宽过大,则参加局部加权的观察点就过多,估计结果接近一条直线,方差会变小,偏差却会增大;如果窗宽过小,则回归函数的核估计就很不光滑,而且随机误差项的噪音也不能被排除。最佳窗宽具有形式 $h = cn^{-1/5}$,其中 $c > 0$ 为常数。常用的窗框选择方法有 Silverman 法则、交错鉴定法和插入法。

与传统的回归分析相比,此处的$\hat{m}_n(x)$可对应于传统模型中的$\hat{Y}$,在传统回归分析中$\hat{Y}$由样本回归函数给出,而在非参数关系下,$\hat{m}_n(x)$是已知样本的加权平均,传统回归分析中解释变量的角色在这儿由权函数 $W_{ni}(x) = W_{ni}(x; X_1, \cdots, X_n)$ 来扮演。所以,非参数回归模型变量 X 对变量 Y 的作用依然存在,X 变量与 Y 变量之间是一种隐性的、没有确定回归函数的关系。

局部线性估计具有不存在边界效应问题,偏差比核估计小,而且其偏差与解释变量的密度函数无关的优点。局部线性估计为最小化:

$$\sum_{i=1}^{n}\{Y_i - m(x) - m'(x)(X_i - x)\}^2 K_{h_n}(X_i - x) \quad (3.10)$$

局部线性估计是围绕 x 点 Taylor 展开的局部模型最小二乘估计：

$$Y_i = m(x) + m'(x)(X_i - x) + u_i \quad (3.11)$$

若 K(·) 是原点对称的标准正态分布高斯核，局部线性估计就是局部模型（3.11）的加权最小二乘估计。当 X_i 落在离 x 越近时，权数就大；反之，当 X_i 落在离 x 越远时，权数就小。m(x) 的局部线性估计的矩阵表达式为：

$$\hat{m}_n(x, h_n) = e_1^T (X_x^T W_x X_x) X_x^T W_x Y$$

其中，

$$e_1 = (1, 0)^T, X_x = (X_{x,1}, \cdots, X_{x,n})^T, X_{x,i} = (1, (X_i - x))^T$$
$$Y = (Y_1, \cdots, Y_n)^T, W_x = \text{diag}\{K_{h_n}(X_1 - x), \cdots, K_{h_n}(X_n - x)\}$$

局部线性回归在估计出非参数回归函数 m(x) 的同时，也同时估计得到回归函数的导函数 m'(x)。m'(x) 符合经济学边际效应概念，可用于边际分析、弹性分析、乘数分析等比较静态分析；m'(x) 在不同时期的变化可反映经济结构的动态调整。

二、半参数回归模型

半参数模型与介于参数模型与非参数模型之间。半参数模型既有非参数模型中核函数的应用，也有传统的最小二乘估计的拓展，是一种适应面较广的模型。三十多年来，非参数与半参数模型的理论研究及实践应用有很快的发展并趋于成熟，是国际计量经济学的一个热点研究方向。

一个经典的半参数部分线性回归模型可表示为：

第三章 时变弹性生产函数模型设定与估计方法

$$y_i = X_i\beta + g(Z_i) + u_i \tag{3.12}$$

其中，$u_i(i=1,\cdots,n)$ 是均值为零的随机误差序列，$X_i\beta$ 部分是与被解释变量 y_i 有明确线性函数关系的，$g(\cdot)$ 是未知函数，用于对 y_i 未能用明确函数关系表达的综合影响因素的调整，即模型的非参数部分。

半参数模型的估计结合了一般函数模型的回归方法与非参数模型的核权函数估计法，有偏残差估计法、光滑样条估计法和最小二乘核估计法几种。最小二乘核估计法，也称两阶段估计法进行半参数模型回归分析。局部线性估计具有不存在边界效应问题，偏差比核估计小，而且其偏差与解释变量的密度函数无关的优点。近年来，局部线性估计成为半参数模型的主要估计方法。半参数部分线性回归模型的最小二乘局部性线性估计分四步进行估计。

第一步，先设 β 已知，基于模型 $y_i - X_i\beta = g(Z_i) + u_i$，得到 $g(Z_i)$ 的局部线性估计 $\hat{g}(Z_i,\beta)$。

第二步，基于模型 $y_i = X_i\beta + g(Z_i) + v_i$，得到 β 的最小二乘估计 $\hat{\beta}$。

第三步，得到 $g(Z_i)$ 的最终估计 $\hat{g}(Z) = \hat{g}(Z,\hat{\beta})$。

第四步，调整窗宽 h_n 直到获得满意的结果。

线性参数向量 β 和非参数函数 $g(Z)$ 的局部线性估计的矩阵表达式为：

$$\hat{\beta} = (\tilde{X}^T\tilde{X})^{-1}\tilde{X}^T\tilde{Y}\,;\,\hat{g}(z) = S^T(z)(Y - \hat{\beta}X) \tag{3.13}$$

其中，

$$\tilde{X} = (I-S)X, X = (X_1,\cdots,X_n)^T$$
$$\tilde{Y} = (I-S)Y, Y = (Y_1,\cdots,Y_n)^T, S = [S(Z_1),\cdots,S(Z_n)]^T,$$
$$S(z)^T = e_1T(Z_z^TW_zZ_z)^{-1}Z_z^TW_z, e_1 = (1,0,\cdots,0)^T,$$

$$Z_z = (Z_{z,1}, \cdots, Z_{z,n})^T, Z_{z,i} = (1, (Z_i - Z)^T)^T$$
$$W_z = \text{diag}\{K_{h_n}(Z_1 - z), \cdots, K_{h_n}(Z_n - z)\}。$$

局部线性回归在估计出非参数函数 g(Z)的同时，也同时估计得到回归函数的导函数 g′(Z)。g′(Z)符合经济学边际效应概念，可用于边际分析、弹性分析、乘数分析等比较静态分析；g′(Z)在不同时期的变化可反映经济结构的动态调整。

三、非参数生产函数

Shigeru Iwata（2003），赵志耘、刘晓路和吕冰洋（2006），章上峰（2007），Bing Xu 和 Berlin Wu（2007），章上峰和许冰（2009）提出时变产出弹性的非参数估计方法。Shigeru Iwata（2003）利用非参数估计方法测算东亚地区资本和劳动力的时变产出弹性，赵志耘、刘晓路和吕冰洋（2006）采用非参数估计方法测算了 1978~2004 年我国的资本和劳动力的时变产出弹性；Bing Xu 和 Berlin Wu（2007）利用非参数估计方法我国和东部四省资本和劳动力的时变产出弹性；章上峰和许冰（2009）采用非参数估计方法测算了的我国 1979~2005 年资本和劳动力的时变产出弹性。

引理 1：对于生产函数模型 $Y_t = A_t F(K_t, L_t)$，如果 A_t 与 K_t、L_t 相互独立，则资本弹性 α_t 和劳动力 β_t 满足：

$$\alpha_t = \frac{\partial Y_t}{\partial K_t} \frac{K_t}{Y_t} = \frac{\partial F_t}{\partial K_t} \frac{K_t}{F_t}$$

$$\beta_t = \frac{\partial Y_t}{\partial L_t} \frac{L_t}{Y_t} = \frac{\partial F_t}{\partial L_t} \frac{L_t}{F_t}$$

证明：

$$\alpha_t = \frac{\partial Y_t}{\partial K_t} \frac{K_t}{Y_t} = \left(F \frac{\partial A_t}{\partial K_t} + A_t \frac{\partial F}{\partial K_t}\right) \frac{K_t}{Y_t} = A_t \frac{\partial F}{\partial K_t} \frac{K_t}{Y_t} = \frac{\partial F}{\partial K_t} \frac{K_t}{Y_t/A_t} = \frac{\partial F}{\partial K_t} \frac{K_t}{F}$$

第三章　时变弹性生产函数模型设定与估计方法

$$\beta_t = \frac{\partial Y_t}{\partial L_t}\frac{L_t}{Y_t} = \left(F\frac{\partial A_t}{\partial L_t} + A_t\frac{\partial F}{\partial L_t}\right)\frac{L_t}{Y_t} = A_t\frac{\partial F}{\partial L_t}\frac{L_t}{Y_t} = \frac{\partial F}{\partial L_t}\frac{L_t}{Y_t/A_t} = \frac{\partial F}{\partial L_t}\frac{L_t}{F}$$

证毕。

引理 1 证明了弹性不变性原理。对生产函数 $Y_t = A_t F(K_t, L_t)$ 两边取对数，添加随机误差项 ε，并改写为：

$$\ln Y_t = \ln A_t + F^*(\ln K_t, \ln L_t) + \varepsilon_t \qquad (3.14)$$

这里 $F^*(b,c) = \ln F(e^b, e^c)$，$E(\varepsilon_t \mid K_t, L_t) = 0$。

根据引理 1 弹性不变性，可得资本和劳动力时变产出弹性公式为：

$$\alpha_t = \frac{\partial Y_t}{\partial K_t}\frac{K_t}{Y_t} = \frac{\partial F}{\partial K_t}\frac{K_t}{F} = \frac{\partial \ln F}{\partial \ln K_t} = \frac{\partial F^*(\ln K_t, \ln L_t)}{\partial \ln K_t}$$

$$\beta_t = \frac{\partial Y_t}{\partial L_t}\frac{L_t}{Y_t} = \frac{\partial F}{\partial L_t}\frac{L_t}{F} = \frac{\partial \ln F}{\partial \ln L_t} = \frac{\partial F^*(\ln K_t, \ln L_t)}{\partial \ln L_t}$$

假定技术水平 A_t 由一组可控制变量的指数线性组合表示 $\ln A_t = \sum_{j=1}^{m} \beta_j X_{jt}$，则式（3.14）可以表示为：

$$\ln Y_t = \sum_{j=1}^{m} \beta_j X_{jt} + F^*(\ln K_t, \ln L_t) + \varepsilon_t \qquad (3.15)$$

将未确定部分 $F^*(\ln K_t, \ln L_t)$ 看作非参数模型，则式（3.13）是一个同时包含线性参数分量 $\sum_{i=1}^{m} \beta_i X_{it}$ 和非参数分量 $F^*(\ln K_t, \ln L_t)$ 的半参数部分线性回归模型。参数分量用于部分解释变量与被解释变量之间有较明确的参数关系，刻画部分影响因素对被解释变量的确定性影响；非参数分量用于另一部分模型解释变量与被解释变量之间关系不够明确、无法用传统参数模型表现时的问题，刻画部分解释变量对被解释变量的非确定性影响。半参数模型保证模型对于实际产出的描述更接近实际，在提高模型解释能力的同时解决模型误差较大的问题（金剑和蒋萍，2006；许冰和章上峰，2008）。根据引理1弹性不变性和半参数局部线性估计方法，可以分别估计得到资本和劳动力的时变产出弹性。

当假定规模报酬不变时，非参数生产函数模型简化为：

$$\ln(Y_t/L_t) = \sum_{j=1}^{m} \beta_j X_{jt} + F^*(\ln(K_t/L_t)) + \varepsilon_t$$

资本弹性产出弹性 α_t 等于：

$$\partial \ln Y_t / \partial \ln K_t = \partial \ln(Y_t/L_t) / \partial \ln(K_t/L_t) = \frac{\partial F^*(\ln(K_t/L_t))}{\partial \ln(K/L)}$$

劳动力产出弹性根据 $\beta_t = 1 - \alpha_t$ 计算得到。

第二节

变系数生产函数模型

一、变系数回归模型

变系数模型是经典线性回归模型的推广，目前已经得到统计学家和经济学家越来越密切的关注。当人们想观察回归系数如何随着时间、位置或者确定变量的变化而变化时，变系数模型很自然就被提出来了。经过 Cleveland，Grosse 和 Shyu（1991）、Hastie 和 Tibshirani（1993）、Jianqing Fan 和 Wenyang Zhang（1999）、J. Z. Huang，C. O. Wu 和 L. Zhou（2002）、Jinhong You 和 Gemai Chen（2006）等的研究，变系数模型已经获得很大发展。

设 m 元线性回归模型为：

$$y_i = \beta_0 + \beta_1 x_{i1} + \beta_2 x_{i2} + \cdots + \beta_m x_{im} + \varepsilon_i, \quad i = 1, 2, \cdots, n \quad (3.16)$$

第三章 时变弹性生产函数模型设定与估计方法

其中，y 是因变量，x_1，x_2，$\cdots$，x_m 是自变量，ε_1，ε_2，$\cdots$，ε_n 为独立同分布的随机误差项，均值为零，方差为 σ^2。

模型（3.16）假定了参数 β_0，β_1，β_2，$\cdots$，β_m 是常值，即认为产生样本观测值的经济结构在观测过程中保持不变，解释变量对被解释变量的影响不变，但是这种假设有时是不符合实际的，比如现实中地区之间的差异是客观存在的，但线性回归模型处理空间资料时掩盖了这种事实，处理的资料若是时间序列资料，那么经济政策有可能会在观测时间内发生变化，从而使得一般线性回归模型得到的结果只是一种平均的分析。作为弥补一般线性回归模型不足的一种方法，变系数模型得到了广泛的关注，其基本形式如下：

$$y_i = \beta_0(v_i) + \beta_1(v_i)x_{i1} + \beta_2(v_i)x_{i2} + \cdots \\ + \beta_m(v_i)x_{im} + \varepsilon_i, i = 1, 2, \cdots, n \quad (3.17)$$

其中，v_i，$i = 1, 2, \cdots, n$ 表示数据点的观测特征，可以是数据的观测时间或者空间位置。由于变系数回归模型中的未知参数的个数随着样本容量的增加而成倍增加，因而不可能按照参数模型的估计方法予以拟合，大多文献中都是利用局部加权最小二乘法讨论变系数回归模型的拟合问题。

一般说来，给定研究领域内任一可观测点 v_0，（v_0 可以不在已有的个观测点之列），已有的 n 组观测值 $(y_i; x_{i1}, x_{i2}, \cdots, x_{im})$（i = 1，2，$\cdots$，n）均对估计 v_0 处的模型参数 $\beta_0(v_0)$，$\beta_1(v_0)$，$\beta_2(v_0)$，$\cdots$，$\beta_m(v_0)$ 提供一定的信息。但是不同的观测值所起的作用有所不同，这种重要性通过在 v_0 处指定一组权，记为 $w_1(v_0), w_2(v_0)$，$\cdots, w_m(v_0)$ 来表征。其中，第 i 个权值 $w_i(v_0)$ 对应于第 i 组观测值 $(y_i; x_{i1}, x_{i2}, \cdots, x_{im})$。

根据加权最小二乘估计，v_0 点处的未知参数 $\beta_j(v_0)$（j = 1, 2, $\cdots$, m）可通过：

$$\text{Min} \sum_{t=1}^{n} \{y_i - \beta_0(v_0) - \beta_1(v_0)x_{i1} - \beta_2(v_0)x_{i2} \\ - \cdots - \beta_m(v_0)x_{im}\}^2 w_i(v_0)$$

来予以估计。令:

$$Y = \begin{bmatrix} y_1 \\ y_2 \\ \vdots \\ y_n \end{bmatrix}, X = \begin{bmatrix} 1 & x_{11} & \cdots & x_{1m} \\ 1 & x_{21} & \cdots & x_{2m} \\ \vdots & \vdots & \vdots & \vdots \\ 1 & x_{n1} & \cdots & x_{nm} \end{bmatrix}, \beta(v_0) = \begin{bmatrix} \beta_0(v_0) \\ \beta_1(v_0) \\ \vdots \\ \beta_m(v_0) \end{bmatrix}$$

$$W(v_0) = \text{diag}\{w_1(v_0), w_2(v_0), \cdots, w_m(v_0)\}$$

则 v_0 处的参数估计值可表示为:

$$\hat{\beta}(v_0) = \begin{bmatrix} \hat{\beta}_0(v_0) \\ \hat{\beta}_1(v_0) \\ \vdots \\ \hat{\beta}_m(v_0) \end{bmatrix} = (X^T W(v_0) X)^{-1} X^T W(v_0) Y$$

如果我们知道了 v_0 处的自变量观测值 $(1, x_1, x_2, \cdots, x_m)$,则可以得到该点处的因变量 Y 的拟合值为:

$$\hat{Y}(v_0) = (1, x_1, x_2, \cdots, x_m) \hat{\beta}(v_0) = \hat{\beta}_0(v_0) + \hat{\beta}_1(v_0) x_1$$
$$+ \hat{\beta}_2(v_0) x_2 + \cdots + \hat{\beta}_m(v_0) x_m$$

由于上述估计方法可以利用观测值给出因变量 Y 在研究区域中的任一点处模型参数的估计值,从而可以给出整个研究区域的估计,若以 $X_i^T = (1, x_{i1}, x_{i2}, \cdots, x_{im})$ 记矩阵 X 的第 i 行,则 Y 在第 i 个观测点的拟合值为:

$$\hat{y}_i = X_i^T \hat{\beta}(v_i) = X_i^T (X^T W(v_i) X)^{-1} X^T W(v_0) Y, i = 1, 2, \cdots, n$$

我们以 $d(v_i, v_0)$ 度量观测点 v_i, v_0 之间的广义上的距离,$d(v_i, v_0)$ 表示两个观测点之间的相互影响程度及相似程度。根据非参数光滑的思想,与观测点 v_0 相似程度越高,相互影响程度越大的观测值对估计处 v_0 的参数的估计所起的作用越大,反映到模型的拟合中就是该处的权函数相对较大。这里，v_0 处的权函数可以选择若 $(-\infty, \infty)$ 上关于原点对称的标准正态分布，当 v_i 落在离 v_0 越近时，权数就大；反之，当 v_i 落在离 v_0 越远时，权数就小，当 v_i 落在 $[v_0 - 3h_n, v_0 + 3h_n]$ 之外时，权数基本上为零。

二、变系数生产函数

如果假定基本生产函数模型服从 Cobb-Douglas 形式，但与 Cobb-Douglas 生产函数不同的是，资本和劳动力的产出弹性不是固定常数，而是某个特定变量的非参数光滑函数，在不同时期可以有不同的数值。例如，将本和劳动力的产出弹性看作时间 t 的非参数光滑函数 $\alpha(t)$ 和 $\beta(t)$：

$$Y_t = A_t K_t^{\alpha(t)} L_t^{\beta(t)} \qquad (3.18)$$

假定技术水平 A_t 由一组可控制变量的指数线性组合表示 $\ln A_t = \sum_{j=1}^m \beta_j X_{jt}$，两边取对数，添加误差项，可得变系数生产函数模型：

$$\ln Y_t = \sum_{j=1}^m \beta_j X_{jt} + \alpha(t) \ln K_t + \beta(t) \ln L_t + \varepsilon_t \qquad (3.19)$$

变系数生产函数模型（3.19）本质上是一种半参数变系数模型，常系数分量用于刻画确定性影响因素对实际产出增长的影响，变系数分量用于描述回归系数受时间的影响。变系数部分关于回归变量仍是线性的，但其系数是所有 n 个回归变量观测值所对应观测时间位置中的函数，除包含回归变量本身的观测值信息外，还含有观测点"时间位置"的信息。由于半参数变系数模型将观测点的位置结构嵌入模型之中，使该模型不但能对一般的数据作分析，而且也适用于空间数据的分析，使模型更具有适应性。该模型的优点之一是避免"维数灾难"，同时可以避免先验模型设定错误。

半参数变系数模型常用的估计方法主要包括 Backfitting 估计方法（花俊洲、吴冲锋和梅长林，2003），Efficient 估计方法（Ahmad，2005）和 Profile 估计方法（Fan 和 Huang，2005）等。本书采用 Fan 和 Huang（2005）提出的 Profile 估计方法来估计未知参数和函数系数值。

假如 $\{(Z_i, K_i, L_i, Y_i), i=1,\cdots,n\}$ 是已经观测到 n 个样本，对于给定的线性部分的系数 γ，式（3.19）可以写成：

$$(\ln Y_t)^* = \alpha(t)\ln K_t + \beta(t)\ln L_t + \varepsilon_t \qquad (3.20)$$

在这里 $(\ln Y_t)^* = \ln Y_t - \sum_{i=1}^{m}\gamma_i Z_i$，这样式（3.20）就成为经典的变系数模型。对于光滑的函数系数 $\alpha(t)$ 和 $\beta(t)$，采用局部多项式估计方法，在 t_0 处局部线性展开：

$$\alpha(t) = a_1 + b_1(t - t_0) \qquad (3.21)$$
$$\beta(t) = a_2 + b_2(t - t_0) \qquad (3.22)$$

令 $X_{1t} = \ln K_t$，$X_{2t} = \ln L_t$，式（3.20）的估计问题就转化为局部加权最小二乘法来最小化：

$$\mathrm{Min}\sum_{t=1}^{n}\left\{(\ln Y_t)^* - \sum_{i=1}^{2}(a_i + b_i(t - t_0)X_{it})\right\}^2 K_h \qquad (3.23)$$

其中，$K_h = K(\cdot/h)/h$，为核函数，h 表示窗框。记为：

$$Y = (Y_1,\cdots,Y_n)^T, Z = (Z_1,\cdots,Z_n)^T, Z_i = (Z_{i1},\cdots,Z_{im})^T$$
$$X = (X_1,\cdots,X_n)^T, X_i = (X_{i1},X_{i2})^T, a(t) = (\alpha(t),\beta(t))^T,$$
$$W = \mathrm{diag}(K_h(t_1-t),\cdots,K_h(t_n-t))$$

$$M = \begin{pmatrix} a^T(t)X_1 \\ \vdots \\ a^T(t)X_n \end{pmatrix} \qquad D = \begin{pmatrix} X_1^T & \dfrac{t_1-t}{h}X_1^T \\ \vdots & \vdots \\ X_n^T & \dfrac{t_n-t}{h}X_n^T \end{pmatrix}$$

第三章 时变弹性生产函数模型设定与估计方法

则式（3.20）可写成：

$$Y - Z\gamma = M + \varepsilon \quad (3.24)$$

M 的估计为：

$$\hat{M} = \begin{pmatrix} (X_1^T 0)\{D^T W D\}^{-1} D^T W \\ \vdots \\ (X_n^T 0)\{D^T W D\}^{-1} D^T W \end{pmatrix} (Y - Z\gamma) = S(Y - Z\gamma) \quad (3.25)$$

S 通常被称为光滑矩阵，把（3.25）代入（3.24），可以得到线性部分系数估计值为：

$$\hat{\gamma} = \{Z^T (I-S)^T (I-S) Z\}^{-1} Z^T\}(I-S)^T (I-S) Y \quad (3.26)$$

$$\hat{M} = S(Y - Z\hat{\gamma}) \quad (3.27)$$

资本产出弹性 $\alpha(t)$ 和劳动产出弹性 $\beta(t)$ 在 t_0 处局部线性展开的函数系数估计值为：

$$(\hat{a}_1, \hat{a}_2, h\hat{b}_1, h\hat{b}_2) = \{D^T W D\}^{-1} D^T W (Y - Z\hat{\gamma}) \quad (3.28)$$

Ahmad（2005），孙福田和王福林（2005），章上峰（2007），章上峰和许冰（2009，2010），罗美华、杨振海和周勇（2009），Zhang 和 Gu（2010），Zhang，Xu 和 Gu（2010），Gu，Xu 和 Zhang（2010），许冰（2010），刘海燕、李攀登和章上峰（2011）分别利用变系数生产函数模型测算我国资本和劳动力的时变产出弹性。

当假定规模报酬不变时，变系数生产函数模型简化为：

$$\ln(Y_t / L_t) = \sum_{j=1}^{m} \beta_j X_{jt} + \alpha(t) \ln(K_t / L_t) + \varepsilon_t$$

资本弹性产出弹性等于：

$$\partial \ln Y_t / \partial \ln K_t = \partial \ln(Y_t / L_t) / \partial \ln(K_t / L_t) = \alpha(t)$$

劳动力产出弹性根据 $\beta(t) = 1 - \alpha(t)$ 计算得到。

第三节

可变参数生产函数模型

一、可变参数状态空间模型

在计量经济学中，状态空间模型被用来估计不可观测的时间变量、理性预期、测量误差、长期收入和不可观测因素（趋势和循环要素）。许多时间序列模型，包括典型的线性回归模型和 ARIMA 模型都能作为特例写成状态空间的形式，并估计参数值。状态空间模型利用强有力的迭代算法——卡尔曼滤波（KF）来估计参数值。状态空间模型可以将不可观测的变量（状态变量）并入可观测模型并与其一起得到估计结果（Harvey，1989；高铁梅，2006）。

状态空间模型的假设条件是动态系统符号马尔科夫特性，即给定系统的现在状态，则系统的将来与其过去独立。状态空间模型具有如下特点：第一，状态空间模型不仅能反映系统内部状态，而且能揭示系统内部状态与外部的输入和输出变量的联系。第二，状态空间模型将多个变量时间序列处理为向量时间序列，这种从变量到向量的转变更适合解决多输入输出变量情况下的建模问题。第三，状态空间模型能够用现在和过去的最小心信息形式描述系统的状态，因此，它不需要大量的历史数据资料，既省时又省力。

可变参数状态空间模型如下：

信号方程：$y_t = x_t \beta_t + u_t$，$t = 1, 2, \cdots, T$ (3.29)

状态方程：$\beta_t = \Phi_t \beta_{t-1} + \varepsilon_t$，$t = 1, 2, \cdots, T$ (3.30)

在式（3.29）中，可变参数 β_t 是不可观测变量，必须利用可观测变量 y_t 和 x_t 来估计。式（3.29）和式（3.30）还有两个额外的假设：其一是初始向量 β_0 的均值为 b_0，协方差阵为 P_0；其二是

u_t 和 ε_t 是相互独立的,且服从均值为 0,方差为 σ^2 和协方差矩阵为 Q 的正态分布:

$$(u_t, \varepsilon_t)' \sim N\left(\begin{pmatrix}0\\0\end{pmatrix}, \begin{pmatrix}\sigma^2 & 0\\0 & Q\end{pmatrix}\right), t=1,2,\cdots,T$$

下面利用卡尔曼滤波推导状态向量的最佳估计值。令 b_t 和 P_t 分别代表式中的状态向量 β_t 和 β_t 的协方差矩阵的最优估计值。假设从 $t-1$ 期开始估计,则 $b_{t/t-1}$ 和 $P_{t/t-1}$ 可以从下式中计算:

$$b_{t/t-1} = \Phi_t b_{t-1}, P_{t/t-1} = \Phi_t P_{t-1} \Phi_t' + R_t Q_t R_t'$$

根据 $t-1$ 期的信息,可以计算出 y_t 为:

$$y_{t/t-1} = x_t b_{t/t-1} + u_t, \ t=1,2,\cdots,T$$

y_t 的均方误差为:

$$F_t = \Phi_t P_{t/t-1} \Phi_t' + H_t$$

一旦获得了新的观测值,状态向量的估计值就需要更新,其程序如下:

$$b_t = b_{t/t-1} + P_{t/t-1} X_t F_t^{-1}(Y_t - \Phi_t b_{t/t-1})$$
$$P_t = P_{t/t-1} - P_{t/t-1} \Phi_t' F_t^{-1} \Phi_t P_{t/t-1}$$

上式统称卡尔曼滤波。当给定 b_0 和 P_0 的初始值,对于每一个观测值,卡尔曼滤波都可以获得状态向量的最优估计量。所以,当 T 期观测值都用完后,b_T 则应该包括了所有预测 b,P 和 y 的未来值的信息。

二、可变参数生产函数

如果假定基本生产函数模型服从 Cobb-Douglas 形式,但与 Cobb-Douglas 生产函数不同的是,资本和劳动力的产出弹性不是固定常数，在不同时期可以有不同的数值：

$$Y_t = A_t K_t^{\alpha_t} L_t^{\beta_t} \qquad (3.31)$$

由于资本和劳动力的产出弹性 α_t 和 β_t 不能直接观测，因此可以考虑将其作为隐性变量应用可变参数状态空间模型进行测算。假定技术水平 A_t 由一组可控制变量的指数线性组合表示 $\ln A_t = \sum_{j=1}^{m} \beta_j X_{jt}$，两边取对数，添加误差项，构造资本和劳动力的产出弹性时变的可变参数生产函数模型如下：

$$\ln Y_t = \sum_{j=1}^{m} \beta_j X_{jt} + \alpha_t \ln K_t + \beta_t \ln L_t + \varepsilon_t \qquad (3.32)$$

常系数分量用于刻画确定性影响因素对经济增长的线性影响。可变参数 α_t 和 β_t 是随时间变化的，体现了资本和劳动力对经济增长影响关系的改变，描述弹性系数在不同时间的变化情况。变参数 α_t 和 β_t 由 AR(1) 描述：

$$\alpha_t = \varphi_1 \alpha_{t-1} + \varepsilon_{1t} \quad \beta_t = \varphi_2 \beta_{t-1} + \varepsilon_{2t} \qquad (3.33)$$

变参数部分关于回归变量仍是线性的，但其系数是所有 n 个回归变量观测值所对应观测时间位置中的函数，除包含回归变量本身的观测值信息外，还含有观测点"时间位置"的信息。可变参数状态空间模型（3.32）~模型（3.33）可以由卡尔曼滤波估计得到，可以在 Eviews 3.1 以上版本实现。卡尔曼滤波的实质就是通过输出或量测向量对系统的状态向量进行修正和重构，以"预测—实测—修正"的顺序递推，达到对状态空间模型的优化拟合。高宇明和齐中英（2008，2008b），章上峰和许冰（2009）提出时变产出弹性的可变参数状态空间模型，并用以估计我国不同时期资本和劳动力的时变产出弹性。

当假定规模报酬不变时，可变参数生产函数模型简化为：

$$\ln(Y_t/L_t) = \sum_{j=1}^{m} \beta_j X_{jt} + \alpha_t \ln(K_t/L_t) + \varepsilon_t$$

资本弹性产出弹性等于：

$$\partial \ln Y_t / \partial \ln K_t = \partial \ln(Y_t/L_t) / \partial \ln(K_t/L_t) = \alpha_t$$

劳动力产出弹性根据 $\beta_t = 1 - \alpha_t$ 计算得到。

第四节

面板数据生产函数模型

一、面板数据模型

时间序列数据是变量按时间排列得到的数据，截面数据是变量在横截面空间上的数据；时间序列数据和截面数据都是一维数据。面板数据（Panel Data）是将时间序列数据和截面数据结合起来分析问题的一种方法，称作面板数据、平行数据、综列数据、混合数据等。它指的是在不同时期、不断反复观测横截面个体得到的二维数据。面板数据从横截面上看，是由若干个体在某一时刻构成的截面观测值，从纵剖面上看是一个时间序列（见图3－1）。

Panel Data 用双下标变量表示。例如，$y_{it}(i=1, 2, \cdots, N; t=1, 2, \cdots, T)$，N 表示 Panel Data 中含有 N 个个体。T 表示时间序列的最大长度。若固定 t 不变，$y_{i\cdot}(i=1, 2, \cdots, N)$ 是横截面上的 N 个随机变量；若固定 i 不变，$y_{\cdot t}(t=1, 2, \cdots, T)$ 是纵剖面上的一个时间序列。

Panel Data 能够提供更多信息、更多变化性、更少共线性、更多自由度和更高效率；能够更好地研究动态调节；能更好地识别和度量纯时间序列和纯横截面数据所不能发现的影响因素；相对于纯横截面和纯时间序列数据而言，Panel Data 能够构造和检验更复杂的行为模型。

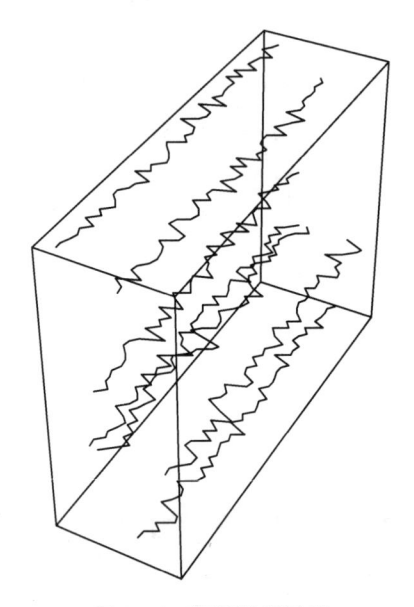

图 3-1 面板数据示意

我国幅员辽阔，不同省份之间存在一定程度的自然资源和人文社会环境差异，固定效应认为各经济主体之间的差异可以通过常数项 α_i 表示，比随机效应更能刻画省份之间的禀赋差异。这里主要检验两个假设：

假设1：截距和斜率在不同的截面上和时间上都相同。

$$H_1: y_{it} = \alpha + \beta x_{it} + \varepsilon_{it},\ i = 1,\ 2,\ \cdots,\ N;\ t = 1,\ 2,\ \cdots,\ T \tag{3.34}$$

称假设1模型为混合估计模型。

假设2：斜率在不同的截面和时间都相同，但截距在不同的截面不同。

$H_2: y_{it} = \alpha_i + \beta x_{it} + \varepsilon_{it}$, $i = 1, 2, \cdots, N$; $t = 1, 2, \cdots, T$
(3.35)

称假设 2 模型为固定效应模型。

进一步考虑在不同横截面上回归结构参数 β 随着个体而变化的模型情况。这里主要检验两个假设：

假设 3：截距在不同的截面和时间上都相同，但斜率在不同的截面不同。

$H_3: y_{it} = \alpha + \beta_i x_{it} + \varepsilon_{it}$, $i = 1, 2, \cdots, N$; $t = 1, 2, \cdots, T$
(3.36)

称假设 3 模型为固定截距变系数模型。

假设 4：截距和斜率在不同的截面和时间上都不同。

$H_4: y_{it} = \alpha_i + \beta_i x_{it} + \varepsilon_{it}$, $i = 1, 2, \cdots, N$; $t = 1, 2, \cdots, T$
(3.37)

称假设 4 模型为变截距变系数模型。

以上假设中，ε_{it} 表示随机误差项，y_{it}、x_{it} 分别表示被解释变量和解释变量，$i = 1, 2, \cdots, N$; $t = 1, 2, \cdots, T$。

在应用模型的实践中，模型结构越简单越好。因此，首先进行第一个假设检验，若接受 H_1，就选择模型（3.34），若拒绝了 H_1，进行第二个假设检验；若接受了 H_2 就选择模型（3.35），若拒绝了 H_2，再进行第三个假设检验；若接受了 H_3，就选择模型（3.36），否则选择模型（3.37）。

二、面板数据生产函数

常用的面板数据模型考虑不同个体的结构参数差异；但是不同时期由于经济制度、经济结构等经济环境的变化，可能使得结构参数 β 随着时间不同而变化，这就需要考虑在时间上回归系数变化的模型。这里主要检验两个假设：

假设5：截距和斜率在不同的截面和时间上都相同。

$$H_5: y_{it} = \alpha + \beta x_{it} + \varepsilon_{it} \quad i = 1, 2, \cdots, N; \ t = 1, 2, \cdots, T \tag{3.38}$$

假设6：斜率在不同的截面和时间上都相同，但截距在不同的时间上不同。

$$H_6: y_{it} = \alpha + \alpha_t + \beta x_{it} + \varepsilon_{it} \quad i = 1, 2, \cdots, N; \ t = 1, 2, \cdots, T \tag{3.39}$$

假设7：截距在不同的截面和时间上都相同，但斜率在不同时间上不同。

$$H_7: y_{it} = \alpha + \beta_t x_{it} + \varepsilon_{it} \quad i = 1, 2, \cdots, N; \ t = 1, 2, \cdots, T \tag{3.40}$$

假设8：截距和斜率在不同的截面上相同，在不同时间上不同。

$$H_8: y_{it} = \alpha + \alpha_t + \beta_t x_{it} + \varepsilon_{it} \quad i = 1, 2, \cdots, N; \ t = 1, 2, \cdots, T \tag{3.41}$$

从技术上讲，还可以构造截距项在不同截面和时间点都变化的变系数面板数据模型，即假设9：

$$H_9: y_{it} = \alpha + \alpha_i + \alpha_t + \beta_t x_{it} + \varepsilon_{it} \quad i = 1, 2, \cdots, N; \ t = 1, 2, \cdots, T \tag{3.42}$$

在模型检验上，首先进行第一个假设检验，若接受H_5，就选择模型（3.38），若拒绝了H_5，进行第二个假设检验；若接受了H_6就选择模型（3.39），若拒绝了H_6，再进行H_7假设检验；若接受了H_7，就选择模型（3.40），否则选择模型（3.41）。

第三章　时变弹性生产函数模型设定与估计方法

假定技术水平 A_t 由一组可控制变量的指数线性组合表示 $\ln A_{it} = \sum_{j=1}^{m} \beta_j X_{jit}$，构造资本和劳动力的产出弹性时变的变系数面板数据生产函数模型如下：

$$\ln Y_{it} = C + C_t + \sum_{i=1}^{m} \beta_j X_{jit} + \alpha_t \ln K_{it} + \beta_t \ln L_{it} + u_{it} \quad (3.43)$$

常系数分量 $\sum_{i=1}^{m} \beta_j X_{jit}$ 用于刻画确定性影响因素对经济增长的线性影响；变系数 α_t 和 β_t 是随时间变化的，描述在不同时期有不同的资本产出弹性 α_t 和不同的劳动力产出弹性 β_t，体现了资本和劳动力对经济增长影响关系的改变，刻画弹性系数在不同时间的变化情况。

当假定规模报酬不变时，面板数据生产函数模型简化为：

$$\ln(Y_{it}/L_{it}) = C + C_t + \sum_{i=1}^{m} \beta_j X_{jit} + \alpha_t \ln(K_{it}/L_{it}) + u_{it}$$

资本弹性产出弹性等于：

$$\partial \ln Y_{it}/\partial \ln K_{it} = \partial \ln(Y_{it}/L_{it})/\partial \ln(K_{it}/L_{it}) = \alpha_t$$

劳动力产出弹性根据 $\beta_t = 1 - \alpha_t$ 计算得到。

第五节

时变弹性生产函数模型比较

经典线性回归模型认为样本观测值的经济结构保持不变，解释变量对被解释变量的影响保持不变。例如，Cobb-Douglas 生产函数模型假定资本和劳动力的产出弹性保持不变。但是实际上，真正的常参数模型只存在于假设之中（李子奈和叶阿忠，2004）。以上四节介绍的四种时变弹性生产函数模型都是对 Cobb-Douglas 生产函数

模型的改进。但是,不同模型的构造机理不同,模型适用性和估计结果可能也会有所不同:

(1)从数据类型来看,非参数生产函数模型、变系数生产函数模型和可变参数生产函数模型,使用的是总量时间序列数据;面板数据生产函数模型使用的是面板数据。面板数据是将时间序列数据和截面数据结合起来分析问题的一种方法,它指的是在不同时期、不断反复观测横截面个体得到的二维数据;面板数据能够提供更多信息、更多变化性、更少共线性、更多自由度和更高效率。面板数据模型能更好地识别和度量时间序列数据所不能发现的影响因素,例如,利用变截距 α_i 用于刻画省份之间的禀赋差异,因而面板数据生产函数模型具有科学性的一面。但是利用面板数据生产函数估计总量生产函数受到一定限制:第一,面板数据生产函数模型假定所有截面在第 t 期的资本产出弹性 α_t 和劳动力产出弹性 β_t 都相同,这是一个比较严格的假设,与事实不尽相符;第二,面板数据由于对数据要求较高,常常可能存在数据短缺不齐等情况;第三,由于全国和各省份之间统计口径的差异和重复计算等问题,可能出现各省份指标之和不等于全国的情况,例如近年来各省 GDP 之和远远大于全国。

(2)从估计方法和性质来看,非参数生产函数和变系数生产函数都采用了局部线性估计方法,利用局部加权方法对序列进行加权平均获得估计值;局部线性估计涉及了核权函数,核权函数假定样本数据是连续光滑的,不仅利用了时间点及之前的样本数据,同时利用了时间点之后样本数据。变参数状态空间模型由卡尔曼滤波估计得到,其实质就是通过输出或量测向量对系统的状态向量进行修正和重构,以"预测—实测—修正"的顺序递推,达到对状态空间模型的优化拟合;状态空间模型由于假定了动态系统符号的马尔科夫特性,假定样本数据是跨期离散性的,仅利用了时间点及之前的样本数据,没有利用时间点之后样本数据。相对于离散型数据,连续型数据可以进行求一阶导数甚至高阶导数,还可以进行更加复杂的数学变换，因而具有更加良好的数学性质。

（3）从模型结构和形式来看，非参数回归模型并不事先假定经济活动中变量之间的结构关系，而是通过估计获得这种结构关系，其特点是回归函数的形式可以任意，没有任何约束；但非参数回归模型可能存在外延难、经济意义不明显的问题。变系数回归模型和可变参数状态空间模型关于回归变量仍是线性的，系数是所有 n 个回归变量观测值所对应观测时间位置中的函数，在不同时间点有不同的回归系数，但是在特定时间点线性函数关系仍然成立；变系数生产函数和可变参数生产函数，沿用人们熟悉的不变参数 Cobb-Douglas 生产函数形式，拓展为变参数 Cobb-Douglas 生产函数，具有明确的数学表达式，估计得到的回归系数 α_t 和 β_t 分别代表 t 时期资本和劳动力时变产出弹性，具有明确的经济学意义。计量经济学意义上，变系数模型和可变参数模型都是变参数回归模型，变系数生产函数模型和可变参数生产函数模型都是变参数 Cobb-Douglas 生产函数模型。对变系数生产函数模型和可变参数生产函数模型来说，边际产出：

$$MP_{K_t} = \frac{\partial Y_t}{\partial K_t} = \alpha_t A_t K_t^{\alpha_t-1} L_t^{\beta_t} = \alpha_t \frac{A_t K_t^{\alpha_t} L_t^{\beta_t}}{K_t} = \alpha_t \frac{Y_t}{K_t}$$

$$MP_{L_t} = \frac{\partial Y_t}{\partial L_t} = \beta_t A_t K_t^{\alpha_t} L_t^{\beta_t-1} = \beta_t \frac{A_t K_t^{\alpha_t} L_t^{\beta_t}}{L_t} = \beta_t \frac{Y_t}{L_t}$$

要素替代弹性恒等于为 1，那么：

$$\sigma_t = \frac{d(K_t/L_t)}{K_t/L_t} \bigg/ \frac{d(MP_{L_t}/MP_{K_t})}{MP_{L_t}/MP_{K_t}} = d\ln(K_t/L_t)/d\ln(MP_{L_t}/MP_{K_t})$$

$$= d\ln(K_t/L_t)/d\ln\left(\frac{\beta_t K_t/Y_t}{\alpha_t L_t/Y_t}\right)$$

$$= d\ln(K_t/L_t)/d[\ln(\beta_t/\alpha_t) + \ln(K_t/L_t)] = 1$$

无论是 Cobb-Douglas 生产函数，还是 CES 生产函数，都很难解释过去20年内欧洲大陆国家劳动收入占比所发生的变化,在这些国家劳动和资本之间的替代弹性接近于1(Blanchard,1997),但是劳动收入份额确实不是一个不变的值(罗长远,2008)。变系数生产函数模型和可变参数生产函数模型,可以成功地刻画要素替代弹性等于1情况下资本和劳动力产出弹性的变化。

值得一提的是,本章的研究目的在于提供一个估计时变产出弹性的思路和框架,为阐述方便假设只有资本和劳动力两种生产要素。事实上,很容易将该模型推广到包含更多生产要素的情况。

第四章

时变弹性生产函数模型统计学与经济学检验

Cobb-Douglas 生产函数由于结构简单、经济意义明显且容易估计而受到广泛应用。但是，Cobb-Douglas 生产函数对应的产出弹性 α 和 β 值是固定常数，它们反映的只是整个研究时期的一个平均产出弹性水平，未能反映不同时期资本和劳动力的收入份额的变化。不变替代弹性生产函数、变替代弹性生产函数和超越对数生产函数都是可变弹性生产函数模型，是对不变弹性生产函数的有效改进；但是，他们同时引入新的假设，这些假设是非常严格的，也经常是不合理的。为了客观真实地反映不同时期资本和劳动收入份额的变化，非常有必要拓展 Cobb-Douglas 生产函数，研究产出弹性可变的时变弹性生产函数模型。

现代统计学和计量经济学的新发展，使得合理构造生产函数模型，用于估计不同时期资本和劳动力产出弹性成为可能。上章系统研究了非参数、变系数和可变参数和面板数据模型的假设条件和估计方法，并用以估计不同时期资本和劳动力产出弹性，说明了建立时变弹性生产函数模型的可行性。

建立时变弹性生产函数是必要、可行的。但是，如何验证时变弹性生产函数的客观准确性是有待解决的一个重要问题（章上峰和许冰，2009）。本章提出利用统计学检验方法检验时变弹性生函数的统计显著性，利用经济学意义原理检验时变弹性生产函数的经济学准确性。

第一节

研究数据说明

本书使用的 1978～2008 年全国和省份统计数据说明如下：

（1）国内生产总值 Y（单位：亿元）：1952 年为基期的实际国内生产总值表示。

（2）资本存量 K（单位：亿元）：1952 年基期资本存量采纳张军（2004）的估算结果为 807 亿元，经济折旧率采纳张军（2004）方法取 9.6%，参考曹吉云（2008）研究方法，法定残值率取 4%，以年初固定资本存量和年末固定资本存量的简单算术平均作为资本投入量。

（3）劳动力投入 L（单位：万人）：以年初和年底就业人员数的平均值表示。

（4）技术水平由常数项 Z_1、市场化程度 Z_2（以非国有经济在工业总产值中的比重近似替）和经济结构 Z_3（第三产业劳动力投入占比）的线性组合表示。以上数据来自历年《中国统计年鉴》、《中国国内生产总值核算历史资料（1952～2004）》和《新中国五十五年统计资料汇编》。

第二节

受约束回归检验方法

Cobb-Douglas 生产函数模型由于结构简单、经济意义明显且容易估计而受到广泛应用，其表达式如下：

第四章 时变弹性生产函数模型统计学与经济学检验

$$Y_t = A_t K_t^\alpha L_t^\beta \tag{4.1}$$

其中，Y_t、A_t、K_t 和 L_t 分别表示第 t 期的实际产出、技术水平、资本投入和劳动力投入。对式（4.1）两边取自然对数，Cobb-Douglas 生产函数计量模型：

$$\ln Y_t = \ln A_t + \alpha \ln K_t + \beta \ln L_t + \varepsilon_t \tag{4.2}$$

假设技术水平由一组可控制变量 Z 的指数线性组合表示，得 Cobb-Douglas 生产函数模型的计量模型为：

$$\ln Y_t = \sum_{i=1}^{m} \gamma_i Z_{it} + + \alpha \ln K_t + \beta \ln L_t + \varepsilon_t \tag{4.3}$$

假设规模报酬不变 $\alpha + \beta = 1$，Cobb-Douglas 生产函数模型进一步简化为：

$$\ln(Y_t/L_t) = \sum_{i=1}^{m} \gamma_i Z_{it} + \alpha \ln(K_t/L_t) + \varepsilon_t \tag{4.4}$$

但是，Cobb-Douglas 生产函数对应的产出弹性 α 和 β 值是固定常数，它们反映的只是整个研究时期的一个平均产出弹性水平，未能反映不同时期弹性水平的变化。我国处于经济转型时期，我国的社会、经济、政治等大环境发生了天翻地覆的变化，随着生产要素的流动限制减少和价格放开，资本和劳动力的数量与价格是逐期变化的，因而不同时期的资本和劳动力份额也会存在一定程度的变化（章上峰和许冰，2009，2010），真正的常参数模型只存在于假设之中（李子奈和叶阿忠，2004），因此，总体模型的参数不应是静态的，而应该是随着时间不断变化的（许冰，2010）。

在建立回归模型时，有时根据经济理论需要对模型中变量的参数施加一定的约束条件。模型施加约束后进行回归，成为受约束回归；不加任何约束的回归成为无约束回归。受约束回归模型和无约束回归模型之间存在嵌套关系。模型的约束性检验问题，包括参数的线性约束与非线性约束检验。参数的线性约束检验包括对参数线性约束的检验、对模型增加或减少解释变量的检验以及参数的稳定性检验三方面的内容，其中参数稳定性检验又包括邹氏参数稳定性检验与邹氏预测检验两种类型的检验。检验都是以 F 检验为主要检验工具，以受约束模型与无约束模型是否有显著差异为检验基点。

当线性回归模型施加非线性约束时，需要采用非线性最小二乘估计。非线性约束检验是建立在最大似然原理基础上的，主要包括最大似然比检验（LR）、沃尔德检验（WD）与拉格朗日乘数检验（LM）。非参数生产函数与变系数生产函数模型由于是非线性模型，无法使用 F 线性参数检验方法，他们也难以采用最大似然估计方法获得最大似然函数值，需要使用广义似然比检验方法。

一、结构稳定性检验

在经济建模过程中，被解释变量不仅受定量解释变量的影响，同时还可能受定性变量影响。由于定性变量通常表示的是某种特征的有和无，所以量化方法可采用取值为 1 或 0。这种变量称作虚拟变量，用 D 表示。虚拟变量应用于模型中，对回归系数的估计与检验方法与定量变量相同。为了判断模型的结构是否在预先给定的时点发生了变化，我国著名经济学家邹至庄教授提出了 CHOW 检验方法（如图 4-1 所示）。

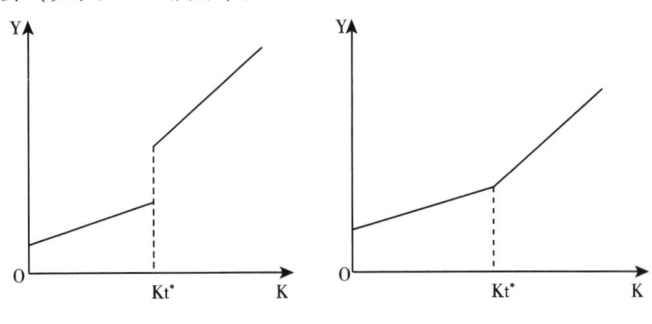

图 4-1 CHOW 检验示意

第四章 时变弹性生产函数模型统计学与经济学检验

这种方法是把时间序列数据分为两部分,其分界点就是检验模型是否发生结构变化的临界点。选取 t^* 年作为分界点,分析 t^* 年前后回归系数是否发生显著变化,引入定性虚拟变量 D:

$$D_t = \begin{cases} 1 & t \geq t^* \\ 0 & t < t^* \end{cases}$$

建立如下虚拟变量模型如下:

$$\ln(Y_t/L_t) = \sum_{i=1}^{m} \gamma_i Z_{it} + \alpha \ln(K_t/L_t) + \alpha_1' \cdot D_t \\ + \alpha_2' \cdot D_t \cdot \ln(K_t/L_t) + \varepsilon_t \quad (4.5)$$

选取 $t^* = 1990$ 年,D = 0,表示 1990 年及以前;D = 1,表示 1990 年以后。运用 CHOW 检验方法,需要分别求出 1978~2008 年、1978~1990 年和 1991~2008 年回归方程的残差平方和 S1、S2 和 S3,检验统计量 F = [(S1 - S2 - S3)/k]/[(S2 + S3)/(T - 2k)]。其中,T 为总样本量,k 为估计参数的个数。检验的原假设是方程 1978~1990 年和 1991~2008 年的结构系数相同(即模型参数对应相等)。在原假设成立下,上述统计量服从自由度为 (k,T-2k) 的 F 分布。如果 F 统计值大于临界值,就否定原假设,即认为模型结构发生了变化。经过分析计算我们得到 F = 3.158530,相伴概率 p = 0.0330 低于显著性水平 0.05,因此否定原假设,认为 1990 年前后回归系数是否发生巨大的结构变化。

如果考虑经济变量和结构调整的连续性,通常可以通过建立临界指标虚拟变量模型来反映:

$$\ln(Y_t/L_t) = \sum_{i=1}^{m} \gamma_i Z_{it} + \alpha \ln(K_t/L_t) + \alpha' \cdot D_t \\ \cdot [\ln(K_t/L_t) - \ln(K_{1990}/L_{1990})] + \varepsilon_t \quad (4.6)$$

临界指标虚拟变量模型通过检验回归 α' 是否为零,来判断不同时期的产出弹性系数是否发生变化。α' 回归系数为 -0.242165,

· 89 ·

标准差 0.081826，t 统计值 -2.9585.6，相伴概率 p = 0.0065 低于显著性水平 0.05，因此否定原假设，认为 1990 年前后产出弹性系数是否发生巨大的结构变化。

我们分别检验模型（4.5）和模型（4.6）在更多个年份的结构系数是否发生显著变化，检验验结果显示在 1986~1997 年这段时期内回归系数发生显著的结构变化（见表 4-1 和表 4-2），这个结果也说明结构变化是普遍存在的，并非某一个年份的特例。

表 4-1　　　　不同年份模型（4.5）检验结果（p 值）

年份	1985	1988	1990	1992	1995	1998	2000
F	0.0577	0.0298*	0.033*	0.0017*	0.0008*	0.0249*	0.2929
LR	0.0187*	0.0076*	0.0088*	0.0002*	0.0001*	0.006*	0.1713

注：*p 值小于 0.05，表示在 0.05 显著性水平上拒绝原假设。

表 4-2　　　　不同年份模型（4.6）检验结果

年份	1985	1988	1990	1992	1995	1998	2000
α'（p 值）	0.0083*	0.0066*	0.0065*	0.0001*	0.0006*	0.5022	0.986
LR 统计值	8.47742*	9.00032*	9.00032*	19.0824*	14.30642*	0.5474	0.00038

注：* LR > 3.841，表示在 0.05 显著性水平上拒绝原假设。

二、线性约束检验

F 检验是适用于所有关于参数线性约束的检验，Chow 检验是 F 检验的一个特例。以下主要考虑存在嵌套关系的参数线性约束检验。通常情况下，约束模型的回归平方和不大于无约束模型的回归平方和，因此对模型施加约束条件会降低模型的解释能力。

记 RSS_R 和 RSS_U 分别代表受约束回归模型和无约束回归模型的残差平方和。如果约束条件为真，则约束回归模型和无约束回归模型具有相同的解释能力，从而 RSS_R 和 RSS_U 的差异会很小，反之差

第四章 时变弹性生产函数模型统计学与经济学检验

异很大。因而可用的 $RSS_R - RSS_U$ 大小来检验约束条件的真实性。根据数理统计学假设检验原理,构造 F 统计量如下:

$$F = \frac{(RSS_R - RSS_U)/(k_U - k_R)}{RSS_U/(n - k_U - 1)} \sim F(k_U - k_R, n - k_U - 1) \quad (4.7)$$

其中,n 为样本量个数,k_R 和 k_U 分别受约束回归模型和无约束回归模型解释变量的个数,$k_U - k_R$ 恰好为约束条件的个数。F 统计量的一个等价式子是

$$F = \frac{(R_U^2 - R_R^2)/(k_U - k_R)}{(1 - R_U^2)/(n - k_U - 1)} \quad (4.8)$$

其中,R_R^2 和 R_U^2 分别受约束回归模型和无约束回归模型的拟合优度判定系数。

面板数据模型检验广泛采用的是基于 F 统计量的协方差检验方法。记 N、T、K 分别表示样本截面个体个数、时间序列长度和解释变量个数;S_5、S_6、S_7、S_8 分别表示方程上章原假设 H_5、H_6、H_7、H_8 成立时的回归误差总和。基于大样本理论,在原假设成立的情况下有:

$$S_5/\sigma_u^2 \sim \chi^2(NT - K - 1), S_6/\sigma_u^2 \sim \chi^2[T(N-1) - K - 1],$$
$$S_7/\sigma_u^2 \sim \chi^2[T(N-K) - 1], S_8/\sigma_u^2 \sim \chi^2[T(N-K-1) - 1]$$

并且,$(S_5 - S_8)/\sigma_u^2$,$(S_6 - S_8)/\sigma_u^2$,$(S_7 - S_8)/\sigma_u^2$ 分别与 S_8/σ_u^2 相互独立。于是,对于检验原 H_5、H_6、H_7,有 F 统计量分别为:

$$F_5 = \frac{(S_5 - S_8)/[K(T-1) - T]}{S_8/[T(N-K-1) - 1]} \sim F[K(T-1) - T, T(N-K-1) - 1]$$

$$F_6 = \frac{(S_6 - S_8)/[K(T-1)]}{S_8/[T(N-K-1) - 1]} \sim F[K(T-1), T(N-K-1) - 1]$$

$$F_7 = \frac{(S_7 - S_8)/T}{S_8/[T(N-K-1) - 1]} \sim F[T, T(N-K-1) - 1]$$

给定显著性水平0.05，查F分布表得到临界值，与由计算所得的F统计量数值进行比较，从而可以做出接受或拒绝原假设的结论。

三、非线性约束检验

当线性回归模型施加非线性约束时，最小二乘估计不在适用，需要采用非线性最小二乘估计。非线性最小二乘估计并不必然具有期望的小样本性质。从估计原理来看，受约束残差平方和最小化问题等价于受约束最大似然函数最大化，两者估计量相等，而且都具有一致性和渐进有效性等大样本性质。

非线性约束检验是建立在最大似然原理基础上的，非线性约束检验主要包括最大似然比检验（LR）、沃尔德检验（WD）与拉格朗日乘数检验（LM）。它们仍以估计无约束模型与受约束模型为基础，以最大似然原理进行估计，都以约束条件个数为自由度的χ^2分布为检验统计量的分布特征，且都适用于大样本情形。非线性约束检验当然也适用于线性约束问题的检验。根据研究需要，本书以下仅介绍最大似然比检验（LR）方法。

最大似然比检验最大似然法估计的无约束回归模型和受约束回归模型，检验两个似然函数值的差异是否足够大。如果假定非线性约束条件$g(\beta)=0$，记最大似然函数$L(\beta,\sigma^2)$，$L(\hat{\beta},\hat{\sigma}^2)$为无约束条件下的最大似然函数值，$L(\tilde{\beta},\tilde{\sigma}^2)$为约束条件下的最大似然函数值。受约束的函数值不会超过无约束的函数值，但如果约束条件为真，则两个函数值就非常接近。由此，定义似然比：

$$L(\tilde{\beta},\tilde{\sigma}^2)/L(\hat{\beta},\hat{\sigma}^2)$$

如果比值很小，说明两似然函数值差距较大，则应拒绝约束条件为真的假设；如果比值接近于1，说明两似然函数值很接近，应

第四章 时变弹性生产函数模型统计学与经济学检验

接受约束条件为真的假设。

具体检验时,构造大样本下似然比统计量 LR:

$$LR = -2[\ln L(\tilde{\beta}, \tilde{\sigma}^2) - \ln L(\hat{\beta}, \hat{\sigma}^2)] \sim \chi^2(h) \quad (4.9)$$

其中,h 是约束条件的个数。因此可以通过 LR 统计量的 χ^2 分布特性来判断是否接受约束条件的假设。

四、非参数检验

非参数生产函数与变系数生产函数模型由于是非线性模型,无法使用 F 线性参数检验方法;他们也难以采用最大似然估计方法获得最大似然函数值,从而采用似然比 LR 检验方法。因此,需要新的方法来检验这类非参数检验问题。

假设技术水平由一组可控制变量 Z 的指数线性组合表示,得 Cobb-Douglas 生产函数模型的计量模型为:

$$\ln Y_t = \sum_{i=1}^{m} \gamma_i Z_{it} + + \alpha \ln K_t + \beta \ln L_t + \varepsilon_t \quad (4.10)$$

如果将 Cobb-Douglas 生产函数模型中资本和劳动力产出弹性 α 和 β 看成时间 t 的非参数光滑函数 $\alpha(t)$ 和 $\beta(t)$,可以得到变系数生产函数模型如下:

$$\ln Y_t = \sum_{i=1}^{m} \gamma_i Z_i + \alpha(t)\ln K_t + \beta(t)\ln L_t + \varepsilon_t \quad (4.11)$$

其中,$\alpha(t)$ 和 $\beta(t)$ 分别代表不同时期 t 的资本和劳动力产出弹性。变系数生产函数保留了 Cobb-Douglas 生产函数结构形式,具有明确的经济学意义,同时改进了不变产出弹性中性技术进步假设,是更具一般性的可变弹性生产函数模型。

如果 $\alpha(t)$ 和 $\beta(t)$ 是固定常数,则变系数生产函数就退化为 Cobb-Douglas 生产函数,因此一个感兴趣的问题是产出弹性 $\alpha(t)$

· 93 ·

和 $\beta(t)$ 是否真正随时间变化（章上峰、许冰和顾文涛，2011）。构造假设检验问题如下：

H_0：变系数生产函数等价于 Cobb-Douglas 生产函数。

H_1：变系数生产函数不等价于 Cobb-Douglas 生产函数。

以上假设检验问题等价于：

$$H_0: \alpha(t) = \alpha, \beta(t) = \beta \quad H_1: \alpha(t) \neq \alpha, \beta(t) \neq \beta \quad (4.12)$$

如果原假设 H_0 成立，则接受产出弹性 $\alpha(t)$ 和 $\beta(t)$ 不随时间变化的原假设，即接受 Cobb-Douglas 生产函数模型；反之，如果拒绝原假设 H_0，则拒绝产出弹性 $\alpha(t)$ 和 $\beta(t)$ 不随时间变化的原假设，即拒绝 Cobb-Douglas 生产函数模型，认为应该采取变系数生产函数模型。

Fan 等（2001）提出利用广义似然比检验（GLR）方法来检验非参数检验问题。记 RSS_0 为原假设 H_0 下 Cobb-Douglas 生产函数模型（4.10）的残差平方和，RSS_1 为备择假设 H_1 下时变弹性生产函数模型（4.11）的残差平方和。广义似然比统计量 GLR 由下式给出：

$$GLR_n = \frac{n}{2} \log\left(\frac{RSS_0}{RSS_1}\right) \quad (4.13)$$

Fan 等（2001）证明了在一些正则条件下，r_KGLR 分布近似于自由度为 u_n 的 χ^2 分布，其中 $u_n = r_K c_K |\Omega| p/h$，$|\Omega|$ 是时间 t 支撑的长度，p 是模型中变系数函数的个数，h 表示窗框。其中：

$$r_K = \frac{K(0) - 1/2\int K^2(t)dt}{\int (K(t) - 1/2K \times K^2(t))dt} \quad c_K = K(0) - 1/2\int K^2(t)dt$$

Fan 等（2001）模拟计算了不同分布下 r_K 和 c_K 的统计值，结果如表 4-3 所示。

第四章 时变弹性生产函数模型统计学与经济学检验

表 4-3　　　　　　　　　r_K 和 c_K 统计值

Kernel	Uniform	Epanechnikov	Biweight	Triweight	Gaussian
r_K	1.2	2.1153	2.3061	2.3797	2.5375
c_K	0.25	0.45	0.5804	0.6858	0.7737

考虑到时间序列数据通常为有限样本,渐近分布结果不一定能给出一个好的近似,罗羡华、杨振海和周勇(2009)用自由度为 u_n+2p 的 χ^2 分布近似代替自由度为 u_n 的 χ^2 分布。本书借鉴 Fan 和 Yao(2003),采用非参数条件自助法方法对有限样本近似分布进行模拟,从而给出更加精确和稳健的检验结果。非参数条件自助法(Bootstrap)算法如下:

(1)对于模型(4.10)中得到的残差 $(\hat{\varepsilon}_1, \cdots, \hat{\varepsilon}_n)$,令 $\bar{\hat{\varepsilon}}$ 为其均值,再对 $(\hat{\varepsilon}_1 - \bar{\hat{\varepsilon}}, \cdots, \hat{\varepsilon}_n - \bar{\hat{\varepsilon}})$ 进行重抽样,得到一个 Bootstrap 样本,记为 ε^*。

(2)由上述的残差样本及下述公式产生相对应的 $\ln Y_i$ 的样本:

$$(\ln Y_t)^* = \sum_{i=1}^{m} \hat{\gamma}_i Z_i + \hat{\alpha}(t)\ln K_t + \hat{\beta}(t)\ln L_t + \varepsilon_t^*$$

(3)用这组自助法样本 $((\ln Y)^*, \ln K, \ln L)$ 构造 GLR 统计量 GLR^*。

(4)重复上述过程 1 000 次,依次得到 $GLR_1^*, \cdots, GLR_{1\,000}^*$。

(5)利用经验分布 $\hat{F}(x) = \dfrac{1}{1\,000}\sum_{i=1}^{1\,000} I(GLR^* \leqslant x)$,得到统计量 GLR 在原假设下的 p 值,若 p 较大,则接受原假设;若 p 较小,则拒绝原假设。

实证研究中,通常假定规模报酬不变,使得弹性估计结果符合经济学收入份额概念,还可在一定程度上消除资本和劳动力可能存在的共线性问题。假设 $\alpha(t) + \beta(t) = 1$ 规模报酬不变,Cobb-Douglas 生产函数模型简化为:

时变弹性生产函数模型研究

$$\ln(Y_t/L_t) = \sum_{i=1}^{m}\gamma_i Z_{it} + \alpha\ln(K_t/L_t) + \varepsilon_t \quad (4.14)$$

变系数生产函数模型简化为:

$$\ln(Y_t/L_t) = \sum_{i=1}^{m}\gamma_i Z_i + \alpha(t)\ln(K_t/L_t) + \varepsilon_t \quad (4.15)$$

假设检验（4.12）简化为:

$$H_0:\alpha(t) = \alpha \quad H_1:\alpha(t) \neq \alpha \quad (4.16)$$

第三节

统计学检验结果

不变规模报酬假设下的超越对数生产函数模型退化为 CES 生产函数模型。分别估计不变规模报酬假定下 CES 生产函数模型、VES 生产函数模型、非参数生产函数模型、变系数生产函数模型、可变参数生产函数模型和面板数据生产函数模型，得到资本产出弹性 $\alpha(t)$、劳动力产出弹性 $\beta(t)$ 等估计结果（如表 4 - 4 至表 4 - 7 所示）。为了直观地刻画资本和劳动力弹性的变化趋势，本书给出趋势图（如图 4 - 2 和图 4 - 3 所示）。

表 4 - 4　　资本弹性 $\alpha(t)$ 生产函数估计结果

年份	Cobb-Douglas	CES	VES	非参数	变系数	可变参数	面板数据
1978	0.4320	0.3471	0.2629	0.5186	0.5129	0.5145	0.5160
1979	0.4320	0.3489	0.2641	0.5154	0.5091	0.5328	0.4482
1980	0.4320	0.3505	0.2653	0.5125	0.5051	0.5366	0.4697
1981	0.4320	0.3518	0.2662	0.5100	0.5010	0.5378	0.3964
1982	0.4320	0.3529	0.2670	0.5079	0.4969	0.5487	0.4320

第四章　时变弹性生产函数模型统计学与经济学检验

续表

年份	Cobb-Douglas	CES	VES	非参数	变系数	可变参数	面板数据
1983	0.4320	0.3542	0.2680	0.5052	0.4930	0.5367	0.4868
1984	0.4320	0.3558	0.2694	0.5016	0.4895	0.5199	0.4885
1985	0.4320	0.3577	0.2711	0.4972	0.4862	0.5067	0.4971
1986	0.4320	0.3598	0.2731	0.4917	0.4834	0.5036	0.5067
1987	0.4320	0.3621	0.2754	0.4852	0.4808	0.5081	0.4848
1988	0.4320	0.3643	0.2780	0.4782	0.4785	0.4982	0.5124
1989	0.4320	0.3661	0.2801	0.4725	0.4763	0.4904	0.5050
1990	0.4320	0.3653	0.2791	0.4752	0.4742	0.5051	0.5271
1991	0.4320	0.3649	0.2786	0.4765	0.4720	0.5345	0.5144
1992	0.4320	0.3670	0.2813	0.4694	0.4699	0.5284	0.5022
1993	0.4320	0.3699	0.2851	0.4601	0.4678	0.4917	0.5677
1994	0.4320	0.3733	0.2901	0.4501	0.4659	0.4702	0.5775
1995	0.4320	0.3767	0.2959	0.4419	0.4646	0.4680	0.6023
1996	0.4320	0.3801	0.3022	0.4366	0.4642	0.4879	0.5888
1997	0.4320	0.3831	0.3086	0.4345	0.4654	0.5082	0.6237
1998	0.4320	0.3859	0.3152	0.4347	0.4685	0.5225	0.5689
1999	0.4320	0.3886	0.3221	0.4369	0.4738	0.5317	0.5203
2000	0.4320	0.3912	0.3295	0.4406	0.4810	0.5260	0.5319
2001	0.4320	0.3938	0.3374	0.4454	0.4897	0.5098	0.5419
2002	0.4320	0.3965	0.3466	0.4511	0.4990	0.4977	0.5499
2003	0.4320	0.3996	0.3580	0.4583	0.5084	0.4811	0.5622
2004	0.4320	0.4029	0.3717	0.4668	0.5178	0.4440	0.6074
2005	0.4320	0.4064	0.3878	0.4765	0.5272	0.4396	0.5960
2006	0.4320	0.4099	0.4068	0.4879	0.5367	0.4549	0.5902
2007	0.4320	0.4135	0.4282	0.5003	0.5466	0.4981	0.6036
2008	0.4320	0.4170	0.4515	0.5132	0.5570	0.5618	0.5983

表 4-5　　　　　　　劳动力弹性 β(t) 生产函数估计结果

年份	Cobb-Douglas	CES	VES	非参数	变系数	可变参数	面板数据
1978	0.5680	0.6529	0.7371	0.4814	0.4871	0.4855	0.4840
1979	0.5680	0.6511	0.7359	0.4846	0.4909	0.4672	0.5518
1980	0.5680	0.6495	0.7347	0.4875	0.4949	0.4634	0.5303
1981	0.5680	0.6482	0.7338	0.4900	0.4990	0.4622	0.6036
1982	0.5680	0.6471	0.7330	0.4921	0.5031	0.4513	0.5680
1983	0.5680	0.6458	0.7320	0.4948	0.5070	0.4633	0.5132
1984	0.5680	0.6442	0.7306	0.4984	0.5105	0.4801	0.5115
1985	0.5680	0.6423	0.7289	0.5028	0.5138	0.4933	0.5029
1986	0.5680	0.6402	0.7269	0.5083	0.5166	0.4964	0.4933
1987	0.5680	0.6379	0.7246	0.5148	0.5192	0.4919	0.5152
1988	0.5680	0.6357	0.7220	0.5218	0.5215	0.5018	0.4876
1989	0.5680	0.6339	0.7199	0.5275	0.5237	0.5096	0.4950
1990	0.5680	0.6347	0.7209	0.5248	0.5258	0.4949	0.4729
1991	0.5680	0.6351	0.7214	0.5235	0.5280	0.4655	0.4856
1992	0.5680	0.6330	0.7187	0.5306	0.5301	0.4716	0.4978
1993	0.5680	0.6301	0.7149	0.5399	0.5322	0.5083	0.4323
1994	0.5680	0.6267	0.7099	0.5499	0.5341	0.5298	0.4225
1995	0.5680	0.6233	0.7041	0.5581	0.5354	0.5320	0.3977
1996	0.5680	0.6199	0.6978	0.5634	0.5358	0.5121	0.4112
1997	0.5680	0.6169	0.6914	0.5655	0.5346	0.4918	0.3763
1998	0.5680	0.6141	0.6848	0.5653	0.5315	0.4775	0.4311
1999	0.5680	0.6114	0.6779	0.5631	0.5262	0.4683	0.4797
2000	0.5680	0.6088	0.6705	0.5594	0.5190	0.4740	0.4681
2001	0.5680	0.6062	0.6626	0.5547	0.5103	0.4902	0.4581
2002	0.5680	0.6035	0.6534	0.5489	0.5010	0.5023	0.4501

第四章　时变弹性生产函数模型统计学与经济学检验

续表

年份	Cobb-Douglas	CES	VES	非参数	变系数	可变参数	面板数据
2003	0.5680	0.6004	0.6420	0.5417	0.4916	0.5189	0.4378
2004	0.5680	0.5971	0.6283	0.5332	0.4822	0.5560	0.3926
2005	0.5680	0.5936	0.6122	0.5235	0.4728	0.5604	0.4040
2006	0.5680	0.5901	0.5932	0.5121	0.4633	0.5451	0.4098
2007	0.5680	0.5865	0.5718	0.4997	0.4534	0.5019	0.3964
2008	0.5680	0.5830	0.5485	0.4868	0.4430	0.4382	0.4017

表 4-6　　生产函数模型拟合效果（Y）

年份	Y	Cobb-Douglas	CES	VES	非参数	变系数	可变参数
1978	3 263.6	3 300.3	3 311.5	3 310.2	3 249.4	3 213.1	3 410.0
1979	3 510.8	3 533.2	3 536.9	3 535.4	3 515.1	3 489.8	3 576.0
1980	3 786.1	3 845.7	3 846.3	3 842.5	3 828.5	3 811.6	3 838.7
1981	3 984.6	4 147.0	4 144.5	4 140.0	4 138.3	4 136.6	4 127.4
1982	4 345.5	4 395.5	4 384.6	4 372.2	4 398.3	4 419.9	4 305.2
1983	4 817.4	4 705.3	4 687.0	4 667.6	4 718.1	4 758.6	4 698.9
1984	5 548.6	5 355.8	5 356.4	5 364.1	5 360.5	5 393.1	5 415.1
1985	6 295.6	6 134.4	6 154.8	6 190.9	6 128.7	6 147.6	6 236.6
1986	6 852.7	6 786.6	6 801.0	6 830.9	6 783.0	6 800.4	6 878.7
1987	7 646.5	7 497.0	7 501.2	7 517.8	7 492.4	7 507.2	7 497.0
1988	8 508.3	8 316.2	8 312.1	8 315.0	8 299.9	8 308.3	8 349.7
1989	8 854.7	8 857.2	8 830.2	8 804.0	8 851.8	8 877.5	8 984.8
1990	9 193.9	9 735.6	9 740.3	9 750.3	9 689.5	9 725.7	9 604.1
1991	10 038.7	10 444.4	10 457.3	10 489.9	10 433.7	10 506.8	10 013.0
1992	11 467.8	11 304.4	11 308.0	11 327.7	11 290.8	11 362.5	10 895.8

续表

年份	Y	Cobb-Douglas	CES	VES	非参数	变系数	可变参数
1993	13 069.0	12 539.6	12 538.6	12 555.6	12 536.5	12 598.5	12 593.4
1994	14 778.1	14 225.3	14 236.5	14 274.0	14 228.4	14 269.4	14 558.2
1995	16 392.8	16 136.8	16 165.9	16 237.9	16 174.4	16 193.6	16 563.2
1996	18 033.7	17 941.5	17 965.0	18 043.7	18 053.8	18 065.3	18 279.5
1997	19 710.4	19 996.1	20 028.0	20 089.8	20 018.4	19 984.0	19 917.9
1998	21 254.0	21 767.2	21 771.4	21 759.9	21 696.4	21 625.4	21 412.5
1999	22 875.0	23 149.9	23 084.6	22 963.0	23 082.7	23 001.6	22 851.2
2000	24 802.5	24 814.8	24 707.4	24 508.1	24 729.8	24 608.2	24 652.8
2001	26 862.9	26 884.6	26 761.5	26 503.6	26 716.4	26 533.7	26 746.5
2002	29 301.7	29 484.7	29 377.5	29 095.1	29 201.9	28 947.0	29 176.5
2003	32 238.0	32 617.4	32 546.9	32 281.1	32 267.4	31 968.5	32 133.1
2004	35 489.8	36 304.6	36 298.9	36 115.7	35 975.3	35 660.0	35 542.5
2005	39 190.9	40 206.9	40 266.6	40 223.3	40 059.3	39 793.9	39 202.8
2006	43 739.2	44 426.5	44 556.3	44 709.2	44 531.4	44 377.2	43 235.8
2007	49 424.4	48 327.4	48 476.7	48 851.9	48 882.6	48 948.8	47 831.0
2008	53 873.8	51 725.0	51 851.1	52 540.6	53 097.8	53 505.4	53 653.7
RSS	—	9 906 341	9 302 341	6 402 209	4 125 086	2 913 081	3 986 225

表 4-7　　生产函数模型拟合效果（lnY）

年份	Y	Cobb-Douglas	CES	VES	非参数	变系数	可变参数
1978	8.0906	8.1018	8.1052	8.1048	8.0862	8.0750	8.1345
1979	8.1636	8.1700	8.1710	8.1706	8.1648	8.1576	8.1820
1980	8.2391	8.2547	8.2549	8.2539	8.2502	8.2458	8.2529
1981	8.2902	8.3301	8.3295	8.3284	8.3281	8.3276	8.3254
1982	8.3769	8.3883	8.3859	8.3830	8.3890	8.3939	8.3676

第四章 时变弹性生产函数模型统计学与经济学检验

续表

年份	Y	Cobb-Douglas	CES	VES	非参数	变系数	可变参数
1983	8.4800	8.4565	8.4525	8.4484	8.4592	8.4677	8.4551
1984	8.6213	8.5859	8.5860	8.5875	8.5868	8.5929	8.5970
1985	8.7476	8.7217	8.7250	8.7308	8.7207	8.7238	8.7382
1986	8.8324	8.8227	8.8248	8.8292	8.8222	8.8247	8.8362
1987	8.942	8.9223	8.9228	8.9250	8.9216	8.9236	8.9223
1988	9.0488	9.0260	9.0255	9.0258	9.0240	9.0250	9.0300
1989	9.0887	9.0890	9.0859	9.0830	9.0884	9.0913	9.1033
1990	9.1263	9.1835	9.1840	9.1851	9.1788	9.1825	9.1699
1991	9.2142	9.2538	9.2551	9.2582	9.2528	9.2598	9.2116
1992	9.3473	9.3329	9.3333	9.3350	9.3317	9.3381	9.2961
1993	9.478	9.4366	9.4366	9.4379	9.4364	9.4413	9.4409
1994	9.6009	9.5628	9.5636	9.5662	9.5630	9.5659	9.5859
1995	9.7046	9.6889	9.6907	9.6951	9.6912	9.6924	9.7149
1996	9.8000	9.7949	9.7962	9.8006	9.8011	9.8017	9.8135
1997	9.8889	9.9033	9.9049	9.9080	9.9044	9.9027	9.8994
1998	9.9643	9.9882	9.9884	9.9878	9.9849	9.9816	9.9717
1999	10.0378	10.0497	10.0469	10.0416	10.0468	10.0433	10.0368
2000	10.1187	10.1192	10.1149	10.1068	10.1158	10.1108	10.1126
2001	10.1985	10.1993	10.1947	10.1850	10.1930	10.1862	10.1942
2002	10.2854	10.2916	10.2880	10.2783	10.2820	10.2732	10.2811
2003	10.3809	10.3926	10.3904	10.3822	10.3818	10.3725	10.3776
2004	10.477	10.4997	10.4995	10.4945	10.4906	10.4818	10.4785
2005	10.5762	10.6018	10.6033	10.6022	10.5981	10.5915	10.5765
2006	10.686	10.7016	10.7045	10.7079	10.7040	10.7005	10.6744
2007	10.8082	10.7858	10.7888	10.7965	10.7972	10.7985	10.7754
2008	10.8944	10.8537	10.8561	10.8693	10.8799	10.8875	10.8903
RSS	—	0.0188	0.0186	0.0172	0.0152	0.0141	0.0140

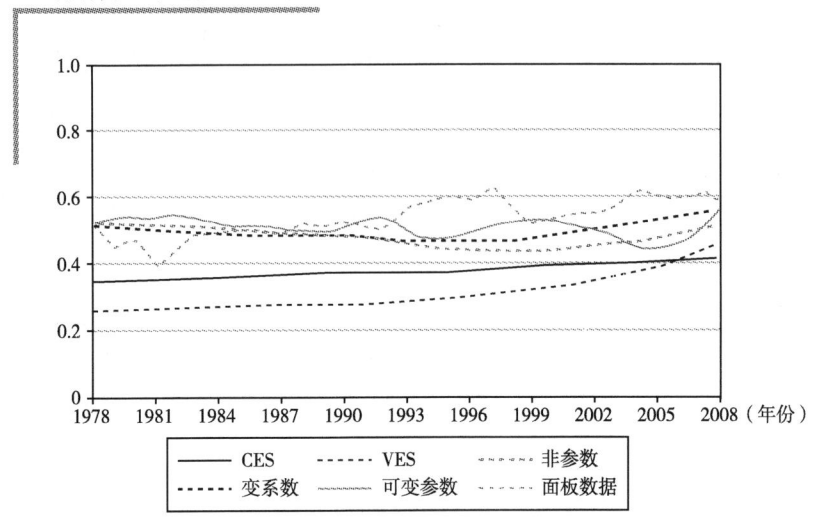

图 4-2 资本弹性估计结果

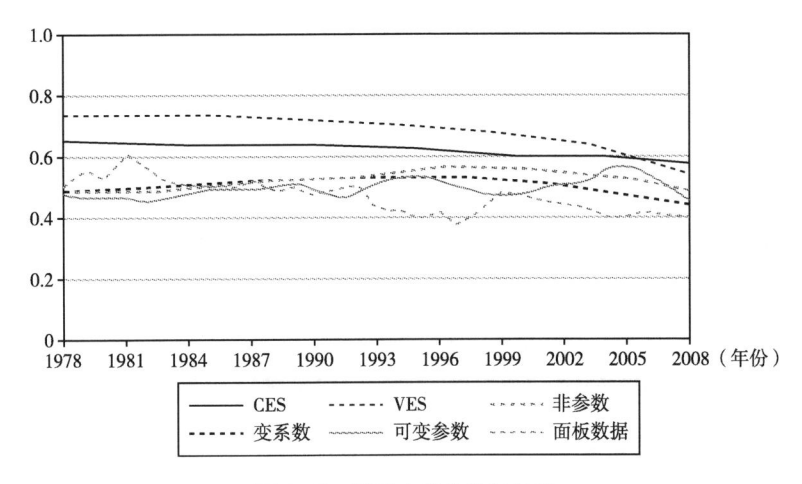

图 4-3 劳动力弹性估计结果

从表 4-4 至表 4-7、图 4-2 和图 4-3 可以看出，改革开放以来 CES 生产函数和 VES 生产函数估算的资本弹性都表现为不断

第四章 时变弹性生产函数模型统计学与经济学检验

上升趋势模型，VES 比 CES 上升速度更快；这是由于他们假定了产出弹性为对数劳资比和劳资比的线性函数，而这个假定经常是不合理的。为了客观真实地反映不同时期资本和劳动收入份额的变化，非常有必要研究产出弹性可变的时变弹性生产函数模型。

利用非参数生产函数模型、变系数生产函数模型、可变参数生产函数模型和面板数据生产函数模型估计得到的资本产出弹性在 1978~2008 年表现出大致相同的趋势：第一，1979~1995 年，资本产出弹性缓慢波动中略有减小；第二，1995~2008 年，资本产出弹性波动有增大的趋势。劳动力产出弹性刚好表现相反的趋势。

根据 CES 生产函数估计结果，有 $\delta_1 = 0.4013$，$\rho = -0.1204$，替代弹性 $\sigma = 1/(1+\rho) = 1.1368$ 接近于 1；拟合优度等于 0.998518，残差平方和等于 0.018614，对数似然函数值等于 70.98901。F 检验 $F = 0.24 < F(1,27) = 4.21$；似然比检验 $LR = 0.27 < \chi^2(1) = 3.84$。F 检验和 LR 似然比检验都无法拒绝原假设，结论是接受 Cobb-Douglas 生产函数。

根据 VES 生产函数估计结果，有其中 $c = 3.0199$，$b = 0.65093$；拟合优度等于 0.998629，残差平方和等于 0.017228，对数似然函数值等于 72.18852。F 检验 $F = 2.44 < F(1,27) = 4.21$；似然比检验 $LR = 2.67 < \chi^2(1) = 3.84$。F 检验和 LR 似然比检验都无法拒绝原假设，结论是接受 Cobb-Douglas 生产函数。

利用似不相关回归（Cross-section weights）广义最小二乘方法得到面板数据生产函数模型的估计结果。第三章原假设 H_5、H_6、H_7、H_8 成立时的回归误差总和 S5、S6、S7、S8 分别为 99.17，97.93，95.79，91.96。给定显著性水平 0.05，$F5 = 1.11 < F(59, 836) = 1.34$，$F6 = 0.60 < F(90, 836) = 1.27$，$F7 = 1.12 < F(31, 836) = 1.47$；F 检验结果无法拒绝原假设，结论是接受 Cobb-Douglas 生产函数。

利用卡尔曼滤波方法得到可变参数生产函数的估计结果。受约束条件下 Cobb-Douglas 的生产函数估计得到对数似然函数值为

70.85487，可变参数生产函数对数似然函数值为 80.10534，似然比统计量 LR = 18.5 < $\chi^2_{0.05}(30) = 43.8$；LR 检验结果表明无法拒绝原假设，结论是接受 Cobb-Douglas 生产函数。

采用 Fan 和 Huang（2005）提出的 Profile 估计方法，选取高斯核函数，根据 Silverman 法选取窗框，利用局部线性估计方法估计得到变系数生产函数模型的估计结果（见表 4-7）。采用广义似然比方法，检验变系数生产函数模型的统计学显著性。Cobb-Douglas 生产函数模型残差平方和 RSS_0 为 0.018776，变系数生产函数模型残差平方和 RSS_1 为 0.014114，广义似然比统计量 GLR = 4.4239。计算得到 $r_K = 2.5375$，$c_K = 0.7737$，$|\Omega| = 30$，$P = 1$，$h = 4.0506$；$r_K GLR = 11.23 < \chi^2_{0.05}(u_n) = \chi^2_{0.05}(14.54) = 24.5$，$r_K GLR = 12.23 < \chi^2_{0.05}(u_n + 2p) = \chi^2_{0.05}(16.54) = 27$。基于 χ^2 分布广义似然比方法无法拒绝原假设，结论是接受 Cobb-Douglas 生产函数。考虑到时间序列数据通常为有限样本，渐近分布结果不一定能给出一个好的近似。通过非参数条件自助法（Conditional Bootstrap），经过 1 000 次模拟计算得到统计量 GLR 的伴随概率 P 值为 0.65。基于非参数条件自助法的广义似然比检验也无法拒绝产出弹性固定不变的 Cobb-Douglas 生产函数模型。

利用局部线性估计方法估计得到非参数生产函数模型的估计结果。通过非参数条件自助法，经过 1 000 次模拟计算得到统计量 GLR 的伴随概率 P 值为 0。非参数生产函数模型无法拒绝产出弹性固定不变的 Cobb-Douglas 生产函数模型。

以上研究表明，结构稳定性 Chow 检验和非参数生产函数模型 GLR 检验都拒绝产出弹性固定不变的 Cobb-Douglas 生产函数；CES 生产函数模型、VES 生产函数模型变系数生产函数模型、可变参数生产函数模型和面板数据生产函数模型都无法拒绝产出弹性固定不变的 Cobb-Douglas 生产函数。

下面进一步利用均方误差 MSE：

第四章 时变弹性生产函数模型统计学与经济学检验

$$\text{MSE}(X) = \sqrt{\frac{1}{n}\sum_{t=1}^{n}(X_t - \hat{X_t})^2}$$

比较生产函数模型的拟合效果（见表4-8）。

表4-8　　　　　生产函数模型拟合效果 MSE 比较

变量	Cobb-Douglas	CES	VES	非参数	变系数	可变参数
Y	565	548	454	365	307	359
Ln（Y）	0.0246	0.0245	0.0236	0.0221	0.0213	0.0212

由表4-8可以看出，CES生产函数模型和VES生产函数模型拟合效果略优于Cobb-Douglas模型，而非参数生产函数模型、变系数生产函数模型和可变参数生产函数模型的拟合效果则优于Cobb-Douglas生产函数，且优于CES生产函数模型和VES生产函数模型，这反映了时变弹性生产函数的优越性。其中可变参数生产函数模型和变系数生产函数模型的拟合效果最佳。

由图4-2和图4-3可知，非参数、变系数、可变参数和面板数据生产函数模型具有比较一致的资本弹性和产出弹性估计结果，这也在一定程度上说明了不同时变弹性生产函数的模型稳健性。相对而言，变系数生产函数模型和可变参数生产函数模型，估计结果和非参数生产函数模型近似，具有最佳的拟合效果，而且沿用人们熟悉的Cobb-Douglas生产函数形式，拓展为变参数Cobb-Douglas生产函数，具有明确的数学表达式，符合经济学意义，较为合意的两个时变弹性生产函数模型。如果进一步考虑连续型数据可以进行求一阶导数甚至高阶导数，还可以进行更加复杂的数学变换；相对而言，变系数生产函数具有更加良好的数学性质。

进一步地，本书以变系数生产函数为例，从三个方面检验时变弹性生产函数模型的统计稳健性：局部线性估计方法与局部多项式估计方法、不同窗框数值以及不同技术水平代替指标。

由表4-9可知，局部线性估计方法与局部二项式估计方法具有一致的估计结果，这符合 Fan 和 Gijbels（1996）的理论分析；以 h = 5 为基准，小的窗框调整几乎不影响估计结果，更大幅度的窗框调整不改变资本产出弹性变化趋势，而且整体变化不大。以上检验结果说明了时变弹性生产函数模型的统计稳健性。

表 4-9　　估计方法、窗框选择与模型稳健性

年份	局部线性	局部二项式	h=3	h=3.5	h=4	h=4.5	h=5	h=6	h=7	h=8
1978	0.513	0.515	0.556	0.539	0.527	0.517	0.511	0.504	0.500	0.497
1979	0.509	0.513	0.555	0.537	0.523	0.514	0.508	0.501	0.497	0.493
1980	0.505	0.510	0.552	0.533	0.519	0.510	0.503	0.497	0.493	0.490
1981	0.501	0.505	0.548	0.529	0.515	0.506	0.499	0.493	0.490	0.487
1982	0.497	0.500	0.542	0.524	0.510	0.501	0.495	0.489	0.486	0.484
1983	0.493	0.495	0.536	0.519	0.506	0.497	0.492	0.486	0.483	0.481
1984	0.490	0.490	0.531	0.514	0.502	0.494	0.488	0.483	0.480	0.478
1985	0.486	0.487	0.527	0.510	0.499	0.490	0.485	0.479	0.477	0.475
1986	0.483	0.484	0.524	0.508	0.496	0.487	0.482	0.477	0.474	0.472
1987	0.481	0.482	0.523	0.506	0.493	0.485	0.479	0.474	0.472	0.470
1988	0.479	0.481	0.522	0.504	0.491	0.483	0.477	0.471	0.469	0.468
1989	0.476	0.480	0.522	0.503	0.490	0.481	0.475	0.469	0.467	0.466
1990	0.474	0.479	0.520	0.501	0.487	0.479	0.473	0.467	0.465	0.464
1991	0.472	0.477	0.516	0.498	0.485	0.476	0.471	0.465	0.463	0.462
1992	0.470	0.474	0.510	0.494	0.482	0.474	0.469	0.463	0.462	0.461
1993	0.468	0.472	0.503	0.489	0.479	0.471	0.467	0.462	0.460	0.460
1994	0.466	0.469	0.497	0.484	0.475	0.469	0.465	0.461	0.460	0.459
1995	0.465	0.467	0.493	0.481	0.473	0.467	0.464	0.460	0.459	0.459
1996	0.464	0.467	0.493	0.481	0.472	0.467	0.463	0.461	0.460	0.459
1997	0.465	0.467	0.496	0.482	0.473	0.468	0.465	0.462	0.461	0.460

第四章　时变弹性生产函数模型统计学与经济学检验

续表

年份	局部线性	局部二项式	h = 3	h = 3.5	h = 4	h = 4.5	h = 5	h = 6	h = 7	h = 8
1998	0.469	0.469	0.501	0.486	0.477	0.471	0.468	0.465	0.463	0.462
1999	0.474	0.473	0.506	0.492	0.483	0.476	0.473	0.469	0.467	0.464
2000	0.481	0.478	0.511	0.499	0.490	0.484	0.480	0.475	0.471	0.468
2001	0.490	0.484	0.517	0.507	0.499	0.493	0.488	0.482	0.477	0.472
2002	0.499	0.491	0.525	0.516	0.508	0.502	0.498	0.490	0.483	0.477
2003	0.508	0.500	0.534	0.525	0.518	0.512	0.507	0.499	0.490	0.482
2004	0.518	0.510	0.543	0.534	0.527	0.521	0.516	0.508	0.498	0.489
2005	0.527	0.522	0.553	0.544	0.536	0.531	0.526	0.517	0.506	0.495
2006	0.537	0.537	0.564	0.554	0.546	0.540	0.535	0.526	0.515	0.503
2007	0.547	0.554	0.578	0.566	0.557	0.551	0.545	0.535	0.523	0.510
2008	0.557	0.577	0.598	0.581	0.570	0.562	0.555	0.544	0.532	0.518

表 4 – 10　　技术水平指标选择与模型稳健性

年份	1	2	3	4	5	6	7
1978	0.9284	0.8032	0.5129	0.5061	0.5090	0.5527	0.5121
1979	0.9209	0.7973	0.5091	0.5024	0.5052	0.5472	0.5061
1980	0.9126	0.7911	0.5051	0.4984	0.5012	0.5416	0.5000
1981	0.9037	0.7845	0.5010	0.4944	0.4970	0.5359	0.4940
1982	0.8945	0.7780	0.4969	0.4903	0.4929	0.5304	0.4882
1983	0.8851	0.7715	0.4930	0.4865	0.4890	0.5252	0.4827
1984	0.8757	0.7652	0.4895	0.4829	0.4854	0.5203	0.4776
1985	0.8665	0.7591	0.4862	0.4797	0.4821	0.5160	0.4731
1986	0.8575	0.7533	0.4834	0.4768	0.4791	0.5121	0.4691
1987	0.8486	0.7474	0.4808	0.4743	0.4764	0.5086	0.4655
1988	0.8398	0.7415	0.4785	0.4719	0.4740	0.5055	0.4622

续表

年份	1	2	3	4	5	6	7
1989	0.8310	0.7353	0.4763	0.4697	0.4717	0.5026	0.4593
1990	0.8219	0.7285	0.4742	0.4676	0.4695	0.4998	0.4565
1991	0.8125	0.7210	0.4720	0.4654	0.4672	0.4971	0.4537
1992	0.8026	0.7126	0.4699	0.4632	0.4650	0.4944	0.4510
1993	0.7924	0.7033	0.4678	0.4611	0.4627	0.4916	0.4484
1994	0.7820	0.6934	0.4659	0.4592	0.4607	0.4888	0.4458
1995	0.7720	0.6834	0.4646	0.4578	0.4592	0.4862	0.4436
1996	0.7632	0.6742	0.4642	0.4574	0.4587	0.4842	0.4420
1997	0.7568	0.6671	0.4654	0.4586	0.4597	0.4829	0.4413
1998	0.7537	0.6636	0.4685	0.4617	0.4627	0.4829	0.4419
1999	0.7545	0.6645	0.4738	0.4671	0.4679	0.4845	0.4438
2000	0.7589	0.6699	0.4810	0.4745	0.4753	0.4875	0.4469
2001	0.7657	0.6785	0.4897	0.4833	0.4841	0.4917	0.4509
2002	0.7732	0.6887	0.4990	0.4927	0.4936	0.4966	0.4554
2003	0.7803	0.6991	0.5084	0.5024	0.5034	0.5020	0.4601
2004	0.7866	0.7089	0.5178	0.5120	0.5131	0.5075	0.4648
2005	0.7922	0.7181	0.5272	0.5215	0.5228	0.5133	0.4697
2006	0.7971	0.7269	0.5367	0.5312	0.5326	0.5194	0.4748
2007	0.8017	0.7355	0.5466	0.5412	0.5428	0.5259	0.4803
2008	0.8061	0.7443	0.5570	0.5518	0.5536	0.5332	0.4864
MSE	0.0200	0.0188	0.0141	0.0141	0.0141	0.0139	0.0136

注：1~7分别表示技术水平替代指标个数。

由表4-10可知，依次逐步增加常数项、非国有经济比重、第三产业就业比重、城市化率、行政管理费比例、最终消费率、外贸依存度七个指标作为技术水体替代指标，模型均方误差不断减小、拟合优度不断增大。其中，选取前1~2个替代指标时，均方误差过大，而且资本弹性测算结果变化较大；选取前 3~5 个替代指标时，均方误差较小和资本产出弹性估计结果基本一致；尽管增加指标个数可以进一步降低均方误差、提高拟合优度，但是同时可能引起多重共线性等计量经济问题，影响估计结果的准确性。以上检验结果说明，不同技术水平替代指标可能导致测算估计结果出现差异，但是只要根据经济意义合理选取替代指标，时变弹性生产函数模型整体上还是稳健的。

值得一提的是，考虑到常数项是均值回归的特征虚拟变量，非国有经济比重可以代表经济制度改革程度，而第三产业就业比重可以代表经济结构和产业结构调整程度，以上三个指标组合测算结果，均方误差较小，并且资本产出弹性估计结果与更多指标测算结果基本一致，在本文研究过程中选择这三个指标组合作为技术水平替代指标。事实上，如何将技术要素引入生产函数模型，使得模型对于技术要素的描述更接近于现实，是迄今位置没有得到很好解决的一个难题（李子奈，2008），许冰（2010）在这方面做了非常有益的尝试。

第四节

经济学意义检验

尽管统计学检验无法拒绝原假设，但是并不表示原假设就是正确的，因为接受原假设往往意味着更大的第二类假设检验"取伪"错误。因此还需要进一步检验时变弹性生产函数的经济学意义。

时变弹性生产函数的经济学检验主要是检验产出弹性的经济意义是否合理。假设只有资本和劳动力两个生产要素，则在完全竞争和不变规模报酬假定条件下，资本和劳动力按照边际产出获得边际收入。因此，可以推导出资本产出弹性 $\alpha(t)$ 和劳动产出弹性 $\beta(t)$ 分别表示第 t 期初次分配中资本和劳动力的收入份额：

$$\alpha(t) = \partial lnY(t)/\partial lnK(t) = K(t) \cdot \partial Y(t)/\partial K(t)/Y(t)$$
$$= MPK(t) \cdot K(t)/Y(t)$$
$$\beta(t) = 1 - \alpha(t) = \partial lnY(t)/\partial lnL(t) = L(t) \cdot \partial Y(t)$$
$$/\partial L(t)/Y(t) = MPL(t) \cdot L(t)/Y(t)$$

因此，时变弹性生产函数的经济学检验主要是检验不同时期资本和劳动力时变产出弹性是否吻合资本和劳动力收入份额统计值（章上峰、许冰和顾文涛，2011）。

根据国民核算原理，收入法 GDP 由劳动者报酬、固定资产折旧、营业盈余和生产税净额四部分组成。劳动者报酬是雇员对企业提供劳动获得的工资和各种形式的报酬；固定资本折旧是生产中使用的房屋和设备在核算期内磨损的转移价值；营业盈余是企业从事经营活动所获得的利润；生产税净额是企业向政府支付的利润前的税金减政府对企业由于政策性的原因造成的亏损而给予的补贴。通常认为，劳动收入份额是指劳动者报酬占收入法 GDP 的比重，资本收入份额是指劳动者报酬之外其他收入占收入法 GDP 的比重。《中国国内生产总值核算资料：1978～1995》、《中国国内生产总值核算资料：1978～2004》以及历年《中国统计年鉴》详细提供了1978～2008 年分省份的收入法 GDP。利用省份收入法 GDP 加总可以分别计算得到全国资本收入份额和劳动收入份额统计值。

根据省份收入法加总 GDP 数据，我国资本收入份额从 1978 年的 0.5035 下降至 1995 年的 0.4856，再由 1995 年的 0.4856 上升至 2008 年的 0.6050；我国劳动收入份额从 1978 年的 0.4965 上升至 1995 年的 0.5144，再由 1996 年的 0.5144 下降至 2008 年的 0.3950。这说明在研究时期内，资本收入份额和劳动收入份额在不同时期是不断变化的，资本收入份额大致表现为先下降后上升的"U 形"变化趋势，劳动收入份额大致表现为先上升后下降的"倒 U 形"变化趋势。图 4-4 直观地对比了资本产出弹性和资本收入份额变化趋势，时变资本产出弹性吻合资本收入份额的"U 形"变化趋势；图 4-5 直观地对比了劳动产出弹性和劳动收入份额变化趋势，时变

第四章 时变弹性生产函数模型统计学与经济学检验

劳动产出弹性吻合劳动收入份额的"倒 U 形"变化趋势。资本和劳动力产出弹性在 1996 年出现转折,资本和劳动力收入份额在 1995 年出现转折,时变产出弹性对收入份额转折时期的刻画非常准确。这说明经济学检验拒绝产出弹性固定不变的 Cobb-Douglas 生产函数模型,时变弹性生产函数具有更加合理的经济学解释。

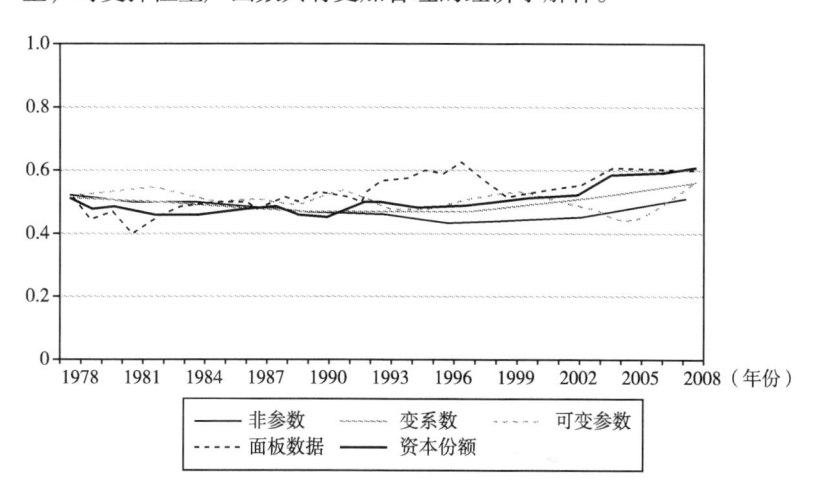

图 4-4 资本产出弹性与资本收入份额

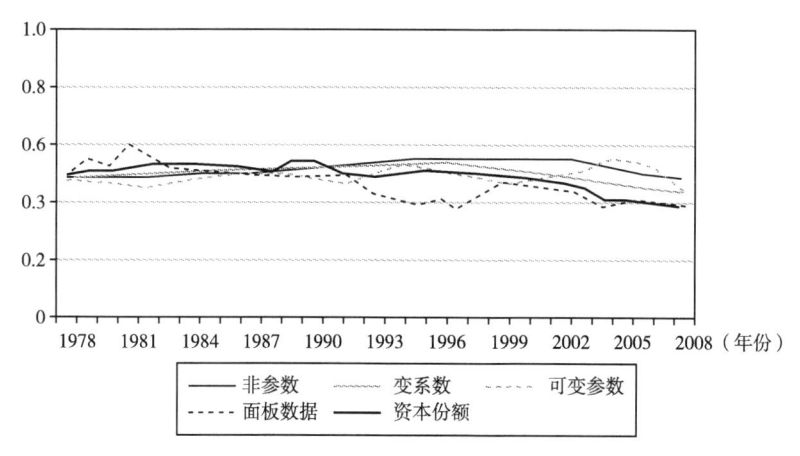

图 4-5 劳动产出弹性与劳动收入份额

第五节

结果分析

Cobb-Douglas 生产函数由于结构简单、经济意义明显且容易估计而受到广泛应用。但是，Cobb-Douglas 生产函数对应的产出弹性 α 和 β 值是固定常数，它们反映的只是整个研究时期的一个平均产出弹性水平，未能反映不同时期资本和劳动力的收入份额的变化。不变替代弹性生产函数、变替代弹性生产函数和超越对数生产函数都是可变弹性生产函数模型，是对不变弹性生产函数的有效改进；但是，他们同时引入新的假设，这些假设是非常严格的，也经常是不合理的。

非参数、变系数和可变参数和面板数据模型的假设条件和估计方法，并用以估计不同时期资本和劳动力产出弹性，说明了建立时变弹性生产函数模型的可行性。但是，如何验证时变弹性生产函数的客观准确性是有待解决的一个重要问题（章上峰和许冰，2009）。本章提出利用统计假设检验方法检验时变弹性生产函数的统计显著性，利用经济学意义原理检验时变弹性生产函数的经济学准确性。

统计显著性检验研究表明，结构稳定性 Chow 检验和非参数生产函数模型 GLR 检验都拒绝产出弹性固定不变的 Cobb-Douglas 生产函数；CES 生产函数模型、VES 生产函数模型变系数生产函数模型、可变参数生产函数模型和面板数据生产函数模型都无法拒绝产出弹性固定不变的 Cobb-Douglas 生产函数。值得注意的是，统计学检验无法拒绝原假设，但是并不表示原假设就是正确的，因为接受原假设往往意味着更大的第二类假设检验"取伪"错误。时变弹性生产函数的经济学检验主要是检验不同时期资本和劳动力时变产出弹性是否吻合资本和劳动收入份额实际统计值。估计结果表明经

第四章 时变弹性生产函数模型统计学与经济学检验

济学检验拒绝产出弹性固定不变的 Cobb-Douglas 生产函数模型，时变弹性生产函数具有更加合理的经济学解释。因此从统计学检验和经济学检验结果综合考虑，时变弹性生产函数模型是更加符合实际的生产函数模型。

四种时变弹性生产函数模型的构造机理不同，导致估计结果也不尽相同：

（1）一方面，面板数据生产函数模型假定所有省份在第 t 期的资本产出弹性 α_t 和劳动力产出弹性 β_t 都相同，这是一个比较严格的假设；另一方面由于全国和各省份之间统计口径的差异和重复计算等问题，可能出现各省份指标之和不等于全国的情况；此外，面板数据模型可能还存在个别年份数据短缺不齐的情况，以上原因影响可能到面板数据生产函数模型估计结果的正确性。

（2）非参数回归模型并不事先假定经济活动中变量之间的结构关系，而是通过估计获得这种结构关系。但是，多元非参数回归模型对样本量要求较高，而且非参数回归模型可能存在外延难、经济意义不明显的问题。非参数技术的目的是放松回归函数形式的限制，为确定或建议回归函数的参数表达式提供有用的工具。

（3）变系数生产函数模型和可变参数生产函数模型，估计结果和非参数生产函数模型近似，具有最佳的拟合效果，而且沿用人们熟悉的 Cobb-Douglas 生产函数形式，拓展为变参数 Cobb-Douglas 生产函数，具有明确的数学表达式，符合经济学意义。

从结构估计原理、统计学检验和经济学检验综合分析，变系数生产函数模型和可变参数生产函数模型是较为合意的两个时变弹性生产函数模型。如果进一步考虑连续型数据可以进行求一阶导数甚至高阶导数，还可以进行更加复杂的数学变换；相对而言，变系数生产函数具有更加良好的数学性质。局部线性估计方法与局部多项式估计方法、不同窗框数值以及不同技术水平代替指标估计结果都表明了时变弹性生产函数模型的统计稳健性。

第五章

时变弹性生产函数模型拓展思路与方法

第一节

因素导向时变弹性生产函数模型

Cobb-Douglas 生产函数表达式如下：

$$Y_t = A_t K_t^\alpha L_t^\beta \tag{5.1}$$

其中，Y_t、A_t、K_t 和 L_t 分别表示第 t 期的实际产出、技术水平、资本投入和劳动力投入。假设技术水平由一组可控制变量 Z 的指数线性组合表示，对式（5.1）两边取自然对数，得 Cobb-Douglas 生产函数模型的计量模型为：

$$\ln Y_t = \sum_{i=1}^{m} \gamma_i Z_{it} + + \alpha \ln K_t + \beta \ln L_t + \varepsilon_t \tag{5.2}$$

将 Cobb-Douglas 生产函数（5.2）记为基准模型（Benchmark Model），考虑因素导向型参数 $\alpha(F_t)$ 和 $\beta(F_t)$，$\alpha(F_t)$ 和 $\beta(F_t)$ 分别表示资本和劳动的产出弹性系数关于因素 F 的非参数函数：

第五章 时变弹性生产函数模型拓展思路与方法

$$\ln Y_t = \sum_{j=1}^{m} \gamma_j Z_{jt} + \alpha(F_t)\ln K_t + \beta(F_t)\ln L_t + \varepsilon_t \quad (5.3)$$

因素 F 通过非线性转换机制影响产出弹性,如果因素 F 由时间 t 表示,则模型 (5.3) 即为时变弹性生产函数模型。

变系数生产函数式 (5.3) 是一个典型的半参数变系数回归模型,根据观测到的数据估计不同模型设定下的弹性系数函数 $\alpha(F_t)$ 和 $\beta(F_t)$,假设弹性系数函数 $\alpha(F_t)$ 和 $\beta(F_t)$ 满足二阶连续可导,局部多项式估计方法可以获得参数估计值并且具有较好的性质 (Fan 和 Gijbels, 1996)。模型 (5.3) 中弹性系数函数是否真正随时间变化的假设检验问题,基于检验假设:H_0:$\alpha(*) = \alpha$,$\beta(*) = \beta$。如果原假设 H_0 成立,则模型 (5.3) 退化为基准模型 (5.2),否则为因素 F_t 导向的可变弹性系数生产函数,这是一个非参数假设检验问题,可以采用广义似然比检验 (GLR) 方法来检验。假设规模报酬不变 $\alpha + \beta = 1$,Cobb-Douglas 生产函数计量模型进一步简化为:

$$\ln(Y_t/L_t) = \sum_{i=1}^{m} \gamma_i Z_{it} + \alpha \ln(K_t/L_t) + \varepsilon_t \quad (5.4)$$

规模报酬不变下变系数生产函数计量模型进一步简化为:

$$\ln(Y_t/L_t) = \sum_{j=1}^{m} \gamma_j Z_{jt} + \alpha(F_t)\ln(K_t/L_t) + \varepsilon_t \quad (5.5)$$

对于变系数生产函数模型 (5.5) 来说,一般情况下,资本产出弹性 $\alpha = \alpha(F_t)$,劳动产出弹性 $\beta = 1 - \alpha$。但是,特殊地,如果因素 F_t 导向由 $\ln(K_t/L_t)$ 表示,变系数生产函数模型成为:

$$\ln(Y_t/L_t) = \sum_{j=1}^{m} \gamma_j Z_{jt} + \alpha(\ln(K_t/L_t))\ln(K_t/L_t) + \varepsilon_t \quad (5.6)$$

资本产出弹性可以表示为 $\alpha = \alpha + \alpha' \cdot \ln(K_t/L_t)$,劳动产出弹性 $\beta = 1 - \alpha$。如果 $\alpha = \beta_K + \beta_{KK} \cdot \ln(K_t/L_t)$,则变系数生产函数就

退化为不变规模报酬 CES 生产函数,如果 $\alpha = \beta_K$,则退化为 Cobb-Douglas 生产函数。

第二节

CES 生产函数模型拓展

当假定规模报酬不变 $m = 1$ 时,不变替代弹性生产函数计量模型就转化为成:

$$\ln(Y/L) = \ln A + \delta_1 \ln(K/L) - 1/2\rho\delta_1(1 - \delta_1)\ln^2(K/L) + \varepsilon \tag{5.7}$$

资本弹性产出弹性:

$$\alpha = \partial \ln Y / \partial \ln K = \partial \ln(Y/L) / \partial \ln(K/L) = \delta_1 - \rho\delta_1(1 - \delta_1)\ln(K/L)$$

劳动力产出弹性:

$$\beta = \partial \ln Y / \partial \ln L = 1 - \alpha = 1 - \delta_1 + \rho\delta_1(1 - \delta_1)\ln(K/L)$$

假设技术水平由控制变量 Z 的指数线性组合表示,CES 生产函数模型成为:

$$\ln(Y/L) = \sum_{i=1}^{m} \gamma_i Z_{it} + \alpha_1 \ln(K/L) + \alpha_2 \ln^2(K/L) + \varepsilon \tag{5.8}$$

其中,$\delta_1 = \alpha_1$,$\rho = -2\alpha_2 / [\alpha_1(1 - \alpha_1)]$。资本产出弹性 $\alpha = \alpha_1 + 2\alpha_2 \ln(K/L)$;劳动力产出弹性 $\beta = 1 - \alpha$。仿效时变弹性生产函数模型对 Cobb-Douglas 生产函数模型的拓展思路,假设 CES 生产函数模型(5.8)中,α_1 和 α_2 在不同时期不是固定不变的常数,而是随时间变化而变化的变参数,从而得到 CES 生产函数拓展模型如下:

$$\ln(Y/L) = \sum_{i=1}^{m} \gamma_i Z_{it} + \alpha_{1t}\ln(K/L) + \alpha_{2t}\ln^2(K/L) + \varepsilon \tag{5.9}$$

其中，$\delta_1 = \alpha_{1t}, \rho = -2\alpha_{2t}/[\alpha_{1t}(1-\alpha_{1t})]$。资本产出弹性 $\alpha_t = \alpha_{1t} + 2\alpha_{2t}\ln(K/L)$；劳动力产出弹性 $\beta_t = 1 - \alpha_t$。

如果将 α_{1t} 和 α_{2t} 看成时间 t 的非参数函数，得到变系数 CES 生产函数模型：

$$\ln(Y/L) = \sum_{i=1}^{m} \gamma_i Z_{it} + \alpha_1(t)\ln(K/L) + \alpha_2(t)\ln^2(K/L) + \varepsilon \tag{5.10}$$

利用局部多项式估计方法可以获得参数估计值并且具有较好的性质。

如果将 α_{1t} 和 α_{2t} 看成时间 $\alpha_{1,t-1}$ 和 $\alpha_{2,t-1}$ 的自回归过程，得到 CES 生产函数的可变参数状态空间模型：

$$\alpha_{1t} = \Phi_t \alpha_{1t} + \varepsilon_{1t}, \quad \alpha_{2t} = \Phi_t \alpha_{2t} + \varepsilon_{2t} \tag{5.11}$$

可以利用卡尔曼滤波推导状态向量的最佳估计值。

第三节

VES 生产函数模型拓展

当假定规模报酬不变 m = 1 时，变替代弹性生产函数模型就退化成：

$$\ln(Y/L) = \ln A + \frac{1}{1+c}\ln(K/L) + \frac{bc}{(1+c)^2}K/L + \varepsilon \tag{5.12}$$

资本弹性产出弹性：

$$\alpha = \partial \ln Y / \partial \ln K = \partial \ln(Y/L)/\partial \ln(K/L) = \frac{1}{1+c} + \frac{bc}{(1+c)^2} K/L$$

劳动力产出弹性：

$$\beta = \partial \ln Y / \partial \ln L = 1 - \alpha = \frac{c}{1+c} - \frac{bc}{(1+c)^2} K/L$$

假设技术水平由控制变量 Z 的指数线性组合表示，VES 生产函数模型成为：

$$\ln(Y/L) = \sum_{i=1}^{m} \gamma_i Z_{it} + \alpha_1 \ln(K/L) + \alpha_2 K/L + \varepsilon \quad (5.13)$$

其中，$c = 1/\alpha_1 - 1$，$b = \alpha_2/[\alpha_1(1-\alpha_1)]$，替代弹性 $\sigma = 1 + b \cdot K/L$。资本产出弹性 $\alpha = \alpha_1 + \alpha_2 K/L$；劳动力产出弹性 $\beta = 1 - \alpha$。仿效时变弹性生产函数模型对 Cobb-Douglas 生产函数模型的拓展思路，假设 VES 生产函数模型（5.13）中，α_1 和 α_2 在不同时期不是固定不变的常数，而是随时间变化而变化的变参数，从而得到 VES 生产函数拓展模型如下：

$$\ln(Y/L) = \sum_{i=1}^{m} \gamma_i Z_{it} + \alpha_{1t} \ln(K/L) + \alpha_{2t} \cdot K/L + \varepsilon \quad (5.14)$$

其中，$c_t = 1/\alpha_{1t} - 1$，$b_t = \alpha_{2t}/[\alpha_{1t}(1-\alpha_{1t})]$，替代弹性 $\sigma_t = 1 + b_t \cdot K/L$。资本产出弹性 $\alpha_t = \alpha_{1t} + \alpha_{2t} K/L$；劳动力产出弹性 $\beta_t = 1 - \alpha_t$。如果将 α_{1t} 和 α_{2t} 看成时间 t 的非参数光滑函数，得到变系数 VES 生产函数模型：

$$\ln(Y/L) = \sum_{i=1}^{m} \gamma_i Z_{it} + \alpha_1(t) \ln(K/L) + \alpha_2(t) K/L + \varepsilon \quad (5.15)$$

利用局部多项式估计方法可以获得参数估计值并且具有较好的性质。

如果将 α_{1t} 和 α_{2t} 看成时间 $\alpha_{1,t-1}$ 和 $\alpha_{2,t-1}$ 的自回归过程，得到 VES 生产函数的可变参数状态空间模型：

$$\alpha_{1t} = \Phi_t \alpha_{1t} + \varepsilon_{1t}, \quad \alpha_{2t} = \Phi_t \alpha_{2t} + \varepsilon_{2t} \qquad (5.16)$$

可以利用卡尔曼滤波推导状态向量的最佳估计值。

第四节

内生增长时变弹性生产函数模型

索洛（Solow，1956）为代表的新古典经济增长模型强调资本积累在经济增长中的作用；该模型最大的贡献在于，它指明了经济增长不仅取决于资本和劳动要素的投入，还取决于技术变化因素。在完全信息和不变规模报酬假设下，要素报酬递减，经济增长难以持续。随后一些经济学家改进了索洛增长模型，突破了新古典经济增长理论的研究框架；阿罗（Arrow，1962）提出一个"知识积累的内生理论"，并以此解释技术进步现象。宇泽弘文（Uzawa，1965）提出的两部门模型，通过假定经济中存在一个生产人力资本的教育部门，从而将索洛模型中的外生技术进步内生化。罗默（Romer，1986）将知识作为一个独立要素引入生产函数，并且认为知识积累是经济增长的主要源泉，罗默（1990）则进一步提出了更加完善的新模型"内生技术进步模型"。卢卡斯（Lucas，1988）则把人力资本因素引入经济增长模型，他认为人力资本积累是经济得以持续增长的关键因素和经济发展的真正源泉，并使之内生化。卢卡斯由于人力资本外部性的存在，将导致物质资本比人力资本更快地的增长。曼昆、罗默和韦尔（Mamkiw，Romer 和 Weil，1992）认为在解释跨国储蓄率和人口增长率的条件下，通过引入人力资本因素对索罗模型进行扩展。

我们采用卢卡斯人力资本外部性模型，$h(t)$ 表示人均受教育年限，人力资本存量 H 用 $h(t)L(t)$ 来核算。人力资本内生的经济增长模型：

$$Y_t = AK_t^\alpha H_t^{1-\alpha} h_t^\lambda \qquad (5.17)$$

假定技术水平 A 由一组可控制变量的指数线性组合表示，两边取对数、添加误差项，人力资本内生的经济增长计量模型为：

$$\ln(Y_t/H_t) = \sum_{i=1}^m \gamma_i Z_{it} + \lambda \ln h_t + \alpha \ln(K_t/H_t) + \varepsilon_t \quad (5.18)$$

该情况下，资本和劳动力的产出弹性不是固定常数，在不同时期可以有不同的数值。变系数 α_t 和 β_t 是随时间变化的，描述在不同时期有不同的资本产出弹性 α_t 和劳动力产出弹性 β_t，体现了资本和劳动力对经济增长影响关系的改变，刻画弹性系数在不同时间的变化情况。如果将资本产出弹性看作时间 t 的非参数光滑函数 $\alpha(t)$，可得变系数内生生产函数模型：

$$\ln(Y_t/H_t) = \sum_{i=1}^m \gamma_i Z_{it} + \lambda \ln h_t + \alpha(t) \ln(K_t/H_t) + \varepsilon_t$$
$$(5.19)$$

由于资本产出弹性 α_t 不能直接观测，因此可以考虑将其作为隐性变量应用可变参数状态空间模型进行测算，构造资本产出弹性时变的可变参数内生生产函数模型：

$$\ln(Y_t/H_t) = \sum_{i=1}^m \gamma_i Z_{it} + \lambda \ln h_t + \alpha_t \ln(K_t/H_t) + \varepsilon_t \quad (5.20)$$

变参数 α_t 由 AR(1) 描述：

$$\alpha_t = \varphi_1 \alpha_{t-1} + \varepsilon_{1t} \qquad (5.21)$$

资本弹性 α_t，劳动力弹性 $\beta_t = 1 - \alpha_t$。

第五节

可变规模报酬时变弹性生产函数模型

如果假定基本生产函数模型服从 Cobb-Douglas 形式,但与 Cobb-Douglas 生产函数不同的是,资本和劳动力的产出弹性不是固定常数,而是某个特定变量的非参数光滑函数,在不同时期可以有不同的数值。变系数 α_t 和 β_t 是随时间变化的,描述在不同时期有不同的资本产出弹性 α_t 和劳动力产出弹性 β_t,体现了资本和劳动力对经济增长影响关系的改变,刻画弹性系数在不同时间的变化情况。

假定技术水平由一组可控制变量的指数线性组合表示,如果将本和劳动力的产出弹性看作时间 t 的非参数光滑函数 $\alpha(t)$ 和 $\beta(t)$,可得变系数生产函数模型:

$$\ln Y_t = \sum_{i=1}^{m} \gamma_i Z_{it} + \alpha(t)\ln K_t + \beta(t)\ln L_t + \varepsilon_t \quad (5.22)$$

资本弹性 $\alpha(t)$,劳动力弹性 $\beta(t)$,规模报酬为 $\alpha(t) + \beta(t)$。利用局部多项式估计方法可以获得参数估计值并且具有较好的性质。

由于资本和劳动力的产出弹性 α_t 和 β_t 不能直接观测,因此可以考虑将其作为隐性变量应用可变参数状态空间模型进行测算,构造资本和劳动力的产出弹性时变的可变参数生产函数模型如下:

$$\ln Y_t = \sum_{i=1}^{m} \gamma_i Z_{it} + \alpha_t \ln K_t + \beta_t \ln L_t + \varepsilon_t \quad (5.23)$$

变参数 α_t 和 β_t 由 AR(1) 描述:

$$\alpha_t = \varphi_1 \alpha_{t-1} + \varepsilon_{1t} \quad \beta_t = \varphi_2 \beta_{t-1} + \varepsilon_{2t} \qquad (5.24)$$

资本弹性 α_t，劳动力弹性 β_t，规模报酬为 $\alpha_t + \beta_t$。可以利用卡尔曼滤波推导状态向量的最佳估计值。

第六节

面板数据生产函数模型拓展

章上峰和许冰（2009）用变系数面板数据模型估计我国不同时期资本和劳动力的时变产出弹性。假定技术水平由一组可控制变量的指数线性组合表示，资本和劳动力的产出弹性时变的面板数据生产函数模型为：

$$\ln Y_{it} = C + C_t + \sum_{i=1}^{m} \beta_j X_{jit} + \alpha_t \ln K_{it} + \beta_t \ln L_{it} + u_{it} \qquad (5.25)$$

资本弹性 α_t，劳动力弹性 β_t，规模报酬为 $\alpha_t + \beta_t$。

当假定规模报酬不变时，变系数面板数据生产函数模型如下：

$$\ln(Y_{it}/L_{it}) = C + C_t + \sum_{i=1}^{m} \beta_j X_{jit} + \alpha_t \ln(K_{it}/L_{it}) + u_{it} \qquad (5.26)$$

不变规模报酬 CES 生产函数模型为：

$$\begin{aligned}\ln(Y_{it}/L_{it}) = {}& C + C_t + \sum_{i=1}^{m} \beta_j X_{jit} + \alpha_1 \ln(K_{it}/L_{it}) \\ & + \alpha_2 \ln^2(K_{it}/L_{it}) + u_{it}\end{aligned} \qquad (5.27)$$

其中，α_1 和 α_2 不是常数，而是随时间变化的变参数，得到不变规模报酬 CES 生产函数拓展模型如下：

$$\begin{aligned}\ln(Y_{it}/L_{it}) = {}& C + C_t + \sum_{i=1}^{m} \beta_j X_{jit} + \alpha_{1t} \ln(K_{it}/L_{it}) \\ & + \alpha_{2t} \ln^2(K_{it}/L_{it}) + u_{it}\end{aligned} \qquad (5.28)$$

资本弹性为 $\alpha_{1t} + 2\alpha_{2t}\ln(K_{it}/L_{it})$。

不变规模报酬 VES 生产函数模型为：

$$\ln(Y_{it}/L_{it}) = C + C_t + \sum_{i=1}^{m}\beta_j X_{jit} + \alpha_1\ln(K_{it}/L_{it}) + \alpha_2 K_{it}/L_{it} + u_{it}$$

(5.29)

其中，α_1 和 α_2 不是常数，而是随时间变化的变参数，得到不变规模报酬 VES 生产函数拓展模型如下：

$$\ln(Y_{it}/L_{it}) = C + C_t + \sum_{i=1}^{m}\beta_j X_{jit} + \alpha_{1t}\ln(K_{it}/L_{it}) + \alpha_{2t} K_{it}/L_{it} + u_{it}$$

(5.30)

资本弹性为 $\alpha_{1t} + \alpha_{2t} K_{it}/L_{it}$。

人力资本内生的经济增长计量模型为：

$$\ln(Y_{it}/H_{it}) = C + C_t + \sum_{i=1}^{m}\beta_j X_{jit} + \lambda h_{it} + \alpha\ln(K_{it}/H_{it}) + u_{it}$$

(5.31)

产出弹性时变的变系数面板数据生产函数模型如下：

$$\ln(Y_{it}/H_{it}) = C + C_t + \sum_{i=1}^{m}\beta_j X_{jit} + \lambda h_{it} + \alpha_t\ln(K_{it}/H_{it}) + u_{it}$$

(5.32)

第七节

实证结果

数据说明如下：国内生产总值 Y（单位：亿元）：用以 1952 年为基期的实际国内生产总值表示。资本存量 K（单位：亿元）：

时变弹性生产函数模型研究

1952年基期资本存量采纳张军（2004）的估算结果为807亿元，经济折旧率采纳张军（2004）方法取9.6%，法定残值率参考黄勇峰等的研究取4%，以年初（上年年底）资本存量和年末资本存量的简单算术平均作为资本投入量，得到1953~2008年以1952年价格计算的我国固定资本存量投入量。劳动力投入L（单位：万人）：以年初（上年年底）和年底就业人员数的平均值表示。以上数据来自《中国统计年鉴（2009）》、《中国国内生产总值核算历史资料》和《新中国五十五年统计资料汇编》。技术水平由五个指标表示：常数项Z_1，市场化程度Z_2（以非国有经济在工业总产值中的比重近似替）和经济结构Z_3（第三产业劳动力投入占比表示），以上数据借鉴王小鲁、樊纲和刘鹏（2009）。因素导向影响因素如下：（1）人力资本（X_1），由劳动者平均受教育年限表示；（2）科技发展（X_2），由科技资本存量与GDP之比表示；（3）外资发展（X_3），由外资资本存量与GDP之比表示；（4）市场化（X_4），由非国有经济在工业总产值中的比重表示；（5）城市化（X_5），由城镇人口比重表示；（6）行政管理成本（X_6），由行政管理费与GDP比值表示；（7）最终消费率（X_7），由支出法居民消费比重表示；（8）国际化（X_8），由进出口总额和GDP比值表示；（9）第三产业结构（X_9），由第三产业就业人员数比重表示；（10）资本深化（X_{10}），由对数资本劳动比表示。劳动者平均受教育年限根据王金营（2001）研究推算得到，其余数据借鉴王小鲁、樊纲和刘鹏（2009），根据历年《中国统计年鉴》和《新中国五十五年统计资料汇编（1949~2004）》。

分别以X_1~X_{10}作为导向因素，利用局部线性估计方法获得变系数生产函数模型的参数估计值，分别如表5-1所示。实证研究结果显示，所有导向因素估计的资本弹性先降后升的变化趋势大致相同；人力资本，城市化，国际化和资本深化导向的估计数值和时变弹性生产函数估计结果大致相同。广义似然比检验结果表明，除模型（5.6）外，所有因素导向变系数生产函数模型都无法拒绝原假设。

第五章 时变弹性生产函数模型拓展思路与方法

表5-1　　　　变系数生产函数资本弹性估计结果

年份	X_1	X_2	X_3	X_4	X_5	X_6	X_7	X_8	X_9	X_{10}	T
1978	0.495	0.804	0.429	0.629	0.551	0.361	0.396	0.502	0.656	0.501	0.513
1979	0.493	0.811	0.428	0.632	0.544	0.360	0.396	0.499	0.647	0.497	0.509
1980	0.489	0.811	0.425	0.623	0.542	0.359	0.394	0.496	0.643	0.493	0.505
1981	0.485	0.813	0.420	0.619	0.537	0.359	0.395	0.491	0.638	0.491	0.501
1982	0.481	0.800	0.414	0.617	0.532	0.357	0.394	0.492	0.637	0.488	0.497
1983	0.477	0.788	0.409	0.614	0.529	0.350	0.394	0.492	0.633	0.485	0.493
1984	0.474	0.772	0.407	0.600	0.520	0.348	0.394	0.488	0.621	0.481	0.490
1985	0.472	0.760	0.404	0.588	0.516	0.359	0.394	0.477	0.609	0.477	0.486
1986	0.469	0.757	0.400	0.581	0.511	0.354	0.395	0.474	0.603	0.472	0.483
1987	0.466	0.750	0.397	0.574	0.507	0.358	0.397	0.474	0.599	0.466	0.481
1988	0.464	0.743	0.395	0.567	0.504	0.359	0.396	0.474	0.594	0.460	0.479
1989	0.463	0.742	0.393	0.566	0.502	0.357	0.396	0.475	0.591	0.456	0.476
1990	0.462	0.739	0.393	0.562	0.501	0.354	0.397	0.469	0.590	0.458	0.474
1991	0.461	0.731	0.393	0.566	0.499	0.356	0.397	0.465	0.588	0.459	0.472
1992	0.461	0.713	0.393	0.562	0.496	0.356	0.396	0.464	0.583	0.453	0.470
1993	0.460	0.693	0.395	0.558	0.494	0.358	0.381	0.466	0.574	0.446	0.468
1994	0.460	0.675	0.404	0.554	0.493	0.358	0.372	0.449	0.567	0.438	0.466
1995	0.460	0.667	0.422	0.553	0.492	0.359	0.371	0.455	0.564	0.431	0.465
1996	0.460	0.662	0.446	0.553	0.490	0.359	0.380	0.464	0.567	0.424	0.464
1997	0.460	0.660	0.464	0.554	0.492	0.359	0.378	0.466	0.571	0.419	0.465
1998	0.461	0.660	0.477	0.559	0.498	0.356	0.383	0.467	0.573	0.416	0.469
1999	0.464	0.663	0.475	0.560	0.504	0.351	0.393	0.464	0.575	0.413	0.474
2000	0.478	0.670	0.463	0.563	0.512	0.345	0.396	0.453	0.578	0.411	0.481
2001	0.498	0.678	0.451	0.571	0.520	0.334	0.394	0.455	0.582	0.410	0.490
2002	0.501	0.688	0.444	0.583	0.527	0.431	0.383	0.449	0.588	0.410	0.499
2003	0.512	0.698	0.439	0.593	0.535	0.437	0.361	0.494	0.596	0.419	0.508

时变弹性生产函数模型研究

续表

年份	X_1	X_2	X_3	X_4	X_5	X_6	X_7	X_8	X_9	X_{10}	T
2004	0.525	0.711	0.437	0.601	0.542	0.438	0.408	0.536	0.608	0.441	0.518
2005	0.504	0.723	0.437	0.606	0.549	0.453	0.457	0.550	0.620	0.467	0.527
2006	0.509	0.733	0.435	0.612	0.555	0.458	0.486	0.553	0.630	0.494	0.537
2007	0.517	0.739	0.433	0.616	0.563	0.446	0.505	0.552	0.635	0.537	0.547
2008	0.528	0.742	0.432	0.614	0.570	0.488	0.518	0.536	0.641	0.570	0.557
均值	0.481	0.729	0.424	0.585	0.520	0.377	0.403	0.485	0.603	0.461	0.492
P值	0.668	0.487	0.556	0.682	0.695	0.767	0.595	0.670	0.660	0.030	0.650

CES 生产函数拓展模型、VES 生产函数拓展模型、内生时变弹性生产函数模型和可变规模报酬时变弹性生产函数模型的估计结果如表 5-2 所示。估计结果表明，所有生产函数模型估计得到的资本产出弹性都是时变的；CES 生产函数拓展模型资本弹性大致表现为先升后降再升的变化趋势，VES 生产函数拓展模型资本弹性估计结果不甚合理，生时变弹性生产函数模型资本弹性变化较小；可变规模报酬时变弹性生产函数模型估计结果表明，规模报酬附近接近于 1，在 0.9~1.0 之间，这个估计结果表明不变规模报酬模型的假设是基本可靠的。

表 5-2　　　　　　　　生产函数估计结果

年份	可变参数生产函数 (资本弹性)			变系数生产函数 (资本弹性)			可变规模报酬 可变参数生产函数			可变规模报酬 变系数生产函数		
	CES	VES	内生	CES	VES	内生	资本	劳动	规模	资本	劳动	规模
1978	0.711	0.489	0.440	0.234	0.643	0.528	0.396	0.481	0.877	0.378	0.582	0.960
1979	0.709	0.484	0.440	0.421	0.707	0.526	0.604	0.309	0.913	0.373	0.586	0.959
1980	0.715	0.479	0.441	0.567	0.748	0.523	0.554	0.351	0.904	0.368	0.591	0.958
1981	0.659	0.418	0.444	0.668	0.777	0.521	0.460	0.427	0.888	0.370	0.589	0.959
1982	0.572	0.339	0.444	0.733	0.799	0.519	0.574	0.335	0.908	0.363	0.595	0.958

第五章 时变弹性生产函数模型拓展思路与方法

续表

年份	可变参数生产函数（资本弹性）			变系数生产函数（资本弹性）			可变规模报酬可变参数生产函数			可变规模报酬变系数生产函数		
	CES	VES	内生	CES	VES	内生	资本	劳动	规模	资本	劳动	规模
1983	0.658	0.394	0.442	0.764	0.809	0.517	0.694	0.237	0.930	0.351	0.607	0.957
1984	0.758	0.465	0.441	0.772	0.806	0.515	0.756	0.185	0.941	0.349	0.609	0.957
1985	0.837	0.540	0.439	0.763	0.787	0.514	0.732	0.205	0.937	0.370	0.589	0.959
1986	0.821	0.554	0.439	0.742	0.747	0.512	0.669	0.257	0.926	0.355	0.602	0.958
1987	0.750	0.513	0.439	0.714	0.683	0.511	0.677	0.250	0.928	0.366	0.592	0.958
1988	0.741	0.533	0.438	0.682	0.597	0.510	0.673	0.254	0.927	0.368	0.591	0.958
1989	0.729	0.540	0.438	0.653	0.507	0.509	0.632	0.288	0.919	0.362	0.596	0.958
1990	0.709	0.494	0.439	0.645	0.485	0.509	0.640	0.276	0.917	0.357	0.601	0.958
1991	0.772	0.513	0.440	0.628	0.466	0.508	0.641	0.278	0.919	0.360	0.598	0.958
1992	0.738	0.502	0.440	0.592	0.390	0.508	0.704	0.226	0.930	0.360	0.598	0.958
1993	0.749	0.579	0.439	0.558	0.304	0.508	0.723	0.210	0.933	0.364	0.594	0.958
1994	0.728	0.641	0.439	0.527	0.208	0.508	0.698	0.231	0.929	0.365	0.594	0.958
1995	0.689	0.655	0.439	0.501	0.108	0.508	0.654	0.268	0.923	0.370	0.588	0.959
1996	0.655	0.629	0.439	0.481	0.009	0.509	0.630	0.289	0.919	0.369	0.590	0.959
1997	0.635	0.618	0.439	0.466	-0.081	0.509	0.610	0.305	0.915	0.370	0.588	0.959
1998	0.629	0.587	0.439	0.458	-0.165	0.510	0.599	0.315	0.913	0.360	0.598	0.958
1999	0.633	0.563	0.439	0.455	-0.248	0.511	0.598	0.315	0.913	0.351	0.606	0.957
2000	0.625	0.577	0.439	0.456	-0.329	0.512	0.600	0.314	0.914	0.345	0.612	0.957
2001	0.604	0.605	0.439	0.462	-0.411	0.512	0.597	0.316	0.913	0.336	0.622	0.958
2002	0.595	0.602	0.439	0.473	-0.499	0.513	0.593	0.319	0.912	0.446	0.512	0.958
2003	0.586	0.597	0.440	0.496	-0.603	0.513	0.588	0.323	0.911	0.456	0.501	0.957
2004	0.547	0.606	0.440	0.535	-0.707	0.513	0.580	0.330	0.910	0.459	0.499	0.957
2005	0.540	0.570	0.440	0.600	-0.801	0.513	0.576	0.333	0.909	0.488	0.468	0.956
2006	0.565	0.611	0.440	0.709	-0.881	0.513	0.577	0.332	0.910	0.498	0.458	0.956

时变弹性生产函数模型研究

续表

年份	可变参数生产函数（资本弹性）			变系数生产函数（资本弹性）			可变规模报酬可变参数生产函数			可变规模报酬变系数生产函数		
	CES	VES	内生	CES	VES	内生	资本	劳动	规模	资本	劳动	规模
2007	0.611	0.659	0.440	0.880	-0.937	0.512	0.589	0.323	0.911	0.474	0.483	0.957
2008	0.696	0.733	0.440	1.118	-0.965	0.511	0.396	0.481	0.877	0.570	0.383	0.953
均值	0.676	0.551	0.440	0.605	0.128	0.513	0.613	0.302	0.915	0.389	0.568	0.958

变系数面板数据生产函数拓展模型估计结果如表 5-3 所示，估计结果表明，CES 面板数据生产函数及其拓展模型、VES 面板数据生产函数及其拓展模型、内生面板数据生产函数及其拓展模型估计的资本弹性都具有大致相同变化趋势，即波动中不断上升；可变规模报酬变系数面板数据生产函数模型估计结果表明，规模报酬略高于 1 但接近于 1，平均值在 1.1 左右，这个估计结果表明不变规模报酬模型的假设是基本可靠的。

表 5-3　　　　　　面板数据生产函数估计结果

年份	变系数	CES		VES		内生	可变规模报酬		
		常系数	变系数	常系数	变系数	变系数	资本	劳动	规模
1978	0.516	0.480	0.597	0.569	0.517	—	0.068	0.937	1.004
1979	0.448	0.483	0.520	0.569	0.448	—	0.796	0.499	1.295
1980	0.470	0.486	0.567	0.569	0.499	—	0.781	0.615	1.396
1981	0.396	0.489	0.503	0.572	0.432	—	0.874	0.818	1.692
1982	0.432	0.491	0.520	0.577	0.450	0.427	0.245	0.800	1.044
1983	0.487	0.494	0.577	0.572	0.494	0.478	0.251	0.791	1.043
1984	0.489	0.497	0.584	0.566	0.485	0.466	0.263	0.800	1.063
1985	0.497	0.500	0.540	0.562	0.461	0.488	0.222	0.852	1.074
1986	0.507	0.505	0.542	0.562	0.468	0.533	0.197	0.880	1.077
1987	0.485	0.509	0.522	0.565	0.450	0.474	0.166	0.897	1.064

第五章 时变弹性生产函数模型拓展思路与方法

续表

年份	变系数	CES 常系数	CES 变系数	VES 常系数	VES 变系数	内生 变系数	可变规模报酬 资本	可变规模报酬 劳动	可变规模报酬 规模
1988	0.512	0.514	0.536	0.564	0.478	0.530	0.216	0.862	1.078
1989	0.505	0.517	0.533	0.565	0.471	0.531	0.262	0.825	1.087
1990	0.527	0.516	0.531	0.567	0.487	0.552	0.253	0.829	1.082
1991	0.514	0.515	0.505	0.567	0.480	0.555	0.273	0.798	1.071
1992	0.502	0.519	0.492	0.567	0.472	0.555	0.238	0.814	1.052
1993	0.568	0.525	0.562	0.563	0.548	0.606	0.191	0.839	1.030
1994	0.578	0.531	0.579	0.561	0.572	0.607	0.191	0.829	1.020
1995	0.602	0.538	0.601	0.562	0.604	0.626	0.223	0.805	1.028
1996	0.589	0.545	0.590	0.563	0.595	0.594	0.220	0.809	1.029
1997	0.624	0.551	0.629	0.564	0.636	0.637	0.231	0.804	1.035
1998	0.569	0.556	0.571	0.565	0.580	0.606	0.220	0.824	1.044
1999	0.520	0.562	0.508	0.567	0.500	0.534	0.187	0.834	1.021
2000	0.532	0.567	0.523	0.567	0.518	0.557	0.176	0.835	1.011
2001	0.542	0.572	0.530	0.566	0.528	0.553	0.168	0.837	1.004
2002	0.550	0.577	0.541	0.567	0.538	0.547	0.138	0.851	0.989
2003	0.562	0.584	0.557	0.567	0.556	0.569	0.141	0.842	0.982
2004	0.607	0.590	0.595	0.566	0.603	0.600	0.134	0.835	0.969
2005	0.596	0.597	0.582	0.566	0.589	0.574	0.162	0.816	0.978
2006	0.590	0.604	0.580	0.567	0.593	0.585	0.151	0.814	0.965
2007	0.604	0.611	0.594	0.569	0.603	0.599	0.171	0.804	0.975
2008	0.598	0.618	0.600	0.570	0.614	0.595	0.192	0.805	0.996
均值	0.533	0.537	0.555	0.567	0.525	0.555	0.290	0.813	1.103

第二篇

时变弹性生产函数模型应用研究

第六章

技术进步偏向定义及其测度

本章从技术进步偏向原始定义出发梳理各种概念之间的异同,在 CES 生产函数数理化设定下,清晰地展现增强型、偏向型技术进步之间的关联和差异,并详细考察了希克斯偏向型技术进步和哈罗德偏向型技术进步。基于中国 1978~2011 年时间序列数据估算了要素替代弹性、要素增强型技术进步和偏向型技术进步。结果表明:资本与劳动的替代弹性约为 0.78,资本与劳动互补;劳动生产效率上升而资本生产效率有所下降;希克斯技术进步和哈罗德技术进步大体上都是偏向资本的。技术进步偏向和速度对于中国经济至关重要。

第一节

引 言

技术进步是经济增长的重要源泉之一,对于技术进步建模和度量的文献已经汗牛充栋,但是对于技术进步的结构问题——技术进步偏向的研究在国内还较少。技术进步偏向会影响经济增长结构,影响产业结构变迁,尤其会影响要素分配结构。熊彼特(1912)指出技术进步是一种创造性毁灭,在新发明被广泛应用取得巨大收益的同时，仍然采用旧生产方式的部门就会受到损失。Bresnahan 和 Trajtenberg（1995）在熊彼特创造性毁灭的基础上提出一般用途技术的概念，认为大的技术发明和冲击更大程度上是外生的，能够对经济发展产生持续深远的影响并且引起一轮二次创新，如工业革命时期的蒸汽机技术和 20 世纪的计算机技术。Greenwood（1999）认为当前的世界正处于第三次产业革命时期。外生技术冲击会影响和改变原有的利益分配格局。

早在 1932 年，诺贝尔奖得主希克斯就在其《工资理论》一书中对技术进步偏向有过定义，之后索罗和哈罗德两位增长理论大师也根据自己研究的需要对技术进步偏向下过定义。近年来，Acemoglu 等对希克斯的定义做了新的解释和拓展，并将其应用于技能与非技能劳动之间的技术偏向，成功解释了美国 20 世纪 70 年代以来的工资不平等变化趋势。与技术进步偏向密切相关的概念有：要素增强型技术进步，劳动节约型技术进步。技术进步偏向的概念纷繁复杂。本章试图从技术进步偏向的原始定义出发，梳理各种概念之间的异同。正如海韦尔·琼斯所说："对技术进步分类的企图是来自于对技术进步影响收入在资本和劳动之间分配的兴趣。"[①] 任何理论的提出都是源自现实的问题，在希克斯、哈罗德和索罗的时代，劳资关系紧张，收入分配悬殊，现实促使他们对技术进步分类以考察技术进步对收入分配的影响；而在 Acemoglu 的时代，劳资对立关系已缓和，突出问题是技能劳动与非技能劳动之间的工资差距，于是他就借用希克斯的定义，提出了技能偏向型技术进步。

技术进步偏向不同定义的区别和联系是什么？中国的技术进步偏向是怎样的？偏向程度如何？技术进步偏向对于经济体的重要影响毋庸置疑，量化测度是关键的一步。最早估计技术进步方向的文献之一是 David 和 Van de Klundert（1965），他们对美国 1899~1960 年的资本劳动替代弹性以及资本效率、劳动效率进行了估计，

[①] 海韦尔·琼斯. 现代经济增长理论导引 [M]. 北京：商务印书馆，1999：193.

发现替代弹性约为 0.6，这段时期美国的技术进步有利于资本。现在国外文献中已有相对成熟的测度方法。Klump 等（2007，2008）用标准化供给面系统法分解估计了美国 1953~1988 年和欧元区 1970~2005 年的总替代弹性和要素增强型技术进步，发现替代弹性均小于 1，并且劳动增强型技术进步占主导地位。Sato 和 Morita（2009）研究了美国和日本第二次世界大战后 1960~2004 年劳动力数量增长和劳动节约型创新对于经济增长的相对贡献，研究发现两国的技术均是偏向于资本的。León-Ledesma 等（2010）用蒙特卡洛模拟比较了在技术进步非中性条件下各种估计替代弹性和生产函数参数的不同方法，发现标准化系统方法下的估计结果最为稳健。文献中对于发达国家技术进步偏向的测度得到的结论大体上一致，都是偏向于资本。但是鲜有文献对发展中国家进行度量，尤其是同时度量多种技术进步定义下的技术进步偏向。

技术进步偏向近年来开始引起国内学者关注，但是由于技术进步偏向测度较难，国内仅有少数学者对技术进步方向做过直接测度，而且仅考虑了希克斯定义的技术进步偏向。黄先海和徐圣（2009）的实证研究发现劳动节约型技术进步（即资本偏向型技术进步）是劳动收入比重下降的重要原因；戴天仕和徐现祥（2010）测度了中国 1978~2005 年的技术进步的方向，发现中国的技术进步大体上是偏向资本的；宋冬林、王林辉和董直庆（2010）利用 1978~2007 年数据考察中国技能偏向型技术进步的存在性，研究认为中国存在技能偏向型技术进步；陈晓玲和连玉君（2012）采用标准化供给面系统方法估算 1978~2008 年中国各省区的替代弹性和有偏技术进步，结论表明大部分省区的技术进步是净劳动增强和资本偏向型的；王林辉、袁礼和郭凌（2012）估计了中国 29 个省区 2002~2010 年的技术进步偏向性指数和相对偏向性指数，结果发现技术进步在多数年份多数地区都呈现资本偏向型。

本章从技术进步偏向原始定义出发，指出了希克斯技术进步偏向与哈罗德技术进步偏向的重要区别：前提条件不同。前者假定资本劳动投入比不变，后者假定资本产出比不变，两个不同的前提条件有着丰富的经济含义。本章基于中国1978~2011年数据，同时测度了希克斯和哈罗德定义下的技术进步偏向。全章结构安排如下：首先是技术进步偏向定义溯源；其次在CES生产函数设定下数理化技术进步偏向定义；再其次测度中国1978~2011年技术进步偏向；最后是研究结论。

第二节

技术进步偏向定义溯源

希克斯1932年在《工资理论》一书中将技术进步分为三类：给定资本劳动比（K/L）不变，在技术进步前后：如果资本与劳动要素边际产出之比增大，则技术进步为资本偏向型；如果资本与劳动要素边际产出之比减小，则技术进步为劳动偏向型的；如果要素边际产出之比不变，则技术进步为中性的。通行的哈罗德技术进步定义[①]为：给定资本产出比（K/Y）不变，在技术进步前后：如果资本边际产出提高了，则技术进步为资本偏向型；如果资本的边际产出减小了，则技术进步为劳动偏向型的；如果资本的边际产出不变，则技术进步为中性的。与哈罗德技术进步平行的索洛技术进步定义为：给定劳动产出比（L/Y）不变，在技术进步前后：如果劳动的边际产出提高了，则技术进步为劳动偏向型的；如果劳动的边际产出减小了，则技术进步为资本偏向型的；如果劳动的边际产出

---

① 通行的哈罗德技术进步偏向定义与哈罗德在《动态经济学》一书中的表述稍有差别，正好是对偶的，但含义相同："把中性的技术发明的流定义为一个要求资本增长率与它所产生的收入增长率相等的技术发明，似乎是最简单不过的事了。如果技术发明的流要求资本以较大的速率增长，那么，它便是节约劳动的或者费资本的；反之亦然。利息率被假设是恒定不变的。"

不变,则技术进步为中性的。表6-1可以清楚地看到三种定义的异同。

表6-1　　　　　几种不同的技术进步偏向定义

对比项	希克斯定义	哈罗德定义	索罗定义
前提假定	资本劳动比（K/L）不变	资本产出比（K/Y）不变	劳动产出比（L/Y）不变
资本偏向型技术进步	资本与劳动边际产出之比上升	资本边际产出上升	劳动边际产出下降
劳动偏向型技术进步	资本与劳动边际产出之比下降	资本边际产出下降	劳动边际产出上升
中性技术进步	资本与劳动边际产出之比不变	资本边际产出不变	劳动边际产出不变

三种定义的不同前提假设包含着丰富的经济含义,三位大家所做的技术进步偏向定义也都有着他们自己的合理考量。希克斯定义适合用来分析规模较大的一次性技术冲击,它的缺陷是只能分析静态,而没有考虑动态变化。在短期中资本劳动投入比不变的前提假定较为符合现实,一次性的技术冲击对经济体的影响如此之迅速使得资本劳动投入比还来不及调整就已完成了技术进步的过程。所以希克斯的定义刻画了技术进步发生瞬间的情形,但没有考虑之后技术的后续影响。经济体中的企业会根据技术进步的类型和强度做出反应,调整其要素投入之比,希克斯定义的暗含假设是企业无法调整要素投入,要素供给无弹性。但是如果要考虑长期或动态的情形,就不能仅采用希克斯的定义,因为长期中显然存在着资本不断深化的过程,资本劳动比会持续提高。哈罗德对希克斯的定义如此评价:"对于一次性的技术发明（静态分析）虽然是完全适用的,但对于随时间推移而连绵不断的新发明的流,却是不适用的。"[①]

---

① 哈罗德.动态经济学［M］.北京:商务印书馆,1981:65.

哈罗德的定义更加适合用于长期和动态。哈罗德的前提假定是资本产出比不变，卡尔多指出长期经济增长的六大事实，其中之一就是资本产出比在长期中不变，所以哈罗德的定义符合长期经济增长的现实，而且它允许资本劳动比的调整，也即暗含了要素供给具有弹性的假设。索罗定义的前提假设是劳动产出比不变，也即人均产出不变，在现实中应用较少，而且它与哈罗德的定义互为镜像，本章未做进一步深入讨论。

技术进步偏向定义也可以应用到任何两个生产要素间，Acemoglu（2002）对希克斯定义的技术进步偏向做了新的表述，并将之应用于技能劳动与非技能劳动之间，用技能偏向型技术进步来解释美国20世纪70年代以来技能劳动供给和技能溢价同时上升的谜题。

与技术进步偏向有密切联系的概念是要素增强型技术进步，偏向型技术进步改变生产要素的边际产出之比，而增强型技术进步改变生产要素的生产效率，边际产出提高的程度不仅与增强型技术进步有关，还与要素之间的替代弹性有关。设一般的增强型技术生产函数为 $F=(AK,BL)$①，A 表示资本增强型技术进步项或资本的生产效率，B 表示劳动的生产效率。当 A 与 B 相等时，新古典性质的生产函数就可化为 $F=A(K,L)$，此时为希克斯中性的技术进步；当一项技术进步仅通过提高资本的生产效率来提高总产出时，$A \neq 1$，$B=1$，生产函数形式为 $F=(AK,L)$，技术进步是资本增强型的，纯粹的资本增强型技术进步与索罗中性技术进步是等价的；当一项技术进步仅通过提高劳动的生产效率来提高总产出，$A=1$，$B \neq 1$，生产函数形式为 $F=(K,BL)$，技术进步是劳动增强型的，纯粹的劳动增强型技术进步与哈罗德中性技术进步是等价的。当 A 的增长率大于 B 的增长率时，技术进步的净效应是资本增强型，而当 A 的增长率小于 B 的增长率时，净效应为劳动增强型。

---

① Sato（1970）对这个形式的生产函数做了详尽的论述。

第六章 技术进步偏向定义及其测度

另外一个与技术进步偏向有密切联系要素节约型技术进步，要素节约型技术进步与希克斯要素偏向型技术进步互为对称，是同一个概念的不同表达（黄先海和徐圣，2009）。

第三节

技术进步偏向数理模型

本章遵循 Acemoglu（2003）和 MA León-Ledesma 等（2010）的模型设定，将生产函数设为如下的 CES 生产函数形式：

$$Y_t = C\left[\pi(\Gamma_t^K K_t)^{\frac{\sigma-1}{\sigma}} + (1-\pi)(\Gamma_t^L L_t)^{\frac{\sigma-1}{\sigma}}\right]^{\frac{\sigma}{\sigma-1}} \quad (6.1)$$

其中，分配参数 $\pi \in (0,1)$ 反映了生产中的资本与劳动的相对重要性；C 是效率参数，不随时间改变；σ 是资本要素 K_t 与劳动要素 L_t 之间的替代弹性，它表示要素边际产出之比（完全竞争时即要素价格之比）变化一个百分比而导致的要素投入比例变化的百分比：

$$\sigma = -\frac{d(K/L)}{d(MP_K/MP_L)} \cdot \frac{MP_K/MP_L}{(K/L)} \quad (6.2)$$

替代弹性在二维图上表现为等产量线的曲率，将替代弹性设为不随时间变化，就表示等产量线的形态不会发生改变，只能在坐标轴上移动和旋转。CES 生产函数涵盖了几种特殊形式的生产函数。当 $\sigma = 1$ 时，式（6.1）退化为柯布道格拉斯形式，要素边际产出之比变化1%，则要素投入比例也变化1%；当 $\sigma = 0$ 时，生产函数变为里昂惕夫形式，资本与劳动完全互补，要素边际产出之比的变化不影响厂商的要素投入比例；当 $\sigma = \infty$ 时，生产函数化为线性函数，资本与劳动完全替代，要素边际产出之比的微小变化就会引起要素投入比例的极大变化。替代弹性理论上的取值范围是（0，∞），若 $\sigma < 1$，我们称在生产中资本与劳动总互补，反之，若 $\sigma > 1$，则称在生产中资本与劳动总替代。不少实证文献估算了现实经济体中的资本劳动替代弹性值,大多数研究结果都显示替代弹性小于1。[①]

式(6.1)中Γ_t^K,Γ_t^L反映了技术进步的资本增强型和劳动增强型特征。当Γ_t^K增大时,生产与原先同样的产出现在只需更少的资本,用原来数量的资本可以生产出更多的产出,资本增强型技术进步可以理解为资本生产效率的提高。同样的,当Γ_t^L增大时,生产与原先同样的产出现在只需更少的劳动,用原来数量的劳动可以生产出更多产出,劳动增强型技术进步可以理解为每单位劳动的效率提高。新古典增长理论认为通常情况下Γ_t^L是持续平稳增长的,它的提高一般认为是由于教育和人力资本投资促使劳动力质量提升,而且在平衡增长路径上只可能有Γ_t^L的提高,不可能有Γ_t^K的增长,否则经济体就会脱离平衡增长路径。不妨设Γ_t^K,Γ_t^L呈指数型增长形式:

$$\Gamma_t^K = \Gamma_0^K e^{\gamma_K t}; \Gamma_t^L = \Gamma_0^L e^{\gamma_L t} \qquad (6.3)$$

$$\hat{\Gamma}_t^K = \gamma_K; \hat{\Gamma}_t^L = \gamma_L \qquad (6.4)$$

其中,γ_K,γ_L表示要素增强型技术进步项Γ_t^K,Γ_t^L的增长率,t代表时间,Γ_0^K,Γ_0^L表示要素增强型技术进步项的初始值。如上所述,要素增强型技术进步直接体现在资本和劳动前面的Γ_t^K,Γ_t^L。当$\gamma_K > \gamma_L$时,整体经济表现为资本增强型技术进步;当$\gamma_K < \gamma_L$时,整体经济表现为劳动增强型技术进步。

希克斯要素偏向型技术进步的定义为资本劳动比不变条件下的要素边际产出之比。计算资本和劳动的边际产出:

$$MP_{Kt} = \partial Y_t / \partial K_t = \left(\frac{Y_t}{K_t}\right)^{\frac{1}{\sigma}} \pi (C\Gamma_t^K)^{\frac{\sigma-1}{\sigma}} \qquad (6.5)$$

[①] 参见 León-Ledesma 等 *Identifying the Elasticity of Substitution with Biased Technical Change*。

$$MP_{Lt} = \partial Y_t/\partial L_t = \left(\frac{Y_t}{L_t}\right)^{\frac{1}{\sigma}}(1-\pi)(C\Gamma_t^L)^{\frac{\sigma-1}{\sigma}} \qquad (6.6)$$

式（6.5）除以式（6.6）可以得到资本与劳动的边际产出之比：

$$\frac{MP_{Kt}}{MP_{Lt}} = \frac{\partial Y_t}{\partial K_t} \bigg/ \frac{\partial Y_t}{\partial L_t} = \frac{\pi}{1-\pi}\left(\frac{\Gamma_t^K}{\Gamma_t^L}\right)^{\frac{\sigma-1}{\sigma}}\left(\frac{K_t}{L_t}\right)^{-\frac{1}{\sigma}} \qquad (6.7)$$

要素增强型技术进步项 Γ_t^K，Γ_t^L 和 K_t，L_t 均随时间变化，要素边际产出之比求导可得：

$$\frac{d(MP_K/MP_L)}{dt} = \frac{MP_{Kt}}{MP_{Lt}}\left[\left(\frac{\sigma-1}{\sigma}\right)\cdot\frac{d\Gamma_t^K}{\Gamma_t^K dt} - \frac{1}{\sigma}\cdot\frac{dK_t}{K_t dt}\right.$$
$$\left. - \left(\frac{\sigma-1}{\sigma}\right)\cdot\frac{d\Gamma_t^L}{\Gamma_t^L dt} + \frac{1}{\sigma}\cdot\frac{dL_t}{L_t dt}\right] \qquad (6.8)$$

我们使用通用的数学符号 $\dot{X}$ 表示关于时间的导数，$\hat{X}$ 表示增长率，即 $\dot{X} = \frac{dX}{dt}$，$\hat{X} = \frac{\dot{X}}{X} = \frac{dX}{Xdt}$，则式（6.8）可写为：

$$\frac{\hat{MP}_{Kt}}{MP_{Lt}} = \left(\frac{\sigma-1}{\sigma}\right)(\hat{\Gamma}_t^K - \hat{\Gamma}_t^L) - \frac{1}{\sigma}\frac{\hat{K}_t}{L_t} \qquad (6.9)$$

按照希克斯的偏向型技术进步定义，约束条件是要素投入比例 K/L 不变，即 $\frac{\hat{K}_t}{L_t} = \hat{K}_t - \hat{L}_t = 0$，则（6-9）式简化为：

$$\frac{\hat{MP}_{Kt}}{MP_{Lt}} = \left(\frac{\sigma-1}{\sigma}\right)(\hat{\Gamma}_t^K - \hat{\Gamma}_t^L) \qquad (6.10)$$

从式（6.10）可以清楚地看到，在要素投入比例不变的条件下，要素边际产出之比的变化率与三个因素有关，第一，资本增强型技术进步项的增长率 γ_K；第二，劳动增强型技术进步项的增长

率 γ_L；第三，要素替代弹性 σ。

综合三个因素的相对大小，希克斯技术进步的类型有五种情况：情况一 $\gamma_K > \gamma_L$，$\sigma > 1$ 总体技术进步为资本增强型，希克斯资本偏向型；情况二 $\gamma_K > \gamma_L$，$\sigma < 1$，总体技术进步为资本增强型，希克斯劳动偏向型；情况三 $\gamma_K < \gamma_L$，$\sigma > 1$，总体技术进步为劳动增强型，希克斯劳动偏向型；情况四 $\gamma_K < \gamma_L$，$\sigma < 1$，总体技术进步为劳动增强型，希克斯资本偏向型；情况五 $\gamma_K = \gamma_L$ 或者 $\sigma = 1$，技术进步为希克斯中性。

表现在二维图形上，要素增强型技术进步使得等产量线在向原点移动的过程中发生旋转，希克斯要素偏向型技术进步则表现为等产量线的旋转与等产量线本身的曲率共同作用从而发生的斜率变化，约束条件是要素投入比例 K/L 不变。图 6-1 中分别显示了上述情况一至情况四这四种希克斯技术进步偏向的发生机理。当 $\gamma_K = \gamma_L$ 时，等产量线不发生旋转，只是平行地向原点移动，所以不改变特定要素投入比例时等产量线的斜率。

希克斯的偏向型技术进步定义的关键限制条件是要素投入比例（K/L）不变，在技术进步发生的瞬间，可以假定厂商的要素投入比例不变，但在技术进步发生之后的一段时间内，由于资本与劳动的相对边际生产率发生了改变，厂商势必会改变其要素投入比例以达到利润最大化的目的。

根据新古典增长理论，除了劳动增强型技术进步之外的其他任何技术进步对于经济体都是一个外生冲击。一般来说，经济体应对一个外生冲击时首先会迅速偏离原先的稳态，然后在经过转移路径上的一系列调整之后，经济体最终重新达到稳态，进入平衡增长路径，而平衡增长路径的特征之一就是资本产出比（K/Y）不变。与希克斯的定义限制要素投入比例恒定不同，哈罗德的偏向型技术进步定义的前提条件是资本产出比不变（K/Y），这个假定比希克斯的假定更符合长期的经济事实。将哈罗德的技术进步偏向定义数理化，由式（6.5）可得：

(a) $\gamma_K > \gamma_L$, $\sigma > 1$

(b) $\gamma_K > \gamma_L$, $\sigma < 1$

(c) $\gamma_K < \gamma_L$, $\sigma > 1$

(d) $\gamma_K < \gamma_L$, $\sigma < 1$

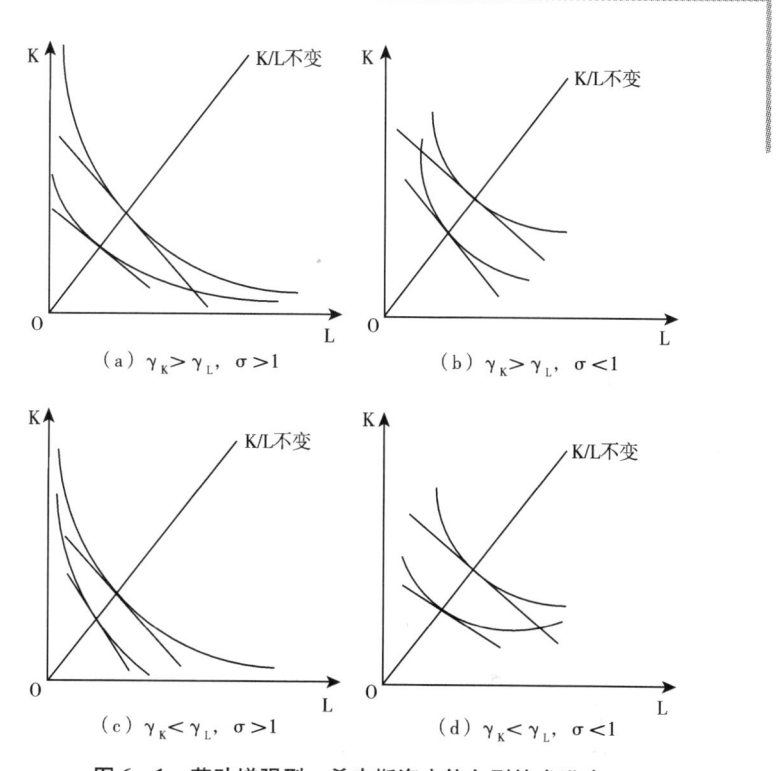

图 6-1 劳动增强型、希克斯资本偏向型技术进步

$$\hat{MP}_{Kt} = \frac{\sigma - 1}{\sigma}\hat{\Gamma}_t^K + \frac{1}{\sigma}\frac{\hat{Y}_t}{K_t} \quad (6.11)$$

又由于假定资本产出比不变,可化为:

$$\hat{MP}_{Kt} = \frac{\sigma - 1}{\sigma}\hat{\Gamma}_t^K \quad (6.12)$$

资本边际产出的变化率仅与替代弹性和资本增强型技术进步项有关,而与劳动增强型技术进步项无关。也就是说,当只发生劳动增强型技术进步时,技术进步偏向必然是哈罗德中性的。所以当经济体运行在平衡增长路径上时,技术进步的类型只可能是哈罗德中

性。根据式（6.12）中各项的正负，哈罗德定义的技术进步同样可以分为五种情况：情况一，当 $\gamma_K > 0$，$\sigma > 1$ 时，技术进步为哈罗德资本偏向型；情况二，当 $\gamma_K > 0$，$\sigma < 1$ 时，技术进步为哈罗德劳动偏向型；情况三，当 $\gamma_K < 0$，$\sigma > 1$ 时，技术进步为哈罗德劳动偏向型；情况四，当 $\gamma_K < 0$，$\sigma < 1$ 时，技术进步为哈罗德资本偏向型；情况五，当 $\gamma_K = 0$ 或者 $\sigma = 1$ 时，技术进步为哈罗德中性。

希克斯技术进步偏向与哈罗德技术进步偏向的关系如图 6-2 所示，横轴为劳均资本（k），纵轴为劳均产出（y），$f_0(k)$ 表示初始生产函数，技术进步使得生产函数从 $f_0(k)$ 上升到 $f_1(k)$。A 点和 C 点分别是生产函数 $f_0(k)$ 和 $f_1(k)$ 与 k/y 线的交点，资本产出比相同；而 A 点和 B 点位于竖线 k^* 上，资本劳动比相同。依据希克斯与哈罗德技术进步偏向的前提假定，从 A 点到 B 点的跳跃可以看成希克斯技术进步过程，从 A 点到 C 点可以看成哈罗德技术进步过程。因此，从 A 点到 C 点的哈罗德技术进步，可以分解为 A 点到 B 点的希克斯技术进步的技术冲击过程，和 B 点到 C 点的资本深化导致资本产出比恢复到 k/y 的技术调整过程。A 点到 C 点生产函数斜率的变动反映了哈罗德技术进步偏向。

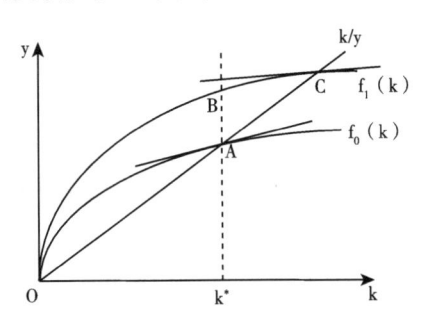

图 6-2　希克斯技术进步与哈罗德技术进步

第四节

中国技术进步偏向的测度

以上分析对偏向型技术进步做了定性的分类,但是实践中,中国资本与劳动是互补还是替代?技术进步是资本增强还是劳动增强型?是资本偏向还是劳动偏向的?这些问题需要进一步量化分析。

要素投入比例(K/L)不变条件下的要素边际产出之比变化率反映了希克斯技术进步偏向,资本产出比(K/Y)不变条件下的资本边际产出变化率反映了哈罗德技术进步偏向。但是,从基本统计数据可以发现,现实经济中资本劳动比和资本产出比都不是恒定不变的,K/L 与 K/Y 均持续提高,为此本章同时计算了希克斯技术进步偏向和哈罗德技术进步偏向。为了表达的简洁,不妨分别设希克斯技术进步偏向指数和哈罗德技术进步偏向指数为 B_t(Hicks) 和 B_t(Harrod)。

$$B_t(\text{Hicks}) = \frac{\sigma - 1}{\sigma}(\hat{\Gamma}_t^K - \hat{\Gamma}_t^L) \quad (6.13)$$

$$B_t(\text{Harrod}) = \frac{\sigma - 1}{\sigma}\hat{\Gamma}_t^K \quad (6.14)$$

考察技术进步偏向就转变为考察 B_t(Hicks) 和 B_t(Harrod) 的符号和大小,要计算出 B_t(Hicks) 和 B_t(Harrod),首先需要得到替代弹性 σ 和要素增强型技术进步项的变化率。

一、要素替代弹性的估算

参照 MA León-Ledesma 等(2010)中的 Kmenta 近似方法来估计替代弹性。这种方法的基本原理是首先找到一个基准点,将 CES

生产函数标准化,然后在一个特定的替代弹性点进行泰勒展开,得到一个可以直接进行计量回归的方程,然后就可以从估计系数中推算出替代弹性和其他的一些参数。

我们将基准点设定为资本收入份额与劳动收入份额之比为 $\pi/(1-\pi)$ 时的总产出、资本、劳动和要素价格,分别用 Y_0, K_0, L_0, w_0, γ_0 表示。基准点满足条件 $r_0 K_0 / w_0 L_0 = \pi/(1-\pi)$,在 Cobb-Douglas 生产函数形式下,这个条件是恒成立的,而在 CES 生产函数形式下,这是一个特殊点。在基准点上易证明 $\Gamma_0^K = Y_0/CK_0$,$\Gamma_0^L = Y_0/CL_0$,将 $\Gamma_t^K = \Gamma_0^K e^{\gamma_K t} = \dfrac{Y_0}{CK_0} e^{\gamma_K t}$;$\Gamma_t^L = \dfrac{Y_0}{CL_0} e^{\gamma_L t}$ 代入原生产函数,便可得到标准化的 CES 生产函数:

$$Y_t = Y_0 \left[\pi \left(\frac{e^{\gamma_K t} K_t}{K_0} \right)^{\frac{\sigma-1}{\sigma}} + (1-\pi) \left(\frac{e^{\gamma_L t} L_t}{L_0} \right)^{\frac{\sigma-1}{\sigma}} \right]^{\frac{\sigma}{\sigma-1}} \quad (6.15)$$

对数化得:

$$\log\left(\frac{Y_t}{Y_0}\right) = \frac{\sigma}{\sigma-1} \log\left[\pi \left(\frac{e^{\gamma_K t} K_t}{K_0} \right)^{\frac{\sigma-1}{\sigma}} + (1-\pi) \left(\frac{e^{\gamma_L t} L_t}{L_0} \right)^{\frac{\sigma-1}{\sigma}} \right]$$
$$(6.16)$$

式(6.16)在 $\sigma = 1$ 处进行二阶泰勒展开,可得:

$$\begin{aligned}\log\left(\frac{Y_t}{Y_0}\right) &= \pi \log\left(\frac{K_t}{K_0}\right) + (1-\pi) \log\left(\frac{L_t}{L_0}\right) \\&\quad + \frac{(\sigma-1)\pi(1-\pi)}{2\sigma} \left[\log\left(\frac{K_t/K_0}{L_t/L_0}\right) \right]^2 \\&\quad + \pi \left[1 + \frac{(\sigma-1)(1-\pi)}{\sigma} \log\left(\frac{K_t/K_0}{L_t/L_0}\right) \right] \gamma_K t \\&\quad + (1-\pi) \left[1 - \frac{(\sigma-1)\pi}{\sigma} \log\left(\frac{K_t/K_0}{L_t/L_0}\right) \right] \gamma_L t \\&\quad + \frac{(\sigma-1)\pi(1-\pi)}{2\sigma} (\gamma_K - \gamma_L)^2 t^2 \quad (6.17)\end{aligned}$$

化简为：

$$\log\left(\frac{Y_t/Y_0}{L_t/L_0}\right) = \pi\log\left(\frac{K_t/K_0}{L_t/L_0}\right) + \underbrace{\frac{(\sigma-1)\pi(1-\pi)}{2\sigma}}_{a}\left[\log\left(\frac{K_t/K_0}{L_t/L_0}\right)\right]^2$$

$$+ \underbrace{[\pi\gamma_K + (1-\pi)\gamma_L]}_{b}t + \underbrace{\frac{(\sigma-1)\pi(1-\pi)}{2\sigma}(\gamma_K - \gamma_L)^2 t^2}_{c}$$

(6.18)

利用式（6.18），我们可以通过计量回归方法得到方程系数 π，a，b，c，从而可以估算出 σ，γ_K，γ_L。需要用到的数据包括总产出、资本、劳动力：

（1）总产出，由1952年为基期的实际国内生产总值表示。

（2）资本，由1952年为基期的资本存量表示，1952年基期数据采纳张军（2004）的估算结果为807亿元，经济折旧率采纳张军（2004）方法取9.6%，参考曹吉云（2007）、章上峰和许冰（2009，2010）、章上峰等（2011）研究方法，法定残值率取4%，以年初固定资本存量和年末固定资本存量的简单算术平均作为资本投入量。

（3）劳动力投入，以年初和年底就业人员数的平均值表示。核算数据来自《中国统计年鉴》，结果见表6-2。

表6-2　　　　　　　　　　国民核算数据

年份	Y	K	L	LS	年份	Y	K	L	LS
1978	3 263.6	6 123.6	39 763.3	0.4965	1984	5 548.6	9 823.2	47 315.8	0.5368
1979	3 510.8	6 651.5	40 586.9	0.5146	1985	6 295.6	10 858.5	49 035.5	0.5290
1980	3 786.1	7 221.4	41 693.5	0.5118	1986	6 852.7	12 052.2	50 579.4	0.5290
1981	3 984.6	7 790.0	43 044.9	0.5268	1987	7 646.5	13 416.0	52 031.3	0.5190
1982	4 345.5	8 354.0	44 511.4	0.5359	1988	8 508.3	14 947.5	53 556.9	0.5172
1983	4 817.5	9 004.7	45 867.0	0.5355	1989	8 854.7	16 262.2	54 830.4	0.5405

时变弹性生产函数模型研究

续表

年份	Y	K	L	LS	年份	Y	K	L	LS
1990	9 193.9	17 307.6	60 036.0	0.5465	2001	26 861.6	56 129.1	72 555.0	0.4823
1991	10 038.7	18 506.9	65 120.9	0.5216	2002	29 301.2	62 337.4	73 382.5	0.4775
1992	11 467.8	20 164.9	65 821.4	0.5032	2003	32 238.8	69 995.1	74 086.0	0.4616
1993	13 069.0	22 496.2	66 482.9	0.4949	2004	35 490.1	79 226.9	74 816.0	0.4155
1994	14 778.1	25 494.0	67 130.9	0.5035	2005	39 192.7	89 696.9	75 512.5	0.4140
1995	16 393.4	29 011.9	67 760.0	0.5144	2006	43 739.0	101 796.2	76 112.5	0.4061
1996	18 034.1	32 921.3	68 507.5	0.5121	2007	49 425.1	115 860.9	76 695.0	0.3974
1997	19 710.7	37 022.2	69 385.0	0.5103	2008	53 873.4	131 778.1	77 235.0	0.3950
1998	21 254.7	41 327.2	70 228.5	0.5083	2009	58 829.7	151 874.2	76 654.0	0.4662
1999	22 874.3	45 898.0	71 015.5	0.4997	2010	64 948.0	175 877.1	75 966.5	0.4501
2000	24 802.9	50 763.3	71 739.5	0.4871	2011	70 988.2	200 630.6	76 262.5	0.4494

将 1978 年设为基准期 t_0 时期并赋值为 0，Y_0，K_0，L_0 即为 1978 年的总产出，资本存量和就业人员，变换后可以估计方程 (6.18)。回归结果显示调整后的拟合优度 0.9995，F 统计值为 14 427.95，并得到如下四个系数值：

$$\begin{cases} \pi = 0.815641 \\ a = \dfrac{(\sigma-1)\pi(1-\pi)}{2\sigma} = -0.0216167 \\ b = \pi\gamma_K + (1-\pi)\gamma_L = 0.0183468 \\ c = \dfrac{(\sigma-1)\pi(1-\pi)}{2\sigma}(\gamma_K - \gamma_L)^2 = -0.0002909 \end{cases} \quad (6.19)$$

解方程组 (6.19)，可得：$\pi = 0.77669$，$\sigma = 0.815641$，$\gamma_K = -0.00303979$，$\gamma_L = 0.11296533$。与戴天仕和徐现祥（2010）的估计结果相似，本章估计的替代弹性小于 1，这说明在样本时期内，平均来说资本与劳动是总互补的。$\gamma_K = -0.00303979$，$\gamma_L = $

0.11296533 是资本效率和劳动效率的平均增长率，结合替代弹性可以算出 1978~2011 年技术进步偏向的平均水平，希克斯偏向指数为 0.03335，哈罗德偏向指数为 0.00087，均为正，说明 1978~2011 年我国的技术进步总体上是偏向于资本的。

二、要素增强型技术进步项变化率的计算

为了更清楚地看到技术进步偏向的变化趋势，我们利用劳动收入份额的数据推算每年的增强型技术进步的变化率。为简化分析，我们假设总产出仅在资本和劳动之间进行分配，将资本收入份额与劳动收入份额之比用 S 表示，S 反映了要素收入份额的比值。在完全竞争的市场中，要素的价格就等于它的边际产出，由此，可得到 S 的数学表达式：

$$S_t = \frac{r_t K_t}{w_t L_t} = \frac{MP_{Kt}}{MP_{Lt}} \cdot \frac{K_t}{L_t} = \frac{\pi}{1-\pi}\left(\frac{\Gamma_t^K K_t}{\Gamma_t^L L_t}\right)^{\frac{\sigma-1}{\sigma}} \qquad (6.20)$$

由式（6.20）可得到以下两个表达式：

$$\begin{cases} (\Gamma_t^K K_t)^\rho = S_t \cdot \frac{1-\pi}{\pi}(\Gamma_t^L L_t)^{\frac{\sigma-1}{\sigma}} \\ (\Gamma_t^L L_t)^\rho = \frac{1}{S_t} \cdot \frac{\pi}{1-\pi}(\Gamma_t^K K_t)^{\frac{\sigma-1}{\sigma}} \end{cases} \qquad (6.21)$$

将式（6.21）代入原生产函数可得到要素增强型技术进步项的表达式：

$$\begin{cases} \frac{\Gamma_t^K}{C} = \frac{Y_t}{K_t}\pi^{\frac{\sigma}{1-\sigma}}\left(1+\frac{1}{S_t}\right)^{\frac{\sigma}{1-\sigma}} \\ \frac{\Gamma_t^L}{C} = \frac{Y_t}{L_t}(1-\pi)^{\frac{\sigma}{1-\sigma}}(1+S_t)^{\frac{\sigma}{1-\sigma}} \end{cases} \qquad (6.22)$$

其中，Y_t，K_t，L_t，π，σ 均已知，S_t 可由劳动收入份额的数据推

算得到。1978~2011年的劳动收入份额数据（LS）采用加总省份劳动收入与加总省份 GDP 的比值表示，资本收入份额＝1－劳动收入份额，数据来源于《中国国内生产总值核算历史资料》和《中国统计年鉴》[①]，结果见表6－2。要素增强型技术进步项的计算结果列示在表6－3中的第2~3列。根据要素增强型技术进步项的水平值可以得到它们的增长率。计算发现资本增强型技术进步项的增长率在多数年份为负，它表示生产同样的产出需要更多的资本，资本的生产效率降低了。从现实数据看，资本产出比从1978年的1.8763上升到了2011年的2.8263，资本的增长速度超过了产出的增长速度，单位资本产出下降了。一个可能的解释是改革开放以来产业结构逐渐转向资本密集型，这些产业的性质决定了单位产值需要用到更多的资本投入，生产过程引入了更先进复杂的机器设备，投入产出的时间间隔拉长了，生产的迂回程度更高了。表6－3第5列显示劳动增强型技术进步项的增长率在多数年份为正，它表示生产同样的产出现在只需要更少的劳动，即劳动的生产效率提高了。从现实数据看，人均产出从1978年的0.082提高到了2011年的0.9308，增长了10.34倍，一个可能的经济解释是由于改革开放以来我国劳动力受教育水平、技能为代表的人力资本不断提高。

表6－3　　　　　　　　技术进步偏向计算结果

年份	$\dfrac{\Gamma_t^K}{C}$	$\dfrac{\Gamma_t^L}{C}$	$\hat{\Gamma}_t^K$	$\hat{\Gamma}_t^L$	B_t（Hicks）	B_t（Harrod）
1978	2.8534	0.0026				
1979	3.2096	0.0024	0.1248	－0.0695	－0.0559	－0.0359
1980	3.1250	0.0026	－0.0264	0.0699	0.0277	0.0076
1981	3.3983	0.0024	0.0875	－0.0781	－0.0476	－0.0251

---

① 由于经济普查的统计口径调整，2004年和2009年劳动收入份额数据发生了较大跳跃。

续表

年份	$\dfrac{\Gamma_t^K}{C}$	$\dfrac{\Gamma_t^L}{C}$	$\hat{\Gamma}_t^K$	$\hat{\Gamma}_t^L$	B_t (Hicks)	B_t (Harrod)
1982	3.6974	0.0024	0.0880	-0.0063	-0.0271	-0.0253
1983	3.7914	0.0026	0.0254	0.0786	0.0153	-0.0073
1984	4.0421	0.0029	0.0661	0.1071	0.0118	-0.0190
1985	3.9149	0.0033	-0.0315	0.1520	0.0528	0.0091
1986	3.8393	0.0035	-0.0193	0.0553	0.0214	0.0056
1987	3.5773	0.0040	-0.0682	0.1591	0.0654	0.0196
1988	3.5266	0.0044	-0.0142	0.0942	0.0312	0.0041
1989	4.0067	0.0038	0.1361	-0.1279	-0.0759	-0.0391
1990	4.0918	0.0035	0.0212	-0.0874	-0.0312	-0.0061
1991	3.4694	0.0041	-0.1521	0.1839	0.0966	0.0437
1992	3.1899	0.0053	-0.0805	0.2806	0.1038	0.0232
1993	3.0761	0.0063	-0.0357	0.1955	0.0665	0.0103
1994	3.2583	0.0067	0.0592	0.0547	-0.0013	-0.0170
1995	3.4311	0.0068	0.0530	0.0201	-0.0095	-0.0152
1996	3.2721	0.0075	-0.0464	0.1052	0.0436	0.0133
1997	3.1397	0.0082	-0.0405	0.0924	0.0382	0.0116
1998	2.9902	0.0089	-0.0476	0.0800	0.0367	0.0137
1999	2.7280	0.0100	-0.0877	0.1294	0.0624	0.0252
2000	2.4529	0.0118	-0.1009	0.1731	0.0788	0.0290
2001	2.3259	0.0131	-0.0518	0.1084	0.0460	0.0149
2002	2.2123	0.0146	-0.0488	0.1167	0.0476	0.0140
2003	1.9532	0.0179	-0.1171	0.2260	0.0987	0.0337
2004	1.4275	0.0281	-0.2692	0.5718	0.2418	0.0774
2005	1.3800	0.0311	-0.0332	0.1080	0.0406	0.0096
2006	1.2953	0.0369	-0.0614	0.1839	0.0705	0.0177

时变弹性生产函数模型研究

续表

年份	$\dfrac{\Gamma_t^K}{C}$	$\dfrac{\Gamma_t^L}{C}$	$\hat{F}_t^K$	$\hat{F}_t^L$	B_t(Hicks)	B_t(Harrod)
2007	1.2226	0.0446	-0.0561	0.2091	0.0763	0.0161
2008	1.1556	0.0493	-0.0548	0.1054	0.0461	0.0158
2009	1.6923	0.0305	0.4644	-0.3817	-0.2433	-0.1335
2010	1.4550	0.0383	-0.1402	0.2587	0.1147	0.0403
2011	1.3875	0.0420	-0.0464	0.0951	0.0407	0.0133

三、技术进步偏向指数

得到了替代弹性和要素增强型技术进步项的估计值，我们就可以根据式（6.13）、式（6.14）计算出两种技术进步偏向指数 B_t（Hicks）和 B_t（Harrod），计算结果显示在表 6-3 的最后两列，图 6-3 更为清晰地显示了两种技术进步偏向指数的动态变化趋势。

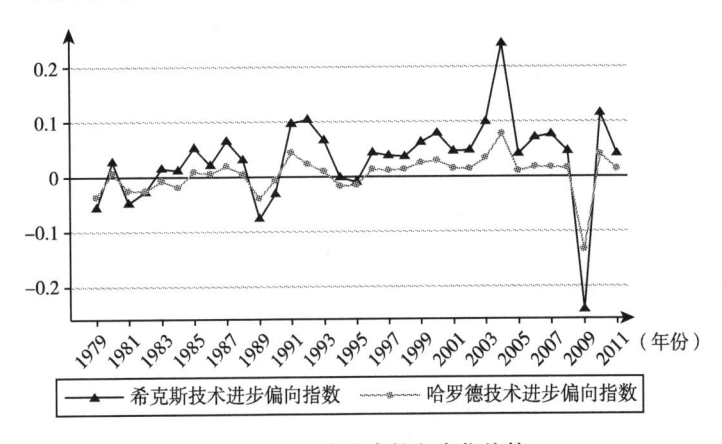

图 6-3 技术进步偏向变化趋势

从表 6-3 和图 6-3 可以看出，1990 年之前，技术进步偏向指数围绕0波动，技术进步没有明显的偏向性；1990年之后，除了1994年、1995年和2009年之外，希克斯和哈罗德技术进步偏向指数均大于0。因此，在1990~2011年的二十一年中，中国技术进步方向基本上是偏向资本的，而且从趋势图上看到偏向程度在1995~2007年有略微扩张的倾向。

技术进步偏向会影响经济增长结构，影响产业结构变迁，尤其会影响要素分配结构。资本与劳动使的两大基本生产要素，在新古典增长模型中，代表性个体的收入是劳动收入与资本收入之和，但在现实经济中，由于资本市场不完善将依靠劳动取得收入的人和依靠资本取得收入的人分离开来，形成两个群体，从而劳动所得为广大劳动者所共享，而资本所得只集聚在少数人手中。中国的资本偏向型技术进步，较好地解释了1994年以后资本收入份额上升、劳动收入份额下降、总体收入不平等不断深化的现实。

第五节

政策含义讨论

本章从技术进步偏向的原始定义出发梳理各种概念之间的异同，将增强型、偏向型技术进步在CES生产函数的设定下数理化以清晰地展现它们彼此之间的关联和差异，并详细考察了希克斯偏向型技术进步和哈罗德偏向型技术进步。利用1978~2011年的时间序列数据估算了要素替代弹性，测度了中国三十三年来的要素增强型技术进步和偏向型技术进步。结果表明：资本与劳动的替代弹性为0.77669，资本与劳动总体上是互补的；劳动生产效率有所上升而资本生产效率有所下降；不管是采用希克斯定义的偏向型技术进步还是哈罗德定义的偏向型技术进步，技术进步方向大体上是偏向资本的。

这些结论对于中国经济有着较强的现实含义。资本增强型技进步项的增长率在1995年后均为负，表明中国经济的生产方式正在逐渐向资本密集型转移。这种转变符合社会各界呼吁的转型升级的要求，也是经济体处于转型路径上的一个特征。但是在替代弹性小于1，资本劳动总关系互补的情况下，这种表现为资本偏向型的生产方式，将伴随资本收入份额上升和劳动收入份额下降的反向作用过程。企业会根据要素价格的变化来选择有利于自己的技术，企业选择怎样的技术进步偏向和速度对于中国经济至关重要，它是增长与分配的平衡器。

  需要指出的是，根据新古典经济增长理论，长期中只能存在哈罗德中性技术进步，模型才能达到平衡增长路径，经济体才能达到稳态均衡，在短期则允许各种类型的技术冲击。新古典增长理论是根据卡尔多的六大典型事实来构建，资本产出比不变，劳动收入份额不变基本符合发达国家的典型现实，但并不符合出于经济转型时期的中国经济（章上峰，2011）。本章的经验研究表明，中国的技术进步既不是希克斯中性的，也不是哈罗德中性的。对处于非平衡经济增长路径的中国经济增长而言，技术进步偏向值得关注。

第七章

初次分配中劳动收入份额测算方法研究

古典经济学和新古典经济学把生产要素分配理论视为经济理论的核心部分。国民收入经过初次分配形成三大板块，即劳动所得、资本所得（包括固定资产折旧和营业盈余）和政府税赋。初次分配格局，将在很大程度上决定了一个社会最终收入分配的基本格局，从而直接决定一国经济的未来发展模式（李稻葵、刘霖林和王红领，2009）。

近年来，我国劳动收入份额出现持续下降的趋势，并已经引起国家政府管理部门的高度关注。根据省际收入法 GDP 核算数据，在 1978~1995 年期间，我国劳动收入份额基本保持不变，但在 1995~2007 年期间，共降低了 11.70 个百分点；其中，1995~2003 年间下降了 5.29 个百分点，2003~2004 年则骤降了 4.60 个百分点，2004~2007 年又进一步又下降了 1.81 个百分点。2007 年，我国劳动收入份额为 39.74%，不仅低于 1995 年的 51.44%，也低于同期世界主要工业化国家的平均水平：2007 年美国劳动收入份额为 56.9%，英国 54.5%，法国 51.2%，加拿大 51.3%，澳大利亚 47.9%，日本 51.7%，韩国 45.6%。劳动收入份额的持续下降是导致收入分配不平等不断加剧、国内居民消费低迷不振的深层次原因，党的十七大报告特别指出要"逐步提高劳动报酬在初次分配中的比重。"

但是，目前学术界对于劳动收入份额的测算方法还存在诸多争议（罗长远，2008），统计资料的限制和统计口径的变化使得劳动收入份额测算结存在诸多困难（李济广，2008；白重恩和钱震杰，2009；肖红叶和郝枫，2009）。本章分析了资金流量表和投入产出表测度劳动收入份额的优缺点，并提出利用时变弹性生产函数测度劳动收入份额的新思路，为测度劳动收入份额提供新的研究视角，为国民核算资料提供新的参考依据。

第一节

收入份额法

收入法也称分配法，是从生产过程创造收入的角度，根据生产要素在生产过程中应得的收入份额以及因从事生产活动向政府支付的份额的角度来反映最终成果的一种计算方法。按照收入法，GDP由全国各行业汇总的劳动者报酬、固定资产折旧、营业盈余和生产税净额四部分组成：

$$收入法 GDP = 劳动者报酬 + 固定资产折旧 + 营业盈余 + 生产税净额$$

(7.1)

其中，劳动者报酬是雇员对企业提供劳动获得的工资和各种形式的报酬；固定资本折旧是生产中使用的房屋和设备在核算期内磨损的转移价值；营业盈余是企业从事经营活动所获得的利润；生产税净额是企业向政府支付的利润前的税金减政府对企业由于政策性的原因造成的亏损而给予的补贴。

我国在编制中国统计年鉴时对劳动者报酬的定义为：指劳动者因从事生产活动所获得的全部报酬，包括劳动者获得的各种形式的工资、奖金和津贴，既包括货币形式的，也包括实物形式的，还包

第七章　初次分配中劳动收入份额测算方法研究

括劳动者所享受的公费医疗和医药卫生费、上下班交通补贴、单位支付的社会保险费、住房公积金等；对于个体经济来说，其所有者所获得的劳动报酬和经营利润不易区分，这两部分统一作为劳动者报酬处理。劳动收入份额是指劳动者报酬占收入法GDP的比重，也称劳动报酬比重。根据我国现有的国民核算资料，利用收入份额法核算劳动收入份额的途径主要有两种：投入产出表和资金流量表。

一、投入产出表

投入产出表，反映的是国民经济各部门之间的投入和产出之间的关系，是一定时期国民经济系统实际运行情况的缩影。随着社会主义市场经济不断发展，政府职能转变的加快，投入产出表对于重复宏观调控的重要性越来越突出（齐舒畅，2003）。我国国家统计局相继成功编制了1987年，1990年，1992年，1995年，1997年，2000年，2002年，2005年和2007年的价值型投入产出表。投入产出表中间使用表是逢"2"、"7"年份编制，是国家统计局唯一直接给出的全国层面按产业部门分类的要素收入数据。

利用投入产出表，不仅测算全国的劳动收入份额，还可以进一步细分分行业的劳动收入份额。例如，2007年投入产出表将全部生产活动划分为123个部门，将这个123个部分分为林牧渔业、工业、建筑业、交通运输仓储和邮政业、批发和零售业以及其他部门进行增加值的核算。[1]

根据白重恩（2009）的总结研究，目前对分析我国劳动收入份额下降的观点有三种：一种观点收入分配认为劳动者和资本所有者通过讨价还价来决定的，在讨价还价中谁的话语权大，谁就能得

---

[1] 国家统计局国民经济核算司编. 中国2007年投入产出表编制方法[M]. 北京：中国统计出版社，2009.

到的更多,劳动收入份额下降是因为劳动者的话语权减弱而造成的,因此劳动收入份额下降是资本对劳动的侵占;第二个观点认为,中国有比较多的剩余劳动力,所以按照市场的机制来决定的劳动工资增长就会比较慢,这样劳动收入占的比例就会比较低;第三个观点认为中国用的更多的是技术含量低的劳动力,这些劳动力收入是比较低的,就会导致劳动收入份额的下降。与上述观点不同,林毅夫(2007),白重恩和钱震杰(2009a),罗长远和张军(2009)认为经济结构的转型是我国劳动收入份额降低最重要原因,因此要从结构转型入手,发展劳动密集型产业和服务业,是缓解我国劳动收入份额下降的根本办法。利用投入产出表可以为分析经济结构转型与劳动收入份额关系提供准确的统计数据。

利用投入产出表测算劳动收入份额的优点是数据准确全面,但是投入产出表目前只有九个年份数据可以获得,而且投入产出表还存在数据滞后性问题,正如列昂惕夫所说"投入产出表的编制,任何一年的数据从积累到核对都不可避免地要花费一段时间,投入产出表将总是一种历史文献"。

二、资金流量表

作为国民经济核算体系的重要组成部分,资金流量表记录了非金融企业部门、金融机构、政府部门、住户部门和国外部门等五大部门间的收支情况。资金流量表采用矩阵结构,主栏列出交易项目,宾栏列出各机构部门,而每个机构部门下再列出两个分栏,分别反映该机构部门的资金流入和流出,称为"来源"和"运用"。通过这种结构,资金流量表一方面记录了各机构部门以增加值为起点,经过初次分配,形成初次分配总收入,之后经过再分配形成可支配收入的过程;另一方面还反映了初次分配中各种要素收入,以及再分配阶段各种转移支付项目在部门间的分配情况,资金流量表可用来分析国民收入份额分配格局及其变化原因。

第七章 初次分配中劳动收入份额测算方法研究

许宪春（2002）首次利用资金流量表计算了我国 1992～1997 年间的国民收入在企业、政府和居民间的分配。李扬和殷剑峰（2007）利用资金流量表讨论了居民、政府和企业的各种收入来源的变化对各部门收入占比的影响，发现居民在全国可支配收入中比重下降的原因是初次分配阶段劳动收入份额和财产收入比重有所下降。但是以上的研究采用经济普查前的数据，可能存在 GDP 生产核算中的劳动者报酬与资金流量核算中的劳动者报酬不一致的问题。2004 年，我国进行第一次经济普查，国家统计局对资金流量历史数据进行调整，将 GDP 生产核算中的劳动者报酬与资金流量核算中的劳动者报酬协调一致起来，《中国资金流量表历史资料（1992-2004）》和《中国统计年鉴（2006-2009）》详细给出了 1992～2007 年经过调整后的资金流量表。

相对投入产出表，资金流量表具有数据连续的优点。但是，国家统计局在编制资金流量表时，经济普查年份数据直接取自普查数据，而非普查年份部分数据通过假设劳动者报酬的增长率与居民人均可支配收入增长率相同推算得到的，在劳动者报酬下降较快的时期，如果其他条件不变，居民可支配收入下降较慢，会高估资金流量表中的劳动者报酬在国民收入中的占比并低估其下降幅度（白重恩和钱震杰，2009b）。

由于国民核算资料限制，我国仅提供 1992 年以后的全国资金流量表，而缺乏 1992 年以前的数据资料。《中国国内生产总值核算资料（1978-1995）》、《中国国内生产总值核算资料（1978-2004）》以及历年《中国统计年鉴》详细提供了 1978～2007 年分地区（省份）分行业的收入法 GDP。利用省份收入法 GDP 加总计算劳动收入份额，具有时间连续且跨度长等优点，从而成为许多学者的选择。但是需要注意的是，我国采取分级核算体制，地区 GDP 核算易受地方干预等弊端，可能出现地方 GDP 加总高出全国核算数据的情况，从而可能影响省份加总法测度全国劳动收入份额的准确度。

· 159 ·

第二节

时变弹性生产函数与劳动收入份额

收入份额法是初次分配中劳动收入份额的常用测度方法，但是在实际应用中可能存在数据缺失、时间跨度短、统计指标和统计口径变化等问题；国民核算资料的缺失问题更是客观上限制了初次分配的研究（肖红叶和郝枫，2009）。

从理论上讲，在规模报酬不变、完全市场竞争和利润最大化假设条件下，利用 Cobb-Douglas 生产函数估计得到资本和劳动力的产出弹性分别等于产出中资本和劳动力的份额。因此，在实际应用中，经济学家转而探索利用生产函数模型来估计资本和劳动力的份额，用估计的产出弹性替代要素分配份额具有一定合理性（白重恩和钱震杰，2009b）。

假定技术水平由一组可控制变量 Z 的线性组合表示，则在规模报酬不变 $\alpha + \beta = 1$ 约束下，对数化后的 Cobb-Douglas 生产函数计量模型为：

$$\ln y_t = \sum_{i=1}^{m} \beta_i X_{it} + \alpha \ln k_t + \varepsilon_t, t = 1, 2, \cdots, T \qquad (7.2)$$

其中，$y_t = Y_t/L_t$，$k_t = K_t/L_t$。α 为资本弹性表示资本份额，$\beta = 1 - \alpha$ 为劳动力弹性表示劳动份额，即劳动收入份额。

要素分配份额在长期内基本保持稳定是平衡增长的典型事实（Kardor，1961）。利用 Cobb-Douglas 生产函数（7.2）估计得到的 α 和 β 值是固定常数，这符合卡尔多事实关于收入份额保持不变的经典事实，因此得到广泛应用。但是实际上，"卡尔多事实"并不总是成立的，Cobb-Douglas 生产函数是一个常参数模型，而真正的常参数模型只存在于假设之中（李子奈和叶阿忠，2004）；由于实

第七章 初次分配中劳动收入份额测算方法研究

际产出、资本和劳动力的数量与价格是逐期变化的,资本和劳动力的收入份额在不同时期也可能会存在一定的变化。因此,Cobb-Douglas 生产函数反映的只是整个研究时期的一个平均产出弹性水平,未能反映不同时期资本和劳动力的收入份额的变化(章上峰和许冰,2009)。

Christensen,Jorgenson 和 Lau 于 1973 年提出的超越对数生产函数模型是对 Cobb-Douglas 生产函数的改进,其资本产出弹性和劳动力产出弹性是可变的。但是超越对数生产函数模型由于待估参数过多,容易带来自由度不足、多重共线性等统计问题;此外,在参数确定的情况下,资本和劳动力产出弹性分别是资本和劳动力投入量的线性组合函数,这一假设经常是不合理的。

Shigeru Iwata(2003),刘晓路和吕冰洋(2006),Bing Xu 和 Berlin Wu(2007)等提出时变产出弹性的非参数估计,高宇明和齐中英(2008)提出时变产出弹性的卡尔曼滤波估计方法,本书借鉴 Ahmad(2005),章上峰和许冰(2009)和罗美华、杨振海和周勇(2009)等人的研究思路,将产出弹性看作时间 t 的非参数光滑函数 α(t),从而构造产出时变弹性时变的时变弹性生产函数模型:

$$\ln y_t = \sum_{i=1}^{m} \beta_i X_{it} + \alpha(t)\ln k_t + \varepsilon_t, t = 1,2,\cdots,T \qquad (7.3)$$

其中,常系数分量用于刻画确定性影响因素对实际产出增长的影响,变系数分量用于描述产出弹性系数随时间的非线性变化。可见,时变弹性生产函数模型(7.3)仍服从 Cobb-Douglas 函数形式,且资本产出弹性在不同时期是时变的。

时变弹性生产函数模型(7.3)本质上是一种半参数变系数模型,变系数模型的优点之一是避免"维数灾难",同时可以避免先验模型设定错误。变系数部分关于回归变量仍是线性的,但其系数是所有 n 个回归变量观测值所对应观测时间位置中的函数。其变系数部分除包含回归变量本身的观测值信息外，还含有观测点"位置"的信息。由于半参数变系数模型将观测点的位置结构嵌入模型之中，使该模型不但能对一般的数据作分析，而且也适用于空间数据的分析，使模型更具有适应性。半参数变系数模型常用的估计方法主要包括 Backfitting（花俊洲、吴冲锋和梅长林，2003）和 Profile（Fan and Huang，2005）等。

第三节

实证结果

表7-1给出了利用投入产出表和资金流量表（全国，省份加总）测算劳动收入份额的核算结果。

表7-1　　　　不同方法测算的劳动收入份额　　　　单位:%

年份	投入产出表	资金流量表 全国	资金流量表 省份	生产函数法
1978	—	—	49.65	48.71
1979	—	—	51.46	49.09
1980	—	—	51.18	49.49
1981	—	—	52.68	49.90
1982	—	—	53.59	50.31
1983	—	—	53.55	50.7
1984	—	—	53.68	51.05
1985	—	—	52.90	51.38
1986	—	—	52.90	51.66
1987	47.23	—	51.90	51.92
1988	—	—	51.72	52.15

续表

年份	投入产出表	资金流量表 全国	资金流量表 省份	生产函数法
1989	—		54.05	52.37
1990	46.72	—	54.65	52.58
1991	—		52.16	52.80
1992	45.23	63.47	50.32	53.01
1993	—	61.49	49.49	53.22
1994	—	60.17	50.35	53.41
1995	57.89	60.00	51.44	53.54
1996	—	57.86	51.21	53.58
1997	54.87	58.73	51.03	53.46
1998	—	58.73	50.83	53.15
1999	—	59.67	49.97	52.62
2000	54.06	59.57	48.71	51.90
2001	—	58.56	48.23	51.03
2002	48.38	59.50	47.75	50.10
2003		58.99	46.16	49.16
2004	—	47.14	41.55	48.22
2005	41.73	50.73	41.40	47.28
2006	—	49.81	40.61	46.33
2007	41.36	48.72	39.74	45.34
2008	—	—	39.50	44.30

利用时变弹性生产函数测度初次分配中劳动收入份额，需要相应的投入和产出数据。本书使用的 1978～2008 年统计数据说明如下：（1）国内生产总值 Y（单位：亿元）：1952 年为基期的实际国内生产总值表示；（2）资本存量 K（单位：亿元）：1952 年基期资

本存量采纳张军（2004）的估算结果为807亿元，经济折旧率采纳张军（2004）方法取9.6%，参考曹吉云（2008）研究方法，法定残值率取4%，以年初固定资本存量和年末固定资本存量的简单算术平均作为资本投入量。(3) 劳动力投入L（单位：万人）：以年初和年底就业人员数的平均值表示。(4) 技术水平由常数项 X_1、市场化程度 X_2（以非国有经济在工业总产值中的比重近似替）和经济结构 X_3（第三产业劳动力投入占比）的线性组合表示。以上数据来自《中国统计年鉴（2009）》、《中国国内生产总值核算历史资料》和《新中国五十五年统计资料汇编》。

本书采用 Fan 和 Huang（2005）提出的 Profile 估计方法，选取高斯核函数，根据交错鉴定法选取窗框，利用局部线性估计方法估计得到时变弹性生产函数模型（7.3）的资本产出弹性 $\alpha(t)$，并根据 $\beta(t) = 1 - \alpha(t)$ 得到劳动产出弹性表示劳动收入份额（见表7-1）。为了更加直观地刻画劳动收入份额的变化规律，本书给出趋势图，如图7-1所示。

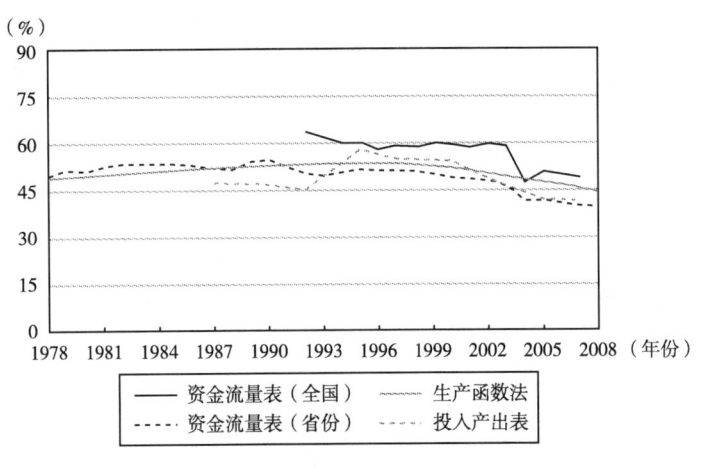

图7-1 劳动收入份额变化趋势

由表7-1和图7-1可知，无论根据收入份额法还是根据生产

第七章　初次分配中劳动收入份额测算方法研究

函数法，劳动收入份额在不同时期都是时变的。这是由于我国处于经济转型时期，随着生产要素的流动限制减少和价格放开，资本和劳动力的数量与价格是逐期变化的，因而不同时期的资本和劳动力份额也会存在一定程度的变化（章上峰和许冰，2009）。因此，改革开放以来中国劳动收入份额并不符合卡尔多关于要素分配份额稳定这一典型事实。生产函数法和收入份额法测算的劳动收入份额都呈现为先上升后下降的"倒 U 形"变化趋势，变化趋势大致相同。这个结果与李稻葵、刘霖林和王红领（2009）论证的劳动份额"U 形"变化规律相反，这可能时由于研究时期不够长引起的。

从测算结果看，全国资金流量表测算结果整体上要高于省份加总资金流量表，这是由于省份加总资金流量表关于劳动者报酬的核算范围要比劳动者报酬定义窄，而全国资金流量表的核算范围又要比劳动者报酬定义宽。投入产出表具有数据全面准确的优点，因此测算结果更加可靠。生产函数法的测算结果和投入产出表测算结果比较接近，介于全国资金流量表测算和省份加总资金流量表测算结果之间。这也说明了利用时变弹性生产函数测算初次分配中劳动收入份额的准确性。

我国投入和产出变量的国民核算资料相对丰富，使得利用时变弹性生产函数模型测度劳动收入份额具有可行性。此外，劳动收入份额的生产函数测算结果具有连续光滑的优良性质，从而有效避免由于统计口径改变带来的问题。例如，2004 年收入法 GDP 的核算改变个体经济业主收入从劳动收入变为营业盈余，对农业也不再计营业盈余，全国资金流量表测算结果下降幅度超过 11 个百分点；省份加总资金流量表测算结果下降幅度接近 5 个百分点，而生产函数法仅下降约 1 个百分点，有效避免由于统计口径改变带来的核算问题，具有稳定性。

第四节

不同时变弹性生产函数测算结果对比

经典线性回归模型认为样本观测值的经济结构保持不变，解释变量对被解释变量的影响保持不变。例如，Cobb-Douglas生产函数模型假定资本和劳动力的产出弹性保持不变。但是实际上，真正的常参数模型只存在于假设之中（李子奈和叶阿忠，2004）。以上主要介绍了变系数生产函数为代表的时变弹性生产函数模型的劳动收入份额测算结果，本书以下进一步比较分析非参数生产函数、变系数生产函、可变参数生产函数和变系数面板数据生产函数四种时变弹性生产函数模型的劳动收入份额测算结果，结果如图7-2所示。

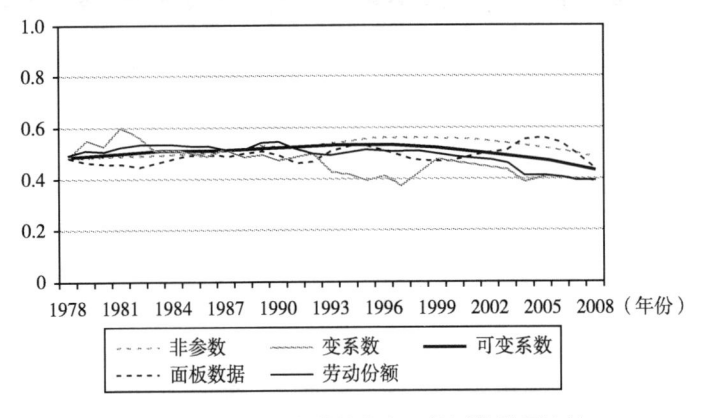

图7-2 不同时变弹性生产函数测算结果比较

由图7-2可知，四种时变弹性生产函数模型在一定程度上都较好地刻画了实际劳动收入份额的变化趋势。但是，相对而言，面板数据生产函数和非参数生产函数模型的劳动产出弹性测算结果与实际劳动收入份额偏差较大；非参数生产函数和变系数生产函数的劳动产出弹性的变化趋势较为光滑。造成上述现象，是由于不同时变弹性生产函数模型的构造机理不同，从而导致估计结果不同：

（1）从数据类型来看，非参数生产函数、变系数生产函数和可变参数生产函数，使用时间序列数据，面板数据生产函数使用面板数据。面板数据能够提供更多信息、更多变化性、更少共线性、更多自由度和更高效率，但是利用面板数据生产函数估计总量生产函数受到一定限制：第一，面板数据生产函数模型假定所有截面在第 t 期的资本产出弹性 α_t 和劳动力产出弹性 β_t 都相同，这是一个比较严格的假设，与事实不尽相符；第二，面板数据由于对数据要求较高，常常可能存在数据短缺不齐等情况；第三，由于全国和各省份之间统计口径的差异和重复计算等问题，可能出现各省份指标之和不等于全国的情况，例如，近年来各省 GDP 之和远远大于全国。

（2）从估计方法和性质来看，非参数生产函数和变系数生产函数都采用了局部线性估计方法，涉及了核权函数，假定样本数据是连续光滑的，利用全部空间的样本数据；相对而言非参数回归模型可能存在外延难、经济意义不明显的问题。变参数状态空间模型的马尔科夫特性，样本数据是离散性的，仅利用了时间点及之前的样本数据。

变系数生产函数和可变参数生产函数，沿用人们熟悉的不变参数 Cobb-Douglas 生产函数形式，拓展为变参数 Cobb-Douglas 生产函数，具有明确的数学表达式和经济学意义，可以成功地刻画要素替代弹性等于 1 情况下资本和劳动力产出弹性的变化。因此，变系数生产函数和可变参数生产函数是较为合意的时变弹性生产函数模型。如果进一步考虑连续型数据可以进行求一阶导数甚至高阶导数，还可以进行更加复杂的数学变换；相对而言，变系数生产函数具有更加良好的数学性质。

时变弹性生产函数模型研究

第五节

结果分析

初次分配格局，将在很大程度上决定了一个社会最终收入分配的基本格局，从而直接决定一国经济的未来发展模式。近年来，我国劳动报酬比重出现持续下降的趋势，并已经引起国家政府管理部门的高度关注。

统计资料的限制和统计口径的变化可能使得劳动报酬比重测算存在诸多困难。本书分析了资金流量表和投入产出表测度劳动报酬比重的优缺点，并提出利用时变弹性生产函数测度劳动报酬比重的新思路，从而为测度劳动报酬比重提供新的研究视角，为国民核算资料提供新的参考依据。实证研究结果表明，时变弹性生产函数模型具有三大优点：第一，可行性，投入和产出变量的国民核算资料相对丰富；第二，准确性，生产函数法的测算结果和投入产出表测算结果比较接近；第三，稳定性，测算结果具有连续光滑，从而有效避免由于统计口径改变带来的核算问题。

当然，时变弹性生产函数模型测算结果的准确性还依赖于投入产出数量质量和模型设定的准确性。在我国统计资料的限制和统计口径的变化的情况下，时变弹性生产函数模型是一个可选择的新方法。

四种时变弹性生产函数模型都在一定程度上较好地刻画了实际劳动收入份额的变化趋势。从函数构造机理和测算结果分析，变系数生产函数和可变参数生产函数是较为合意的时变弹性生产函数模型。如果进一步考虑连续型数据可以进行求一阶导数甚至高阶导数，还可以进行更加复杂的数学变换；相对而言，变系数生产函数具有更加良好的数学性质。

第八章

技术进步偏向与劳动收入份额：一个新的分解公式

根据技术进步偏向理论，劳动产出弹性代表完全竞争和规模报酬不变假设下的理论劳动收入份额。本章利用时变弹性生产函数模型测度得到理论劳动收入份额，并将实际劳动收入份额变化分解成技术进步偏向和市场扭曲两个因素。结果表明，技术进步偏向是中国劳动收入份额长期运行的决定因素，而市场扭曲则是中国劳动收入份额短期波动的决定因素。2011年以来中国劳动收入份额上升是劳动偏向型技术进步和市场扭曲缓和的结果。

第一节
引　言

中国经济在过去的三十多年里成就了经济增长和体制转型的双奇迹，一方面中国人均GDP增长率达到约9%、人民生活水平有很大提升，另一方面中国试图完成从计划经济到市场经济的平稳转型，没有出现其他转型国家那样的剧烈经济和政治波动。但是，伴随着中国经济快速增长，收入分配不平等问题日益突出。国际上常用基尼系数定量测定社会居民收入分配的差异，国家统计局公布数据显示，1983年我国的基尼系数仅为0.27，至1993年达到了国际公认的警戒线0.4，2003年是0.4792，2008年达到最高值0.491，之后有所回落至2014年为0.469仍然超过0.45，表明我国收入差距很大。

初次分配格局，在很大程度上决定了一个社会最终收入分配的基本格局（李稻葵、刘霖林和王红领，2009）。国民收入经过初次分配形成三大板块，即劳动收入、资本收入（包括固定资产折旧和营业盈余）和政府税赋。初次分配中劳动收入份额是理解当前国民收入分配格局的关键因素。由于资本收入份额主要由少部分富人拥有，而劳动收入份额则是由广大劳动者共同分享，因此相对于资本分布，劳动力收入分布更为均匀，劳动收入份额的下降将进一步拉大贫富差距、导致收入分配不平等加剧（陈宇峰、贵斌威和陈启清，2013）。

图8-1给出根据收入份额法计算的历年中国劳动收入份额数据。由图8-1可知，近年来中国初次分配格局已发生了显著变化，劳动收入份额出现了持续下降趋势：1990年中国劳动收入份额为54.65%，至2008年为39.50%，下降了15个百分点，最高下降幅度超过25%。其中，中国劳动收入份额在2004年和2009年有一个突然下滑和突然上升，这主要是由于统计口径变动造成的。根据国家统计局国民经济核算司（2007，2008）的研究，2004年的统计口径变动主要包括两个方面：一是将个体经营户的收入由劳动者报酬改为营业盈余；二是将国有和集体农场的营业盈余改为劳动者报酬。白重恩和钱震杰（2009）推测个体经营户核算方法的调整使劳动收入份额减少了7.1个百分点，国有和集体农场核算方法的调整使劳动收入份额增加了0.8个百分点，因此统计口径调整使得劳动收入份额降低了6.3个百分点。本章借助白重恩和钱震杰（2009）的研究成果，对2004～2008年的劳动收入份额进行重新

第八章 技术进步偏向与劳动收入份额：一个新的分解公式

核算①，调整统计口径变化影响后发现，中国劳动收入份额从1990年的54.65%，下降到2011年的44.94%，仍然下降了将近10个百分点，下降幅度达到18%。

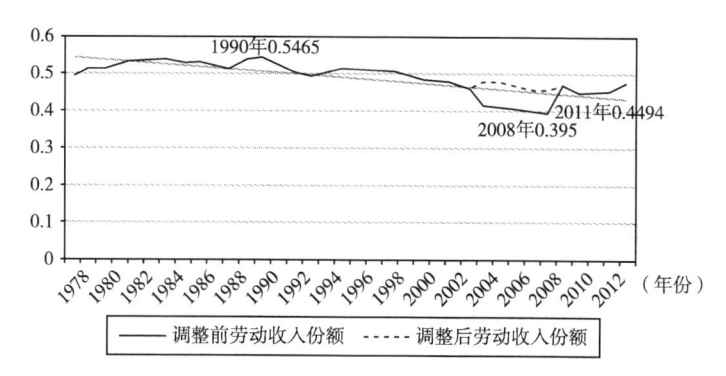

图8-1 中国1978~2013年实际劳动收入份额

资料来源：根据《中国国内生产总值核算历史资料》和历年《中国统计年鉴》的省份加总数据计算得到。

近年来我国劳动收入份额的持续下降，是导致收入分配不平等不断加剧、国内居民消费低迷不振和投资比重居高不下的深层次原因（李扬和殷剑峰，2007），并已经引起国家政府管理部门的高度关注，党的十七大报告特别指出以及党的十八大报告重申要"逐步提高劳动报酬在初次分配中的比重"。关于近年来我国劳动收入份额的下降成因，很多研究试图通过技术进步偏向、市场扭曲等经济学原理给出可能的经济解释。大多数研究文献都假设了CES生产函数。虽然CES生产函数在经济理论上有助于解释技术进步偏向对于劳动收入份额的理论影响，但是在统计学上却难以有效刻画和准确拟合技术进步偏向对于劳动收入份额的实际影响。

不同于已有研究，本章基于技术进步偏向理论，利用时变弹性生产函数模型测度得到理论劳动收入份额，此基础上构造一个全新

---
① 本章以下研究指经过调整的劳动收入份额。

的劳动收入份额的分解公式，将实际劳动收入份额变化分解成技术进步偏向和市场扭曲两个因素，从而为准确理解中国实际劳动收入份额变化提供新的方法和证据。本章结构安排如下：首先是相关文献综述；其次介绍技术进步偏向影响劳动收入份额的经济机制、测度模型以及分解公式；再其次是实证结果分析；最后是研究结论。

第二节

文献综述

关于我国劳动收入份额的下降成因分析，已经成为近年来的研究热点，很多文献试图给出可能的经济解释。王诚（2005）认为，企业特别是垄断企业利润和政府财政收入在国民收入中比重的增加，利润侵蚀工资和财富向政府倾斜的现象导致居民实际工资在国民收入中的份额下降。卓勇良（2007）认为，劳动所得比重下降与资本所得比重上升的主要原因在于，投资机会和剩余劳动力较多；长期低汇率锁定了国内企业的高利润率；各级政府重资轻劳。姜磊（2008）认为国劳动分配比例的下降的根本原因是二元经济条件下的巨大就业压力、不断提高的劳均资本和人力资本、工会在保护劳动者权益方面的缺位。郑志国（2008）分析发现中国企业利润侵蚀工资问题日益突出。白重恩、钱震杰和武康平（2008）分析发现，工业部门要素分配份额变化的主要原因是产品市场垄断增加和国有部门改制引起劳动力市场环境改变。翁杰和周礼（2010），罗长远和陈琳（2012）、张杰、卜茂亮和陈志远（2012）等基于产品市场垄断和要素市场扭曲等市场扭曲的研究，为正确理解我国劳动收入份额下降提供了重要参考。

除了市场扭曲因素的影响，Acemoglu（2002，2003）的研究表明，技术进步偏向也是导致劳动收入份额变化的重要原因：要素相对价格改变会诱使企业家进行技术创新，使用相对价格较低的要

第八章 技术进步偏向与劳动收入份额：一个新的分解公式

素，技术进步偏向导致要素分配份额的变化。Acemoglu（2000，2008）进一步引入劳动和资本增强型技术进步概念，认为均衡增长路径上是劳动增强型技术进步，劳动收入份额保持稳定；而在转型路径上，会发生资本增强型技术进步，此时劳动收入份额将发生变化。黄先海和徐圣（2009）认为资本偏向型技术进步是制造业劳动收入份额下降的主要原因。白重恩和钱震杰（2010）发现，有偏技术进步在1985～1995年促使劳动份额提高，但1996年以来对劳动份额变化无明显贡献。李坤望和冯冰（2012）提出资本增强型技术进步是我国工业劳动份额下降的重要原因。张莉、李捷瑜和徐现祥（2012），陈宇峰、贵斌威和陈启清（2013）等都注意到技术进步偏向对于劳动收入份额长的重要影响。

其中，黄先海和徐圣（2009）将劳动收入份额下降中无法被资本深化解释的部分归为技术偏向因素，对技术偏向性是间接估计，这一估计法可能存在一定的误差；陈宇峰、贵斌威和陈启清（2013）采用CSE生产函数模型的直接估计法来测度技术偏向性，这也是现有文献通行的做法。但是，利用CSE生产函数刻画技术进步偏向对于劳动收入份额的影响，可能存在着以下两个方面的致命问题：第一，无论是Cobb-Douglas生产函数还是CES生产函数，都很难解释过去二十几年内欧洲大陆国家劳动收入份额所发生的变化，在这些国家，劳动和资本之间的替代弹性接近于1（Blanchard，1997），但是劳动收入份额却不是一个不变的值（罗长远，2008）；第二，CES生产函数是可变弹性生产函数模型，假定了资本和劳动力产出弹性是劳均资本的线性函数，这个假设是非常严格的，也经常是不合理的，利用CES生产函数拟合实际收入劳动份额变化，可能出现吻合性差、拟合效果不好的情况。这个问题非常重要，但是并没有引起足够重视。

不同于已往研究，本章基于技术进步偏向理论，利用时变弹性生产函数模型测度得到理论劳动收入份额，此基础上构造一个全新的劳动收入份额的分解公式，将实际劳动收入份额变化分解成技术进步偏向和市场扭曲两个因素，从而为准确理解中国实际劳动收入份额变化提供新的方法和证据。

第三节

经济模型

(一) 经济机理

希克斯（J. R. Hicks）在其1932年出版的著作《工资理论》中，将技术进步定义为要素边际生产力的提高，具体表现为成本的节约或最佳要素投入组合点的移动。假定要素价格比率保持不变，技术进步一方面会减少某一产出水平所需的要素投入量，从而降低成本；另一方面也会改变要素投入比率，使产品的要素密集度发生变化。假设只有资本和劳动力两个生产要素，技术进步可以分为三种类型：希克斯中性技术进步、资本偏向型技术进步和劳动偏向型技术进步，如图8-2所示。

希克斯中性技术进步如图8-2（a）所示，技术进步前的等产量曲线为Q_0Q_0，要素使用比例为R的斜率，技术进步后，等产量曲线内移到$Q_0'Q_0'$，要素使用比例仍然不变，即技术进步前与技术进步后的边际技术替代率相同。也就是说，在资本与劳动的比率既定的条件下，劳动的边际生产力与资本的边际生产力同比例上升，即技术进步前后的资本对劳动的边际替代率$\partial K/\partial L$也一定。进一步地，可以推导出：$\partial K/\partial L/(K/L) = \partial K/K/(\partial L/L) = [\partial Y/\partial L \cdot (L/Y)]/[\partial Y/\partial K \cdot (L/Y)] = \beta/\alpha$。定义相对资本密集度w为劳动收入份额和资本收入份额之比，则希克斯中性技术进步意味着相对资本密集度保持不变。

资本偏向型（劳动节约型）技术进步如图8-2（b）所示，技术进步前，等产量曲线为Q_0Q_0，要素使用比例为R的斜率，技术进步后，等产量曲线内移到$Q_0'Q_0'$。如果要维持要素价格不变，

第八章 技术进步偏向与劳动收入份额：一个新的分解公式

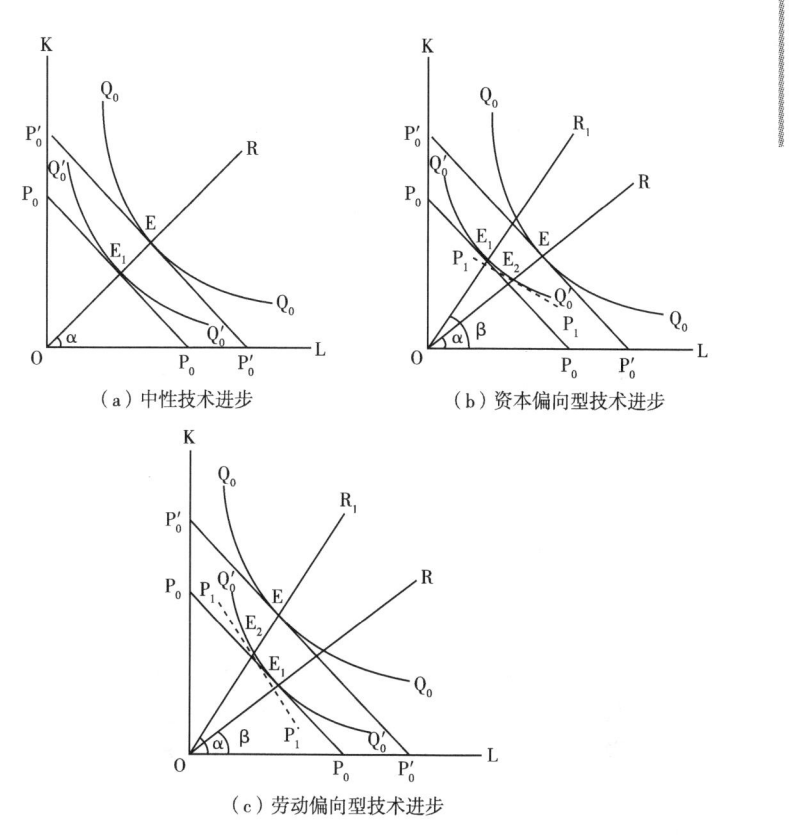

图 8 - 2 技术进步类型

(a) 中性技术进步
(b) 资本偏向型技术进步
(c) 劳动偏向型技术进步

则技术进步后资本的边际生产力提高程度大于劳动的边际生产力的提高，使得会以资本去替代劳动，从而要素使用比例发生变化为 R_1，其斜率变为 β。如果要维持要素使用比例不变，则技术进步后，由于资本边际生产力提高程度大于劳动边际生产力的提高程度，边际替代率会下降，即 E_2 点切线的斜率小于 E_0 点切线的斜率，即劳动的相对报酬下降。无论是相同要素价格下资本/劳动比率提高，或是相同资本/劳动比率下劳动相对报酬减少，都代表劳动的节约。也就是说，在资本劳动比率给定的条件下，资本边际生产力的增加超过劳动边际生产力的增加，如果资本与劳动的相对价格不变，企业更愿意用更多的资本来替代劳动，资本装备率上升。资本偏向型技术进步意味着相对资本密集度 w 变小。

劳动偏向型（资本节约型）技术进步如图 8-2（c）所示，技术进步前的等产量曲线为 Q_0Q_0，要素使用比例为 R 的斜率，技术进步后，等产量曲线内移到 $Q'_0Q'_0$。如果要维持要素价格不变，则由于技术进步后劳动边际生产力的提高比例大于资本边际生产力的提高比例，因而会以劳动替代资本，要素使用比例变为 β，即资本节约导致更加劳动密集的生产。如果要维持要素使用比例不变，则由于劳动边际生产力提高比例大于资本边际生产力提高比例，边际替代率会上升，即 E_2 切线的斜率大于 E_0 切线的斜率，意味着资本的报酬下降。无论是相同要素价格条件下资本/劳动比率下降，还是相同资本/劳动比率下资本报酬下降，都代表资本节约的技术进步。劳动偏向型技术进步意味着相对资本密集度 w 变大。

因此，可以根据相对资本密集度 w 来判断技术进步类型，在技术进步前后：如果相对资本密集度 w 保持不变，则称为中性技术进步；如果相对资本密集度 w 变小，则称为资本偏向型技术进步；如果相对资本密集度 w 变大，则称为劳动偏向型技术进步。进一步地，如果假定完全竞争和规模报酬不变，即 $\alpha + \beta = 1$，则 $w = \beta/\alpha = \beta/(1-\beta) = 1 + 1/(1-\beta)$，因此可以根据理论劳动收入份额 β 来判断技术进步类型：如果理论劳动收入份额 β 保持不变，则称为中性技术进步；如果理论劳动收入份额 β 变小，则称为资本偏向型技术进步；如果理论劳动收入份额 β 变大，则称为劳动偏向型技术进步。

（二）测度模型

模型是对现实的模拟，模型总是建立在一定的假设基础上的，没有假设，就没有模型。而假设与现实之间是有差距的，这个差距越小，说明模型对现实的描述越准确。假设向现实的逼近，导致了模型的不断发展。真实模型通常是指能够代表和反映真实经济关系

第八章 技术进步偏向与劳动收入份额：一个新的分解公式

的一个模型体系（王诚，2007）。

只有资本和劳动力两种生产要素，不变规模报酬的 Cobb-Douglas 生产函数：

$$Y_t = A_t K_t^\alpha L_t^\beta \quad (\alpha + \beta = 1) \tag{8.1}$$

假设技术水平由一组可控制变量 Z 的指数线性组合表示，对式（8.1）两边取自然对数，得计量经济模型：

$$\ln Y_t = \sum_{i=1}^m \gamma_i Z_{it} + \alpha \ln K_t + \beta \ln L_t + \varepsilon_t \quad (\alpha + \beta = 1) \tag{8.2}$$

式（8.2）分别对 $\ln K_t$ 和 $\ln L_t$ 求导，α 和 β 分别代表第 t 期资本和劳动力的产出弹性：

$$\alpha = \frac{\partial \ln Y_t}{\partial \ln K_t} = \frac{\partial Y_t}{\partial K_t} \cdot \frac{K_t}{Y_t} = \frac{\partial Y_t / \partial K_t \cdot K_t}{Y_t}, \beta = \frac{\partial \ln Y_t}{\partial \ln L_t} = \frac{\partial Y_t}{\partial L_t} \cdot \frac{L_t}{Y_t} = \frac{\partial Y_t / \partial L_t \cdot L_t}{Y_t} \tag{8.3}$$

完全竞争市场，资本和劳动力根据边际产出 MPK 和 MPL 获得报酬 r 和 w：

$$r_t = MPK_t = \partial Y_t / \partial K_t, w_t = MPL_t = \partial Y_t / \partial L_t \tag{8.4}$$

因此，在不变规模报酬和完全市场竞争假设条件下，理论资本收入份额在数值上等于资本弹性 α，理论劳动收入份额在数值上等于劳动弹性 β。[①]

$$\frac{r_t \cdot K_t}{Y_t} = \frac{MPK_t \cdot K_t}{Y_t} = \frac{\partial Y_t / \partial K_t \cdot K_t}{Y_t} = \alpha, \frac{w_t \cdot L_t}{Y_t} = \frac{MPL_t \cdot L_t}{Y_t}$$
$$= \frac{\partial Y_t / \partial L_t \cdot L_t}{Y_t} = \beta \tag{8.5}$$

[①] 当资本和劳动力收入份额国民核算数据缺失的情况下，常用的替代办法是利用 Cobb-Douglas 生产函数估计得到产出弹性，替代收入份额，进行全要素生产率核算等方面的应用研究。

时变弹性生产函数模型研究

在实际应用中,经济学家经常的做法是利用 Cobb-Douglas 生产函数模型来估计资本产出弹性 α 和劳动力产出弹性 β,用估计的产出弹性替代要素分配份额(白重恩和钱震杰,2009),这符合"卡尔多事实"关于收入份额保持不变的经典理论。但是,我国处于经济转型时期,随着生产要素的流动限制减少和价格放开,资本和劳动力的数量与价格是逐渐变化的,因而不同时期的资本和劳动力份额也会存在一定程度的变化(章上峰和许冰,2009)。资本和劳动力的产出弹性固定不变的假设,使得 Cobb-Douglas 生产函数模型仅适用于中性技术进步类型,而未能反映不同时期资本或者劳动力的技术进步偏向。国际比较结果表明,发达国家和中等发达国家呈现经济稳态增长特征,基本符合"卡尔多事实";但是,中国等发展中国家经济呈现非稳态特征,不符合"卡尔多事实"(章上峰和许冰,2015)。

为了研究技术进步偏向对于劳动收入份额影响,大多数研究文献大多数研究文献都假设了 CES 生产函数:

$$Y = A(\delta_1 K^{-\rho} + \delta_2 L^{-\rho})^{-\frac{m}{\rho}} \quad (8.6)$$

其中,δ_1 和 δ_2 是分配系数,满足 $0 < \delta_1$,$\delta_2 < 1$,并且 $\delta_1 + \delta_2 = 1$。当 $\rho = 0$ 时,CES 生产函数模型就退化成 Cobb-Douglas 生产函数模型。通过 CSE 生产函数模型的数理推导,可以清晰地展示技术进步偏向对于劳动收入份额变化的经济机理。不同于已有的研究视角,本章侧重于统计学角度考察生产函数模型是否有效刻画和准确拟合技术进步偏向对于劳动收入份额的实际影响。假定规模报酬不变 $m = 1$,两边取对数,在 $\rho = 0$ 处展开泰勒展开,2 阶近似展开得到:

$$\ln(Y/L) = \sum_{i=1}^{m} \gamma_i Z_{it} + \delta_1 \ln(K/L) - 1/2\rho\delta_1(1-\delta_1)\ln^2(K/L) + \varepsilon \quad (8.7)$$

第八章 技术进步偏向与劳动收入份额：一个新的分解公式

因此，在完全竞争和不变规模报酬假设下，推导得到资本和劳动力产出弹性分别等于：

$$\alpha_t = \delta_1 - \rho\delta_1(1-\delta_1)\ln(K_t/L_t), \beta_t = 1 - \delta_1 + \rho\delta_1(1-\delta_1)\ln(K_t/L_t) \tag{8.8}$$

由式（8.8）可知，CES生产函数是可变弹性生产函数模型，CES生产函数对于资本和劳动力产出弹性隐含着这样的假设：资本和劳动力的产出弹性是时变的，是对数劳均资本的线性函数。这个假设是否过于严格？是否合理？这个问题非常重要，但是并没有引起足够重视。已有研究发现，无论是Cobb-Douglas生产函数还是CES生产函数，都很难解释过去二十几年内欧洲大陆国家劳动收入份额所发生的变化，在这些国家，劳动和资本之间的替代弹性接近于1（Blanchard，1997），但是劳动收入份额却不是一个不变的值（罗长远，2008）。虽然CES生产函数在经济理论上有助于解释技术进步偏向对于劳动收入份额的影响，但是在统计学上却难以有效刻画和准确拟合技术进步偏向对于劳动收入份额的实际影响，可能出现吻合性差、拟合效果不好的情况。

时变弹性生产函数模型沿用人们熟悉的Cobb-Douglas生产函数形式，拓展为变参数Cobb-Douglas生产函数，具有明确的数学表达式，符合经济学意义（章上峰和许冰，2009）。将产出弹性看作时间t的非参数光滑函数，从而构造产出弹性时变的时变弹性生产函数模型：

$$\ln Y_t = \sum_{i=1}^{m}\gamma_i Z_i + \alpha(t)\ln K_t + \beta(t)\ln L_t + \varepsilon_t, \alpha(t) + \beta(t) = 1 \tag{8.9}$$

$\alpha(t)$和$\beta(t)$是时间t的非参数光滑函数系数，分别代表不同时期t的资本和劳动力产出弹性。容易证明，时变弹性生产函数模型（8.9）中劳动和资本之间的替代弹性等于1，但是劳动收入份额却是时变的，很好的回答了 Blanchard（1997）问题，即技术变动是有偏向性的，但是仍会影响劳动收入份额。根据时变弹性生产函数模型（8.9）估计得到的时变劳动弹性 $\beta(t)$，代表各个时期的理论劳动收入份额，可以理论劳动收入份额的变化来判断技术进步类型：如果时变劳动弹性 $\beta(t)$ 保持不变，表明理论劳动收入份额不变，为中性技术进步；如果时变劳动弹性 $\beta(t)$ 变小，表明理论劳动收入份额减少，为资本偏向型技术进步；如果时变劳动弹性 $\beta(t)$ 变大，表明理论劳动收入份额增加，为劳动偏向型技术进步。

（三）分解公式

时变劳动弹性代表的理论劳动收入份额，它表示完全竞争和规模报酬不变假设前提下，劳动投入应得的收入份额。然而，技术进步偏向理论是在完全竞争框架下展开的，并没有考虑市场垄断等不完全竞争因素。现实中，实际劳动收入份额除了受到技术进步偏向影响外，还会受到企业垄断利润、劳动力市场讨价还价能力等因素的影响①，是这些市场扭曲因素共同作用的结果。

根据收入份额法，劳动收入份额实际值 β_{1t} 和理论值 β_t 分别等于：

$$\beta_{1t} = w_{1t}L_t/Y_t, \beta_t = w_tL_t/Y_t \qquad (8.10)$$

其中，w_{1t} 和 w_t 分别代表实际劳动工资和理论劳动工资。

定义市场扭曲度② SC 为劳动收入份额实际值和理论值的差值：

$$SC_{1t} = \beta_{1t} - \beta_t = (w_{1t} - w_t)L_t/Y_t \qquad (8.11)$$

市场扭曲度反映了劳动工资的市场偏离度。市场扭曲度越接近于0，实际份额越接近于理论份额，越接近完全竞争经济。实际劳

---

① 实际劳动收入份额还会受到统计误差的影响，本章已借助白重恩和钱震杰（2009）消除统计口径变化影响。

② 根据公式推导容易知道，劳动收入份额的扭曲，也体现为实际劳动工资相对理论工资的扭曲。

第八章 技术进步偏向与劳动收入份额：一个新的分解公式

动收入份额在数值上等于理论劳动收入份额与市场扭曲度之和，得到水平分解公式如下：

$$\beta_{1t} = \beta_t + (\beta_{1t} - \beta_t) = \beta_t + SC_t \qquad (8.12)$$

定义市场扭曲率 S 为劳动收入份额实际值和理论值的比值：

$$S_t = \frac{\beta_{1t}}{\beta_t} = \frac{w_{1t}}{w_t} = \frac{\beta_t + \beta_{1t} - \beta_t}{\beta_t} = 1 + \frac{\beta_{1t} - \beta_t}{\beta_t} \qquad (8.13)$$

市场扭曲率，在数值上等于劳动工资实际值和理论值的比值，反映了劳动力工资的市场扭曲率。市场扭曲率越接近于 1，实际份额越接近于理论份额，越接近完全竞争经济。实际劳动收入份额在数值上等于理论劳动收入份额与市场扭曲率的乘积：

$$\beta_{1t} = \beta_t \frac{\beta_{1t}}{\beta_t} = \beta_t \left(1 + \frac{\beta_{1t} - \beta_t}{\beta_t}\right) = \beta_t S_t \qquad (8.14)$$

根据式（8.14）进一步可以得到实际劳动收入份额的波动分解公式：

$$\begin{aligned}\Delta\beta_{1t} &= \beta_{1t} - \beta_{1t-1} \\ &= \beta_t S_t - \beta_{t-1} S_{t-1} \\ &= \beta_t S_t - \beta_{t-1} S_t + \beta_{t-1} S_t - \beta_{t-1} S_{t-1} \\ &= \underbrace{(\beta_t - \beta_{t-1})}_{\Delta\beta_t} S_t + \underbrace{(S_t - S_{t-1})}_{\Delta S_t} \beta_{t-1} \end{aligned} \qquad (8.15)$$

波动分解式（8.15）表明，实际劳动收入份额波动，取决于技术进步偏向波动 $\Delta\beta_t$ 和市场扭曲波动 ΔS_t 两个因素共同作用的结果。

实际劳动收入份额分解公式的经济意义在于，水平分解公式反映了实际劳动收入份额长期运行水平的决定因素，波动分解公式则体现了实际劳动收入份额短期波动的主要原因。

第四节

实证结果

(一) 数据说明

本章使用的 1978~2013 年统计数据说明如下：(1) 国内生产总值 Y (单位：亿元)：1952 年为基期的实际国内生产总值表示。(2) 资本存量 K (单位：亿元)：1952 年基期资本存量采纳张军 (2004) 的估算结果为 807 亿元，经济折旧率采纳张军 (2004) 方法取 9.6%，参考曹吉云 (2008) 研究方法，法定残值率取 4%，以年初固定资本存量和年末固定资本存量的简单算术平均作为资本投入量。(3) 劳动力投入 L (单位：万人)：以年初和年底就业人员数的平均值表示。(4) 技术水平由常数项 Z_1、市场化程度 Z_2 (以非国有经济在工业总产值中的比重) 和经济结构 Z_3 (第三产业劳动力投入占比) 的线性组合表示。以上数据来自历年《中国统计年鉴》、《中国国内生产总值核算历史资料》和《新中国五十五年统计资料汇编》，其中市场化程度数据 1978~2007 年来自王小鲁、樊纲和刘鹏 (2009)，2008 年以后数据来自历年《中国工业统计年鉴》。

(二) 测度结果

本章采用 Fan 和 Huang (2005) 提出的 Profile 估计方法，选取高斯核函数，根据 Silverman 法选取窗框，利用局部线性估计方法估计得到时变弹性生产函数模型的时变资本产出弹性 $\alpha(t)$ 估计值，根据 $\beta(t) = 1 - \alpha(t)$ 得到时变劳动产出弹性估计值，结果如表 8-1 所示。为了更加直观地刻画其变化规律，本章给出其变化趋势图，如图 8-3 所示。

第八章 技术进步偏向与劳动收入份额：一个新的分解公式

表8-1 回归模型估计结果

解释变量	Cobb-Douglas生产函数模型 (8.16) 系数	P值	技术进步偏向与劳动收入份额变化 (8.17) 步骤一 系数	P值	步骤二 系数	P值	步骤三 系数	P值	最终结果 系数	P值
技术 Z_1	-2.207	0.000	-2.188	0.004	-2.228	0.000	-2.161	0.000	-2.063	0.000
技术 Z_2	0.839	0.000	1.220	0.065	1.252	0.020	1.252	0.018	1.237	0.018
技术 Z_3	2.955	0.000	1.973	0.258	2.034	0.192	1.805	0.234	1.504	0.297
固定弹性 C	0.432	0.000	-5.851	0.361	-5.706	0.341	-3.720	0.497	0.506	0.012
经济发展 X_0			-5.014	0.001	-5.091	0.000	-5.185	0.000	-5.275	0.000
经济发展 X_0^2			4.134	0.002	4.200	0.000	4.075	0.000	3.804	0.000
劳动素质 X_1			0.299	0.432	0.299	0.418	0.389	0.272	0.620	0.003
基础设施 X_2			0.467	0.324	0.456	0.303	0.312	0.441		
非国有比重 X_3			0.848	0.059	0.855	0.046	0.896	0.035	0.809	0.043
城市化 X_4			-4.531	0.373	-4.538	0.357	-6.477	0.146	-9.648	0.000
城市化 X_4^2			7.028	0.474	7.082	0.456	10.307	0.242	16.676	0.000
行政管理成本 X_5			-2.680	0.401	-2.706	0.380				
最终消费率 X_6			0.026	0.930						
外贸依存度 X_7			-0.191	0.135	-0.195	0.095	-0.210	0.069	-0.245	0.021
三产结构 X_8			1.954	0.400	2.048	0.304	2.580	0.176	3.318	0.047
调整 R^2	0.998		1.000		1.000		1.000		1.000	
F统计值	6012.7		6698.7		7661.0		8386.0		9334.4	
D.W.	0.773		1.810		1.809		1.736		1.812	

· 183 ·

时变弹性生产函数模型研究

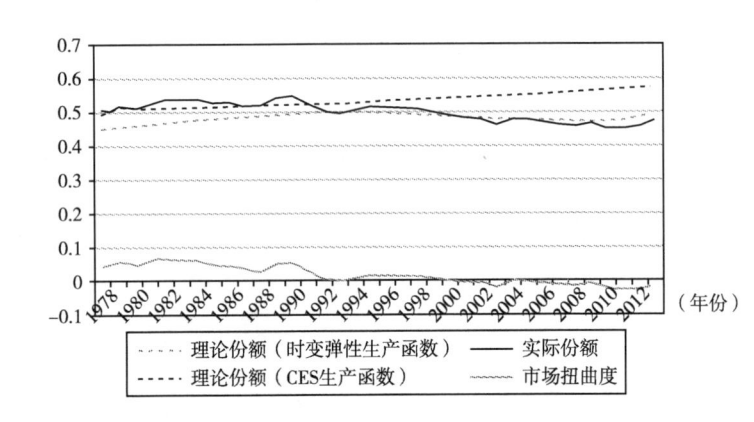

[图表：劳动收入份额理论值、实际值及水平分解，包含理论份额（时变弹性生产函数）、理论份额（CES生产函数）、实际份额、市场扭曲度四条曲线，横轴为1978—2012年份]

图 8-3　劳动收入份额理论值、实际值及水平分解

CES 生产函数是可变弹性生产函数模型，但是它假定了劳动力产出弹性是劳均资本的对数线性函数。从图 8-3 可以看出，从统计拟合角度看，CES 生产函数估计得到的时变劳动产出弹性和实际劳动收入份额的吻合度不高，因而 CES 生产函数不能有效刻画和准确拟合技术进步偏向对于劳动收入份额的实际影响。这个结果说明 CES 生产函数关于产出弹性的假设是非常严格的，也是不合理的。与之不同，从图 8-3 还可以看出，利用时变弹性生产函数模型估计得到的时变劳动弹性测度理论劳动收入份额具有可行性、准确性和稳定性三大优点，是一个较为合理的真实模型。

根据时变弹性生产函数模型估计结果可知，中国劳动力产出弹性不是固定不变的常数，而是随时间变化而呈现出非线性变化特征。根据前文研究，在完全竞争、规模报酬不变和利润最大化假设条件下，时变劳动弹性等于各个时期的理论劳动收入份额。因此，在 1978~2013 年这段时期内，根据理论劳动收入份额变化规律，可以粗略地化为分三个阶段：在第一阶段，改革开放初期 1978~1995 年，我国优先发展劳动密集型乡镇企业，理论劳动收入份额从 1978 年的 0.4526 逐步上升至 1995 年的 0.4997，

第八章 技术进步偏向与劳动收入份额：一个新的分解公式

上升了0.0471，上升幅度达到10.39%，说明在这段时期发生了劳动偏向型技术进步。在第二阶段，市场经济深化改革时期1995~2009年，工业化快速发展，资本投资和积累加速，理论劳动收入份额从1995年的0.4997逐步下降至2009年的0.4725，下降了0.0271，下降幅度达到5.43%，说明在这段时期发生了资本偏向型技术进步。在第三阶段，国际金融危机后2009~2013年，我国深化经济结构调整，宏观经济进入"中高速增长"新常态，理论劳动收入份额从2009年的0.4725逐步上升至2013年的0.4929，上升了0.0204，上升幅度达到4.32%，说明在这段时期发生了劳动偏向型技术进步。

（三）分解结果

一个兴趣的问题是，为什么劳动收入份额实际值和理论值会发生偏离？如何解释2011年以来实际劳动收入份额的上升趋势？根据水平分解公式，劳动收入份额实际值等于理论值与市场扭曲度之和，图8-3给出了水平分解结果。由图8-3可知，从水平分解结果上看，实际劳动收入份额和理论劳动收入份额相关系数为0.91，数值上较为接近，趋势上基于一致；而与市场扭曲度的相关系数仅为0.14，数值趋势上并不一致，这个分解结果说明了技术进步偏向是中国劳动收入份额长期运行水平的决定因素。

从图8-4可知，从波动分解结果上看，实际劳动收入份额波动和市场扭曲率波动相关系数为0.91，数值上较为接近，趋势基于一致；而与理论劳动收入份额的相关系数仅为0.16，数值趋势上并不一致，这个结果说明了市场扭曲是中国劳动收入短期波动的主要原因。

总之，分解公式表明，技术进步偏向是中国劳动收入份额长期运行水平的决定因素，而市场扭曲则是中国劳动收入份额短期波动的主要原因。

值得一提的是，1992年以前劳动收入份额实际值与理论值偏差较大，这是由于1992年之前中国经济以计划经济体制为主，劳

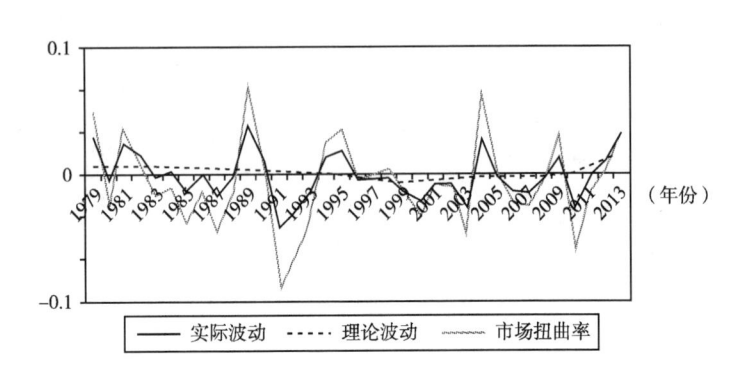

图 8-4 劳动收入份额波动分解

动收入份额实际值核算的是计划经济下的劳动收入份额，而理论劳动收入份额则是在市场经济完全竞争假设下的估计结果，因此两者之差可以看成市场经济理论值和计划经济实际值的偏差。

另外，我们注意到，根据前文的计算结果，国际金融危机后2009~2013年，中国技术进步是劳动偏向型的，即理论收入份额逐步上升，但是实际劳动收入份额在2009~2011年仍然趋于下降，这是由于市场扭曲贡献大于技术进步偏向贡献。直到2011~2013年技术进步偏向不断提升，而市场扭曲趋于缓和，实际劳动收入份额才开始上升。

第五节

影响机制研究

我国处于经济转型时期，随着生产要素的流动限制减少和价格放开，资本和劳动力的数量与价格是逐期变化的，因而不同时期的资本和劳动力份额也会存在一定程度的变化。时变弹性生产函数模型为测算测度技术进步偏向下劳动收入份额变动提供了全新的研究框架和思路方法。

第八章 技术进步偏向与劳动收入份额：一个新的分解公式

但是偏向型技术进步本身，不能完全解释劳动收入份额的动态变化过程，技术进步本身是内生的，找到偏向型技术进步发生的原因更有意义。Acemoglu（2000，2008）引入劳动和资本增强型技术进步概念，认为均衡增长路径上是劳动增强型技术进步，劳动收入占比保持稳定；而在转型路径上，会发生资本增强型技术进步，此时要素收入占比将发生变化。Acemoglu（2000）将资本增强型技术进步归因于外生冲击，但是他并未清楚说明外生冲击、资本增强型技术进步发生以及劳动收入份额变化的传导机制（王云飞和朱钟棣，2009）。本节借鉴时变弹性生产函数研究框架，通过将技术进步偏向内生于生产函数模型中，给出技术冲击通过时变产出弹性影响劳动收入份额的传导路径和机制。

假设时变产出弹性由一组技术进步偏向的影响因素决定：

$$\alpha(t) = C + \sum_{i=0}^{p} \lambda_i X_i \qquad (8.16)$$

则时变弹性生产函数模型（8.2）可以进一步表示为：

$$\ln y_t = \sum_{i=1}^{m} \gamma_i Z_i + (C + \sum_{i=0}^{p} \lambda_i X_i) \ln k_t + \varepsilon_t \qquad (8.17)$$

借鉴李子奈（2008）总体回归模型设定的唯一性和一般性"经济主题动力学关系导向"原则，选取偏向型技术进步的影响因素如下：（1）经济发展水平（X_0），由 GDP 与劳动力之比表示；（2）劳动者素质（X_1），由对数劳动者平均受教育年限表示；（3）基础设施（X_2），由对数标准道路历程数表示；（4）市场化程度（X_3），由非国有经济固定资产投资比重表示；（5）城市化水平（X_4），由城镇人口比重表示；（6）行政管理成本（X_5），由行政管理费与 GDP 比值表示；（7）最终消费率（X_6），由支出法居民消费比重表示；（8）国际化（X_7），由进出口总额和 GDP 比值表示；（9）第三产业结构（X_8），由第三产业就业人员数比重表示。劳动者平均受教育年限根据王金营（2001）研究推算得到，标准道路历程数借鉴王小鲁、樊纲和刘鹏（2009）研究方法，其余数据根据历年《中国统计年鉴》和《新中国五十五年统计资料汇编（1949-2004）》。

添加经济发展水平（Y/L）和城市化水平（X_4）平方项，刻画劳动收入份额的"U形"变化规律。利用逐步回归方法，逐步剔除非显著可忽略因素 X_6，X_5 和 X_2，得到最终计量结果如表8-1所示。计量结果表明，调整判定系数达到0.9997，自相关系数为1.8121，说明回归模型具有较好的统计拟合效果，且不存在自相关计量经济假设问题。

容易发现，内生技术偏向生产函数模型（8.17）是 Cobb-Douglas 生产函数模型（8.1）的一个推广，Cobb-Douglas 模型则是内生技术偏向生产函数模型（8.17）的一个嵌套。因此，偏向型技术进步是否显著的统计检验就等价于模型（8.17）和模型（8.1）的 Wald 显著性检验。经过分析计算我们得到 F=16.8114，相伴概率 p=0.0000，拒绝 Cobb-Douglas 生产函数模型，偏向型技术进步显著存在。

模型（8.17）回归结果表明：（1）经济发展水平和城市化水平的二次项大于零，支持劳动收入份额"倒U形"假说；（2）提高劳动者素质和提升市场化水平有利于提高劳动收入份额；（3）国际化和对外开放程度提升降低了我国劳动收入份额，这是由于经济开放和贸易发展往往意味着资本的流动和资本方谈判能力上升，导致劳动份额降低（Harrison，2002；Acemoglu，2002；Zuleta，2007；王云飞和朱钟棣，2009）；（4）城市化水平变量包含着第二产业和第三产业发展的共同作用，城市化影响不显著，第三产业发展正向显著，这说明第三产业发展有利于提升劳动产出弹性，而第二产业发展则不利于提升劳动产出弹性（白重恩和钱震杰，2009）的研究结果。林毅夫（2007），白重恩和钱震杰（2009），罗长远和张军（2009），黄先海和徐圣（2009）认为产业结构调整将影响劳动收入份额。

第八章　技术进步偏向与劳动收入份额：一个新的分解公式

技术结构是由经济体系的资源禀赋结构所决定的（林毅夫和刘明兴等，2005；林毅夫和张鹏飞，2005），以上研究结果较好地阐释了技术进步偏向通过资源禀赋变化和经济结构调整引致劳动产出弹性变化：（1）对外开放和早期城市化发展，使得劳动力稀缺性禀赋下降，降低劳动谈判能力，从而促进劳动份额下降；人力资本提升、经济体制改革和后期城市化发展，提高劳动力稀缺性禀赋，提高劳动谈判能力，从而导致劳动份额下上升。（2）三大产业中劳动收入份额按照从高到低依次是第一、第三、第二产业；早期城市化的发展，主要表现为以工业为主的第二产业的发展，从而从结构上促使劳动收入份额下降，后期城市化发展和第三产业发展，使得经济结构由"二、三、一"向"三、二、一"转变，从而促使劳动收入份额上升。

劳动产出弹性代表理论劳动收入份额，它表示完全竞争和不变规模报酬前提下，劳动投入应得的收入份额。Granger 因果关系检验发现理论劳动收入份额与实际理论劳动收入份额之间存在互为 Granger 因果关系。以实际劳动收入份额为因变量，以理论劳动收入份额为自变量，构建单变量线性回归模型，添加 AR（1）、去掉不显著常数项后，方程拟合优度 R^2 达到 0.93，这说明理论劳动收入份额与实际劳动收入份额存在强统计依赖性，理论劳动收入份额变化可以为实际劳动收入份额变化提供较好地经济解释。

现实中，实际劳动收入份额除受到理论劳动收入份额影响外，还会收到政府税收、要素扭曲、市场竞争以及统计误差等因素的影响，是这些因素共同作用的结果。据此，本文构造实际劳动收入份额的影响机制和传导路径：经济发展、国际贸易、结构调整、市场化和劳动素质等导致偏向型技术进步，技术进步偏向通过要素禀赋变化改变理论劳动收入份额（劳动产出弹性），理论劳动收入份额和政府税收、要素扭曲、市场竞争以及统计误差等因素共同导致实际劳动收入份额的变化，如图 8-5 所示。

时变弹性生产函数模型研究

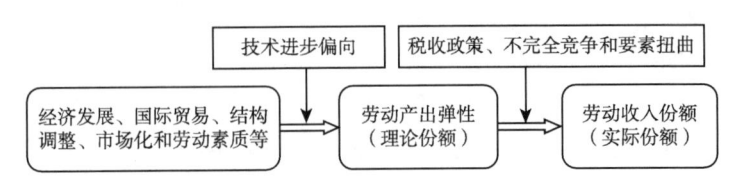

图8-5 劳动收入份额影响机制和传导路径

第六节

结果分析与建议

根据技术进步偏向理论，在完全竞争和规模报酬不变假设下，劳动产出弹性代表劳动收入份额的理论值。虽然CES生产函数在经济理论上有助于解释技术进步偏向对于劳动收入份额的影响，但是在统计学上却难以有效刻画和准确拟合技术进步偏向对于劳动收入份额的实际影响。不同于已有的研究方法，本章利用时变弹性生产函数模型测度得到理论劳动收入份额，并将实际劳动收入份额变化分解成技术进步偏向和市场扭曲两个因素。实证结果表明，技术进步偏向是中国劳动收入份额长期运行的决定因素，而市场扭曲则是中国劳动收入份额短期波动的决定因素。

党的十七大报告特别指出以及党的十八大报告重申要"逐步提高劳动报酬在初次分配中的比重"。本章研究的启示意义在，提高劳动收入份额需要从技术进步偏向和市场扭曲两个方面着手：一方面，技术进步通常会沿着使用相对丰富的资源而节约相对稀少的资源方向前进，应该矫正国有企业和政府投资项目的"资本偏向"倾向，充分利用中国当前劳动力多且相对便宜的优势发展劳动力相对密集的产业，或者在资本密集型产业中劳动力密集的区段，利用劳动偏向型技术进步提高初次分配中劳动收入份额，实现我国经济"包容性"增长。另一方面，限制国有企业市场垄断，开放行业准

第八章 技术进步偏向与劳动收入份额:一个新的分解公式

入,加速资本和劳动力要素市场的市场化改革,尽可能地减少行业垄断、不全竞争等市场扭曲的影响。2011年以来中国实际劳动收入份额趋于上升,正是劳动偏向型技术进步和市场扭曲缓和的结果。

第九章

时变弹性生产函数与全要素生产率

第一节

问题的提出

发展是全球共同关心的主题,而经济增长是发展的前提,因而受到各国政府高度重视。生产率分析是探求增长源泉的主要工具,其中,全要素生产率增长率的测算是生产率分析的中心内容,同时也是确定增长质量的主要方法,其研究目的是想在数量上确定不同投入因素对经济增长的贡献。1957 年美国经济学家罗伯特·索洛在《经济学与统计学评论》上发表了名为《技术进步与总量生产函数》的经典文章,提出了基于总量 Cobb-Douglas 生产函数的全要素生产率增长率测算的索洛余值法,从而开创了经济增长源泉分析的先河。

Cobb-Douglas 生产函数为:

$$Y = AK^{\alpha}L^{\beta} \tag{9.1}$$

两边取自然对数,得:

第九章 时变弹性生产函数与全要素生产率

$$\ln Y_t = \ln A_t + \alpha \ln K_t + \beta \ln L_t \quad t = 1, 2, \cdots, n \quad (9.2)$$

式 (9.2) 对时间 t 求导,最后得到代表全要素生产率增长率的"索洛余值":

$$a = y - \alpha k - \beta l \quad (9.3)$$

其中,y、k 和 l 分别表示实际产出、资本投入和劳动力投入的增长速度;a 表示不能被投入增长所解释的剩余的产出增长率,后来大多数经济学家都把"索洛余值"等同于全要素生产率增长率,它等于产出增长率减去资本投入和劳动力投入增长率的加权和,其权数分别为资本和劳动力的产出弹性 α 和 β。假设规模报酬不变,则在完全市场竞争和利润最大化假设条件下,资本产出弹性 α 和劳动力产出弹性 β 分别等于产出中资本和劳动力的份额,即:

$$\alpha = \frac{r \times K}{P \times Y}; \quad \beta = \frac{w \times L}{P \times Y} \quad (9.4)$$

其中,p、r 和 w 分别表示实际产出、资本和劳动力的价格。

但是,如何正确认识和测算我国全要素生产率是国内学术界长期争论焦点之一,许多学者针对这一问题进行了有益的探讨和研究。争论焦点主要集中于以下几个方面:

首先是资本存量的估算问题。资本存量是指在一定时点下安装在生产中资本的数量,一般用来度量生产过程中的资本投入。由于中国没有过大规模的资产普查,已有的资本存量数据都是估算的结果。如何正确地测算我国资本存量一直是困扰众多研究者的难题。早期的资本存量测算为研究中国经济增长提供了宝贵的研究资料,具有代表性的有贺菊煌 (1992),邹至庄 (1993),王小鲁和樊纲 (2000),张军 (2003),李治国和唐国兴 (2003),汤向俊 (2006) 等。早期测算的一般做法是使用各种替代方法,不同研究者使用不同的替代方法,估计结果有所区别。在国家统计局国民经济核算司出版发行了《中国国内生产总值核算历史资料》等系列书籍之后,资本存量的测算得到很大的发展。何枫等(2003),张军等(2004)利用这些书籍提供的统计数据,分别测算了我国1952~2001年的资本存量及固定资本存量数据和我国30个省市1952~2000年各年末的物质资本存量,为正确测算我国资本存量提供了规范化思路。曹吉云(2007),单豪杰(2008),章上峰和许冰(2009,2010),徐杰段、万春杨和建龙(2010),叶宗裕(2010)等延续发展了张军等(2004)研究方法和思路。

其次是技术水平A的替代问题。准确地测定总量生产函数需要选择技术水平的合意替代变量。张军和施少华(2003)以时间趋势项代替技术水平,采用经典回归的方法估计Cobb-Douglas生产函数。包群、许和连和赖明勇(2003)假设贸易开放度通过改变各类要素的使用效率即全要素生产率而影响经济增长。曹吉云(2007)以第三产业劳动力投入占比作为技术水平的替代变量所估计的我国总量生产函数表现出规模报酬不变的特征,说明了以第三产业劳动力投入占比作为1979~2005年我国技术水平替代变量的合意性。许冰和章上峰(2008)将全要素生产率增长率看成是时间t的非参数模型,构造了全要素生产率测算的半参数增长速度方程。20世纪80年代发展起来的内生经济增长理论倡导将R&D,人力资本等因素作为技术进步内生变量。总之,我国经济学者由于采用的研究方法和实证数据的差距,对我国改革开放后全要素生产率贡献率的研究结果在10.13%~48%(徐英等,2006),可以说迥然不同。

最后是对全要素生产率的正确认识问题。Krugman(1994)对东亚地区增长模式的批评挑起东亚奇迹的争论,也促进了对全要素生产率更加深入的认识。郑玉歆(1999,2007)提出应该认识到全要素生产率的阶段性特征,林毅夫和任若恩(2007)全面回顾了全要素生产率计算方法的发展方法及意义,林毅夫和苏剑(2007)根据要素禀赋结构提出转换我国的经济增长方式应使得经济的生产成本最小化,等等。

以上文献对正确认识和测算全要素生产率做出了创新性和规范

性的研究贡献,笔者阅后深受启发,不禁为这些开创性工作叫好。同时笔者注意到,在收入份额法式(9.4)中,由于实际产出、资本和劳动力的数量与价格是逐期变化的,因而资本和劳动力的产出弹性也应该是时变的。但是,利用 Cobb-Douglas 生产函数式(9.2)估计得到的 α 和 β 值是固定常数,它们反映的只是整个研究时期的一个平均产出弹性水平,未能反映不同时期资本和劳动力的收入份额的变化。因此,该方法仅适用于估计整个研究时期的资本、劳动力和全要素生产率的平均贡献率,但是用于估计逐期贡献率很可能是有偏的甚至有误的。这个问题显然非常重要,但是尚未引起学术界的高度重视(章上峰和许冰,2009)。

本章正是从资本和劳动力产出弹性的时变性出发,提出利用时变弹性生产函数模型代替收入份额法确定不同时期资本和劳动力的时变产出弹性,从而为科学计算全要素生产率提供新的方法和视角。

第二节

全要素生产率再测算

Solow(1957)推导出资本、劳动力和全要素生产率对经济增长的贡献度如下:

$$\alpha k_t, \beta l_t \text{ 和 } y_t - \alpha k_t - \beta l_t \tag{9.5}$$

资本、劳动力和全要素生产率对经济增长的贡献率如下:

$$E_{K_t} = \alpha \frac{\Delta K_t}{K_t} / \frac{\Delta Y_t}{Y_t} \times 100\% ; E_{L_t} = \beta \frac{\Delta L_t}{L_t} / \frac{\Delta Y_t}{Y_t} \times 100\% ;$$
$$E_{A_t} = 100\% - E_{K_t} - E_{L_t} \tag{9.6}$$

为了估算资本、劳动力和全要素生产率的经济贡献,需要产出弹性 α 和 β 的数。在规模报酬不变、完全市场竞争和利润最大化假设条件下,资本和劳动力的产出弹性分别等于产出中资本和劳动力的份额。我国由于缺乏资本价格等国民经济核算资料，使得利用收入份额的使用受到一定限制。国内外学者的常用做法是首先假定了总量生产函数模型为 Cobb-Douglas 生产函数，然后利用 Cobb-Douglas 生产函数估计得到的产出弹性 α 和 β 值，进一步来估算资本、劳动力和全要素生产率的经济贡献。

根据收入份额法，我国处于经济转型时期，由于实际产出、资本和劳动力的数量与价格是逐期变化的，因而资本和劳动力的产出弹性也应该是时变的（章上峰和许冰，2009）。但是，利用 Cobb-Douglas 生产函数估计得到的 α 和 β 值是固定常数，它们反映的只是整个研究时期的一个平均产出弹性水平，未能反映不同时期资本和劳动力的收入份额的变化。因此，该方法仅适用于估计整个研究时期的资本、劳动力和全要素生产率的平均贡献率，但是用于估计逐期贡献率很可能是有偏的甚至有误的。

现代计量经济学和统计学的发展，使得通过构建时变弹性生产函数来估计不同时期资本和劳动力的时变产出弹性成为可能。Shigeru Iwata（2003），刘晓路和吕冰洋（2006），Bing Xu 和 Berlin Wu（2007）等提出时变产出弹性的非参数估计，高宇明和齐中英（2008）提出时变产出弹性的卡尔曼滤波估计方法，本书借鉴 Ahmad（2005），章上峰和许冰（2009），罗羡华、杨振海和周勇（2009）等的研究思路，将产出弹性看作时间 t 的非参数光滑函数 α(t)，从而构造产出时变弹性时变的时变弹性生产函数模型。

对比 Cobb-Douglas 生产函数和时变弹性生产函数模型可知，Cobb-Douglas 生产函数由于假定了中性技术进步，忽略了技术进步偏向对经济增长的影响，利用时变弹性生产函数模型推导出资本、劳动力和全要素生产率对经济增长的贡献度如下：

$$\alpha_t k_t, \beta_t l_t \text{ 和 } y_t - \alpha_t k_t - \beta_t l_t \tag{9.7}$$

资本、劳动力和全要素生产率对经济增长的贡献率如下：

第九章　时变弹性生产函数与全要素生产率

$$E_{K_t} = \alpha_t \frac{\Delta K_t}{K_t} \Big/ \frac{\Delta Y_t}{Y_t} \times 100\% \; ; E_{L_t} = \beta_t \frac{\Delta L_t}{L_t} \Big/ \frac{\Delta Y_t}{Y_t} \times 100\% \; ;$$
$$E_{A_t} = 100\% - E_{K_t} - E_{L_t} \tag{9.8}$$

以时变弹性生产函数模型估算结果为基准，Cobb-Douglas 生产函数对资本、劳动率和全要素生产率增长率的测算存在偏差。

资本贡献度的测算偏差：

$$\alpha_t k_t - \alpha k_t = (\alpha_t - \alpha) k_t \tag{9.9}$$

劳动贡献度的测算偏差：

$$\beta_t l_t - \beta l_t = (\beta_t - \beta) l_t = (\alpha - \alpha_t) l_t \tag{9.10}$$

全要素生产率贡献度的测算偏差：

$$\begin{aligned} & y_t - \alpha_t k_t - \beta_t l_t - (y_t - \alpha k_t - \beta l_t) \\ & = (\alpha - \alpha_t) k_t + (\beta - \beta_t) l_t \\ & = (\alpha - \alpha_t) k_t + (\alpha_t - \alpha) l_t (\alpha_t + \beta_t = 1; \alpha + \beta = 1) \\ & = (\alpha - \alpha_t)(k_t - l_t) \end{aligned} \tag{9.11}$$

对全要素生产率估算的综合影响取决于 $\alpha_t - \alpha$ 和 $k_t > l_t$ 的乘数。通常情况下，资本增长率高于劳动增长率，即 $k_t - l_t > 0$。因此，全要素生产率估算偏差取决于 $\alpha_t - \alpha$ 的正负：当 $\alpha_t - \alpha > 0$，即 $\alpha_t > \alpha$ 时，Cobb-Douglas 生产函数将低估资本贡献度，高估劳动贡献度，并且高估全要素生产率贡献度；当 $\alpha_t - \alpha = 0$，即 $\alpha_t = \alpha$ 时，Cobb-Douglas 生产函数估算没有偏差；当 $\alpha_t - \alpha < 0$，即 $\alpha_t < \alpha$ 时，Cobb-Douglas 生产函数将高估资本贡献度，低估劳动贡献度，并且低估全要素生产率贡献度。

第三节

实证研究

一、数据说明

实证数据（见表9-1）说明如下：（1）根据《中国国内生产总值核算历史资料：(1952-1996)》提供的1952~1978年国内生产总值指数（1952=100）和1952年GDP（支出法）692.2亿元，以及《中国统计年鉴（2009）》提供的1979~2008年国内生产总值指数（上年=100），可以算出以1952年价格计算的1979~2008年的GDP，即Y_t。（2）借鉴曹吉云（2007）核算方法，以1952年为基期，基期资本存量采纳张军（2004）的估算结果为807亿元，经济折旧率采纳张军（2004）方法取9.6%，法定残值率参考黄勇峰等（2002）的研究取4%，以年初（上年年底）资本存量和年末资本存量的简单算术平均作为资本投入量，计算1978~2008年以1952年价格计算的我国固定资本存量投入量K_t。（3）劳动力投入L_t，取年初（上年年底）和年底就业人员数的平均值（万人），第三产业劳动力投入占总劳动力投入的比例代表经济结构因素。（4）市场化由非国有工业总产出占工业总产出的比例表示。数据来源于《中国统计年鉴（2009）》。

表9-1　　　　　　　　全国变量值及其增长率

年份	Y_t	K_t	L_t	$Ln(Y_t/Y_{t-1})$	$Ln(K_t/K_{t-1})$	$Ln(L_t/L_{t-1})$
1978	3 264	6 124	39 763	—	—	—
1979	3 511	6 652	40 587	7.30	8.27	2.05
1980	3 786	7 221	41 693	7.55	8.22	2.69
1981	3 985	7 790	43 045	5.11	7.58	3.19

第九章 时变弹性生产函数与全要素生产率

续表

年份	Y_t	K_t	L_t	$Ln(Y_t/Y_{t-1})$	$Ln(K_t/K_{t-1})$	$Ln(L_t/L_{t-1})$
1982	4 346	8 354	44 511	8.67	6.99	3.35
1983	4 817	9 005	45 867	10.31	7.50	3.00
1984	5 549	9 823	47 316	14.13	8.70	3.11
1985	6 296	10 858	49 036	12.63	10.02	3.57
1986	6 853	12 052	50 579	8.48	10.43	3.10
1987	7 646	13 416	52 031	10.96	10.72	2.83
1988	8 508	14 948	53 557	10.68	10.81	2.89
1989	8 855	16 262	54 830	3.99	8.43	2.35
1990	9 194	17 308	60 036	3.76	6.23	9.07
1991	10 039	18 507	65 121	8.79	6.70	8.13
1992	11 468	20 165	65 821	13.31	8.58	1.07
1993	13 069	22 496	66 483	13.07	10.94	1.00
1994	14 778	25 494	67 131	12.29	12.51	0.97
1995	16 393	29 013	67 758	10.37	12.93	0.93
1996	18 034	32 922	68 508	9.54	12.64	1.10
1997	19 710	37 023	69 383	8.89	11.74	1.27
1998	21 254	41 328	70 228	7.54	11.00	1.21
1999	22 875	45 899	71 019	7.35	10.49	1.12
2000	24 803	50 762	71 740	8.09	10.07	1.01
2001	26 863	56 129	72 555	7.98	10.05	1.13
2002	29 302	62 336	73 380	8.69	10.49	1.13
2003	32 238	69 996	74 087	9.55	11.59	0.96
2004	35 490	79 229	74 817	9.61	12.39	0.98
2005	39 191	90 084	75 516	9.92	12.84	0.93
2006	43 739	102 816	76 115	10.98	13.22	0.79
2007	49 424	117 231	76 696	12.22	13.12	0.76
2008	53 874	132 999	77 234	8.62	12.62	0.70
均值	—	—	—	9.35	10.26	2.21

二、实证分析

准确地测定总量生产函数需要选择技术水平的合意替代变量。根据配第—克拉克定律，随着人均国民收入水平的提高，就业人口首先从第一产业向第二产业转移；当人均国民收入水平有了进一步提高，就业人口便大量向第三产业转移。改革开放以来，产业就业结构发生了极为显著的变化，第三产业占比从1979年的0.124稳步上升至2005年的0.31，就业人口在三次产业中的这种规律性转移事实上是技术进步的结果（曹吉云，2007）。中国改革开放是以市场化改革为导向的改革开放，这三十年多来，市场化程度不断深化，一个集中表现是非国有经济比重的不断提升。章上峰和许冰（2010）把三次产业就业结构调整和市场化改革作为生产率增长的替代指标，变系数生产函数模型实证研究结果发现他们可以较好地测度中国生产率增长。不失一般性，为了使实证结果具有可比性，本书以变系数生产函数模型估算的技术水平为基准，假定生产函数模型技术水平由变系数生产函数模型技术水平估计结果表示。

分别利用非参数生产函数模型、变系数生产函数模型和可变参数生产函数模型，估计得到1978～2008年时变资本产出弹性和时变劳动力产出弹性（见表9－2），图9－1和图9－2给出变化趋势图；按照要素贡献率公式分别计算资本、劳动力和全要素生产率的逐年贡献率（见表9－3至表9－5），图9－3至图9－5给出变化趋势图。

表9－2　　　　　　　　　　产出弹性

年份	资本弹性α(t)			劳动力弹性β(t)		
	非参数	变系数	可变参数	非参数	变系数	可变参数
1978	0.5763	0.5129	0.5062	0.4237	0.4871	0.4938
1979	0.5739	0.5091	0.5111	0.4261	0.4909	0.4889
1980	0.5717	0.5051	0.5121	0.4283	0.4949	0.4879
1981	0.5701	0.501	0.5143	0.4299	0.499	0.4857
1982	0.5685	0.4969	0.5188	0.4315	0.5031	0.4812
1983	0.5661	0.493	0.5148	0.4339	0.507	0.4852
1984	0.5635	0.4895	0.5066	0.4366	0.5105	0.4934

续表

年份	资本弹性 α(t)			劳动力弹性 β(t)		
	非参数	变系数	可变参数	非参数	变系数	可变参数
1985	0.5599	0.4862	0.5017	0.4401	0.5138	0.4983
1986	0.5555	0.4834	0.5009	0.4445	0.5166	0.4991
1987	0.5496	0.4808	0.503	0.4504	0.5192	0.497
1988	0.5423	0.4785	0.5014	0.4577	0.5215	0.4986
1989	0.537	0.4763	0.4992	0.463	0.5237	0.5008
1990	0.5473	0.4742	0.5011	0.4527	0.5258	0.4989
1991	0.5411	0.472	0.5193	0.4589	0.528	0.4807
1992	0.5303	0.4699	0.5153	0.4697	0.5301	0.4847
1993	0.5141	0.4678	0.5038	0.4859	0.5322	0.4962
1994	0.4961	0.4659	0.4957	0.5039	0.5341	0.5043
1995	0.4807	0.4646	0.4941	0.5193	0.5354	0.5059
1996	0.4709	0.4642	0.4984	0.5291	0.5358	0.5016
1997	0.4667	0.4654	0.5035	0.5333	0.5346	0.4965
1998	0.4665	0.4685	0.508	0.5335	0.5315	0.492
1999	0.469	0.4738	0.5111	0.5311	0.5262	0.4889
2000	0.4726	0.481	0.5112	0.5274	0.519	0.4888
2001	0.4762	0.4897	0.51	0.5238	0.5103	0.49
2002	0.4804	0.499	0.5092	0.5196	0.501	0.4908
2003	0.4861	0.5084	0.5086	0.5139	0.4916	0.4914
2004	0.4945	0.5178	0.5075	0.5055	0.4822	0.4925
2005	0.507	0.5272	0.5053	0.4931	0.4728	0.4947
2006	0.5231	0.5367	0.5017	0.4769	0.4633	0.4983
2007	0.5412	0.5466	0.4988	0.4588	0.4534	0.5012
2008	0.5592	0.557	0.5014	0.4408	0.443	0.4986
均值	0.5244	0.4923	0.5063	0.4756	0.5077	0.4937

表 9-3　　　　　　　　　　　资本贡献率　　　　　　　　　单位:%

年份	资本贡献率				资本贡献率偏差		
	Cobb-Douglas	非参数	变系数	可变参数	非参数	变系数	可变参数
1979	57.72	65.02	57.67	57.90	-7.30	0.04	-0.19
1980	55.47	62.24	54.99	55.75	-6.78	0.48	-0.29
1981	75.57	84.57	74.32	76.29	-8.99	1.26	-0.72
1982	41.07	45.83	40.06	41.83	-4.76	1.01	-0.75
1983	37.06	41.18	35.86	37.45	-4.12	1.20	-0.39
1984	31.37	34.70	30.14	31.19	-3.33	1.23	0.18
1985	40.42	44.42	38.57	39.80	-4.00	1.85	0.62
1986	62.66	68.32	59.46	61.61	-5.66	3.21	1.05
1987	49.83	53.76	47.03	49.20	-3.93	2.80	0.63
1988	51.57	54.89	48.43	50.75	-3.32	3.13	0.82
1989	107.64	113.46	100.63	105.47	-5.82	7.01	2.17
1990	84.41	90.68	78.57	83.03	-6.27	5.84	1.39
1991	38.83	41.24	35.98	39.58	-2.41	2.86	-0.75
1992	32.84	34.18	30.29	33.22	-1.34	2.55	-0.38
1993	42.64	43.03	39.16	42.17	-0.39	3.49	0.47
1994	51.86	50.50	47.42	50.46	1.36	4.43	1.40
1995	63.52	59.94	57.93	61.61	3.59	5.59	1.92
1996	67.50	62.39	61.50	66.04	5.11	6.00	1.47
1997	67.28	61.63	61.46	66.49	5.65	5.82	0.79
1998	74.32	68.06	68.35	74.11	6.27	5.98	0.21
1999	72.71	66.94	67.62	72.94	5.78	5.09	-0.23
2000	63.42	58.83	59.87	63.63	4.59	3.54	-0.22
2001	64.16	59.97	61.67	64.23	4.19	2.49	-0.07
2002	61.50	57.99	60.24	61.47	3.51	1.26	0.03
2003	61.83	58.99	61.70	61.72	2.84	0.13	0.10

第九章 时变弹性生产函数与全要素生产率

续表

年份	资本贡献率				资本贡献率偏差		
	Cobb-Douglas	非参数	变系数	可变参数	非参数	变系数	可变参数
2004	65.68	63.75	66.76	65.43	1.93	-1.07	0.25
2005	65.94	65.62	68.24	65.40	0.32	-2.30	0.54
2006	61.34	62.98	64.62	60.41	-1.64	-3.28	0.93
2007	54.70	58.11	58.69	53.55	-3.41	-3.99	1.14
2008	74.59	81.87	81.55	73.41	-7.28	-6.96	1.18
均值	59.32	60.50	57.29	58.87	-1.19	2.02	0.44

表9-4　　　　　　　　　　劳动力贡献率　　　　　　　　　单位:%

年份	劳动力贡献率				劳动力贡献率偏差		
	Cobb-Douglas	非参数	变系数	可变参数	非参数	变系数	可变参数
1979	13.78	11.97	13.79	13.73	1.81	-0.01	0.05
1980	17.48	15.26	17.63	17.38	2.22	-0.16	0.09
1981	30.62	26.84	31.15	30.32	3.79	-0.53	0.30
1982	18.95	16.67	19.44	18.59	2.28	-0.49	0.36
1983	14.27	12.63	14.75	14.12	1.65	-0.48	0.16
1984	10.80	9.61	11.24	10.86	1.19	-0.44	-0.06
1985	13.87	12.44	14.52	14.08	1.43	-0.66	-0.22
1986	17.93	16.25	18.89	18.25	1.68	-0.95	-0.31
1987	12.67	11.63	13.41	12.83	1.04	-0.74	-0.17
1988	13.27	12.39	14.11	13.49	0.89	-0.84	-0.22
1989	28.89	27.27	30.84	29.50	1.62	-1.95	-0.60
1990	118.33	109.20	126.84	120.35	9.13	-8.51	-2.02
1991	45.37	42.44	48.84	44.46	2.93	-3.47	0.91
1992	3.94	3.78	4.26	3.90	0.17	-0.32	0.05
1993	3.75	3.72	4.07	3.80	0.04	-0.32	-0.04

时变弹性生产函数模型研究

续表

年份	劳动力贡献率				劳动力贡献率偏差		
	Cobb-Douglas	非参数	变系数	可变参数	非参数	变系数	可变参数
1994	3.87	3.98	4.22	3.98	-0.11	-0.34	-0.11
1995	4.40	4.66	4.80	4.54	-0.26	-0.40	-0.14
1996	5.66	6.10	6.18	5.78	-0.44	-0.52	-0.13
1997	7.01	7.62	7.64	7.09	-0.61	-0.63	-0.09
1998	7.87	8.56	8.53	7.90	-0.69	-0.66	-0.02
1999	7.47	8.09	8.02	7.45	-0.62	-0.54	0.02
2000	6.12	6.58	6.48	6.10	-0.46	-0.36	0.02
2001	6.95	7.42	7.23	6.94	-0.47	-0.28	0.01
2002	6.38	6.76	6.51	6.38	-0.38	-0.14	0.00
2003	4.93	5.17	4.94	4.94	-0.23	-0.01	-0.01
2004	5.00	5.15	4.92	5.02	-0.15	0.09	-0.02
2005	4.60	4.62	4.43	4.64	-0.02	0.17	-0.04
2006	3.53	3.43	3.33	3.59	0.10	0.20	-0.06
2007	3.05	2.85	2.82	3.12	0.20	0.23	-0.07
2008	3.98	3.58	3.60	4.05	0.40	0.39	-0.07
均值	14.83	13.89	15.58	14.91	0.94	-0.76	-0.08

表 9-5　　　　　　　　　全要素生产率贡献率　　　　　　　　单位:%

年份	全要素生产率贡献率				全要素生产率贡献率偏差		
	Cobb-Douglas	非参数	变系数	可变参数	非参数	变系数	可变参数
1979	28.51	23.02	28.54	28.37	5.49	-0.03	0.14
1980	27.06	22.50	27.37	26.86	4.56	-0.32	0.19
1981	-6.19	-11.40	-5.47	-6.61	5.21	-0.73	0.42
1982	39.97	37.49	40.50	39.58	2.48	-0.53	0.39
1983	48.67	46.19	49.38	48.43	2.47	-0.72	0.23

· 204 ·

第九章 时变弹性生产函数与全要素生产率

续表

年份	全要素生产率贡献率				全要素生产率贡献率偏差		
	Cobb-Douglas	非参数	变系数	可变参数	非参数	变系数	可变参数
1984	57.84	55.70	58.62	57.95	2.14	-0.79	-0.11
1985	45.72	43.14	46.90	46.11	2.58	-1.19	-0.40
1986	19.41	15.43	21.66	20.15	3.98	-2.25	-0.74
1987	37.50	34.61	39.57	37.97	2.89	-2.06	-0.47
1988	35.16	32.72	37.46	35.76	2.44	-2.30	-0.60
1989	-36.53	-40.73	-31.48	-34.97	4.20	-5.05	-1.56
1990	-102.74	-99.88	-105.41	-103.37	-2.86	2.66	0.63
1991	15.80	16.31	15.19	15.96	-0.51	0.61	-0.16
1992	63.22	62.04	65.45	62.89	1.18	-2.23	0.33
1993	53.60	53.25	56.77	54.03	0.35	-3.17	-0.43
1994	44.27	45.52	48.36	45.56	-1.25	-4.09	-1.29
1995	32.08	35.41	37.27	33.86	-3.33	-5.19	-1.78
1996	26.84	31.51	32.32	28.18	-4.66	-5.48	-1.34
1997	25.71	30.75	30.90	26.42	-5.04	-5.19	-0.70
1998	17.80	23.38	23.12	17.99	-5.58	-5.32	-0.19
1999	19.81	24.97	24.36	19.61	-5.16	-4.55	0.21
2000	30.46	34.59	33.65	30.27	-4.13	-3.19	0.19
2001	28.89	32.61	31.10	28.83	-3.72	-2.21	0.06
2002	32.12	35.25	33.25	32.15	-3.13	-1.13	-0.03
2003	33.24	35.84	33.36	33.34	-2.60	-0.12	-0.10
2004	29.31	31.09	28.32	29.55	-1.78	0.99	-0.23
2005	29.46	29.75	27.33	29.96	-0.29	2.13	-0.50
2006	35.13	33.59	32.05	36.01	1.54	3.08	-0.88
2007	42.25	39.04	38.49	43.33	3.21	3.76	-1.08
2008	21.43	14.55	14.86	22.54	6.88	6.57	-1.12
均值	28.51	23.02	28.54	28.37	5.49	-0.03	0.14

时变弹性生产函数模型研究

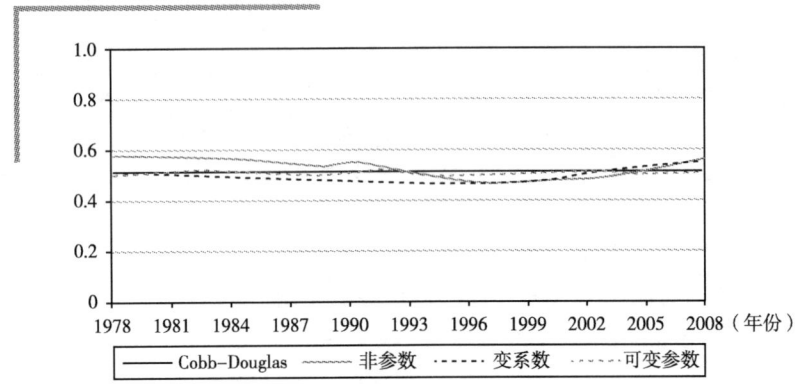

图9-1 资本弹性

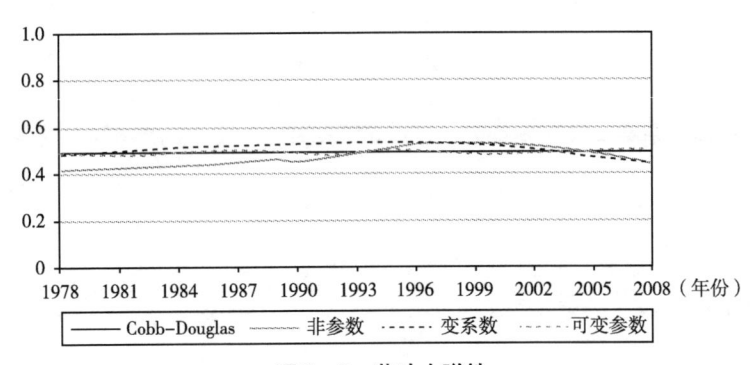

图9-2 劳动力弹性

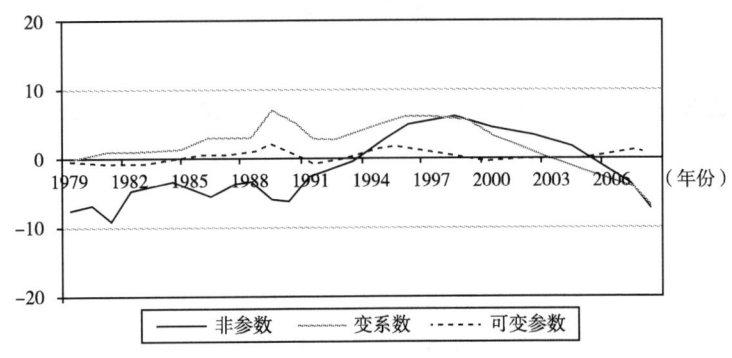

图9-3 资本贡献率偏差

第九章 时变弹性生产函数与全要素生产率

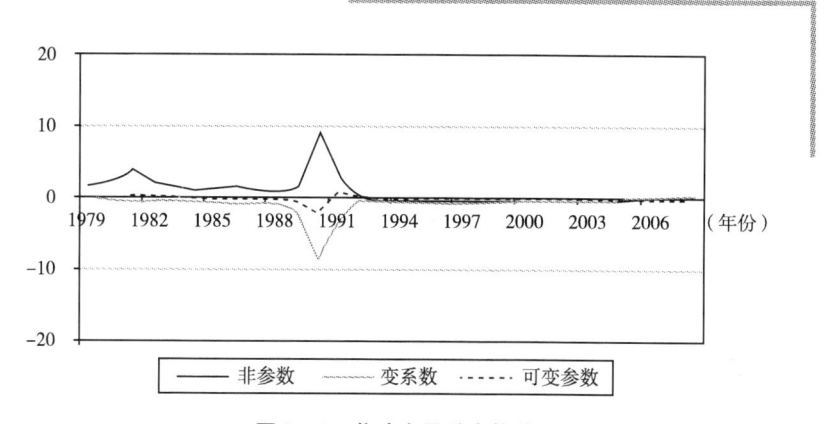

图9-4 劳动力贡献率偏差

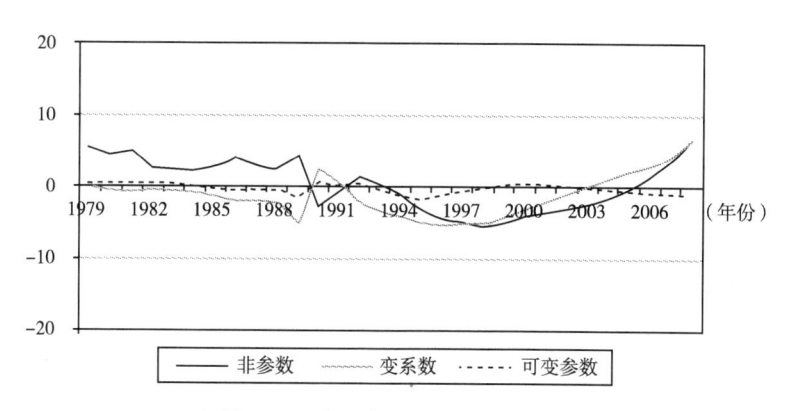

图9-5 全要素生产率贡献率偏差

由表9-2和图9-1、图9-2可知：(1) 从平均意义上看，Cobb-Douglas生产函数估计的资本产出弹性为0.51，非参数生产函数、变系数生产函数和可变参数生产函数估计得到资本产出弹性的平均值分别为0.52，0.49和0.51；Cobb-Douglas生产函数估计的劳动力产出弹性为0.49，非参数生产函数、变系数生产函数和可变参数生产函数估计得到资本产出弹性的平均值分别为0.48，0.51和0.49。(2) 从逐年数值上看，非参数生产函数、变系数生产函数和可变参数生产函数估计得到的产出弹性在不同时期存在较大的差异;以时变弹性生产函数估计结果为基准,Cobb-Douglas生产函数对资本产出弹性的估计偏差,分别最大低估了0.0669,0.05和0.01,最大高估了0.04,0.05和0.02。这个结果说明Cobb-Douglas生产函数估计得到的产出弹性反映了整个研究时期的一个平均产出弹性水平,但未能反映不同时期资本和劳动力产出弹性的变化。

由表9-3至表9-5和图9-3至图9-5可知:(1)从平均意义上看,Cobb-Douglas生产函数估计的资本贡献率平均值为59.32%,非参数生产函数、变系数生产函数和可变参数生产函数估计得到资本贡献率平均值分别为60.50%,57.29%和58.87%;Cobb-Douglas生产函数估计的劳动力贡献率平均值为14.83%,非参数生产函数、变系数生产函数和可变参数生产函数估计得到劳动力贡献率平均值分别为13.89%,15.58%和14.91%;Cobb-Douglas生产函数估计的全要素生产率贡献率平均值为25.86%,非参数生产函数、变系数生产函数和可变参数生产函数估计得到全要素生产率贡献率平均值分别为25.61%,27.13%和26.22%。(2)从逐年数值上看,以非参数生产函数、变系数生产函数和可变参数生产函数估计得到的要素贡献率为基准,Cobb-Douglas生产函数对资本贡献率的估计偏差分别最大低估了8.99%,6.96%和0.75%,最大高估了6.27%,7.01%和2.17%;对劳动力贡献率的估计偏差分别最大低估了0.69%,8.51%和2.02%,最大高估了9.13%,0.39%和0.91%;对全要素生产率贡献率的估计偏差分别最大低估了5.58%,5.48%和1.78%,最大高估了6.88%,6.57%和0.63%。这个结果从实证上说明利用Cobb-Douglas生产函数估计整个研究时期要素投入和全要素生产率的平均贡献率是基本可靠的,但是用于逐期贡献率确实存在一定的误差。

进一步地,以变系数生产函数为例说明利用Cobb-Douglas生产函数估计资本、劳动力和全要素生产率逐期贡献率存在的偏差:在

1979~1985年期间，资本贡献率平均低估了1.01个百分点，劳动力贡献率平均高估了0.39个百分点，全要素生产率贡献率平均低估了0.61个百分点；在1986~2000年期间，资本贡献率平均高估了4.56个百分点，劳动力贡献率平均高估了1.44个百分点，全要素生产率贡献率平均低估了3.11个百分点；在2001~2008年期间，资本贡献率平均低估了1.71个百分点，劳动力贡献率平均高估了0.08个百分点，全要素生产率贡献率平均高估了1.63个百分点。

第四节

结果分析

全要素生产率增长率的测算是生产率分析的中心内容，同时也是确定增长质量的主要方法。在规模报酬不变、完全市场竞争和利润最大化假设条件下，资本和劳动力的产出弹性分别等于产出中资本和劳动力的份额。我国由于缺乏资本价格等国民经济核算资料，使得利用收入份额的使用受到一定限制。国内外学者的常用做法是首先假定了总量生产函数模型为Cobb-Douglas生产函数，然后利用Cobb-Douglas生产函数估计得到的产出弹性 α 和 β 值，进一步来估算资本、劳动力和全要素生产率的经济贡献。

我国处于经济转型时期，由于实际产出、资本和劳动力的数量与价格是逐期变化的，因而资本和劳动力的产出弹性也应该是时变的（章上峰和许冰，2009）。由于我国统计资料的限制和统计口径的变化使得劳动收入份额测算结存在诸多困难（李济广，2008；白重恩和钱震杰，2009；肖红叶和郝枫，2009）。

本章正是从资本和劳动力产出弹性的时变性出发，提出利用时变弹性生产函数模型代替收入份额法确定不同时期资本和劳动力的时变产出弹性，从而为科学计算全要素生产率提供新的方法和视角。实证研究发现：(1) Cobb-Douglas 生产函数估计得到的产出弹性反映了整个研究时期的一个平均产出弹性水平，但未能反映不同时期资本和劳动力产出弹性的变化；(2) 利用 Cobb-Douglas 生产函数估计整个研究时期要素投入和全要素生产率的平均贡献率是基本可靠的，但是用于逐期贡献率确实存在一定的误差；(3) 全要素生产率估算偏差取决于 $\alpha_t - \alpha$ 的正负：当 $\alpha_t - \alpha > 0$，Cobb-Douglas 生产函数将低估资本贡献度，高估劳动贡献度，并且高估全要素生产率贡献度；当 $\alpha_t - \alpha = 0$，Cobb-Douglas 生产函数估算没有偏差；当 $\alpha_t - \alpha < 0$，Cobb-Douglas 生产函数将高估资本贡献度，低估劳动贡献度，并且低估全要素生产率贡献度。

第十章

时变弹性生产函数生产率分解公式及其政策含义

上一章从资本和劳动力产出弹性的时变性出发，提出利用时变弹性生产函数模型代替收入份额法确定不同时期资本和劳动力的时变产出弹性，从而为科学计算全要素生产率提供新的方法和视角。本章进一步基于时变弹性生产函数模型，分解资本、劳动力、中性技术进步、偏向技术进步和全要素生产率对经济增长的贡献度，推导出一个新的全要素生产率分解公式，并探讨技术进步偏向引致资本和劳动力产出弹性变化对资本、劳动力和全要素生产率贡献度的影响。

第一节

一个新的全要素生产率分解公式

希克斯将技术进步定义为要素边际生产力的提高，具体表现为成本的节约或最佳要素投入组合点的移动。假定要素价格比率保持不变，技术进步一方面会减少某一产出水平所需的要素投入量，从而降低成本；另一方面也会改变要素投入比率，使产品的要素密集度发生变化。假设只有资本和劳动力两个生产要素，技术进步可以分为希克斯中性技术进步、资本偏向型技术进步和劳动偏向型技术进步三种类型。通常根据相对资本密集度 w（资本弹性和劳动弹性比）来判断技术进步类型，在技术进步前后，如果相对资本密集度 w 保持不变，则称为中性技术进步；如果相对资本密集度 w 保持变小，则称为资本偏向型技术进步；如果相对资本密集度 w 保持不变，则称为劳动偏向型技术进步。相对资本密集度的变化必然表现为资本和劳动产出弹性的变化。根据前后两个时期，技术进步是否导致资本和劳动产出弹性发生变化，是判断是否发生技术进步偏向的前提依据。

假定技术水平 A_t 由一组可控制变量的指数线性组合表示，取自然对数后，构造产出弹性时变的时变弹性生产函数模型：

$$\ln Y_t = \sum_{i=1}^{m} \gamma_i Z_i + \alpha(t)\ln K_t + \beta(t)\ln L_t \qquad (10.1)$$

时变弹性生产函数模型沿用人们熟悉的不变参数 Cobb-Douglas 生产函数形式，拓展为变参数 Cobb-Douglas 生产函数，具有明确的数学表达式，估计得到的 α_t 和 β_t 分别代表 t 时期资本和劳动力时变产出弹性，符合经济学意义（章上峰和许冰，2009）。

考虑连续时间情况，时变弹性生产函数经济增长率分解公式为：

$$\underbrace{\frac{\partial \ln Y_t}{\partial t}}_{\dot{Y}} = \underbrace{\underbrace{\frac{\partial A_t}{\partial t}}_{NT\dot{P}} + \underbrace{\alpha'(t)\ln K_t + \beta'(t)\ln L_t}_{BT\dot{P}}}_{TF\dot{P}} + \alpha(t)\underbrace{\frac{\partial \ln K_t}{\partial t}}_{\dot{K}} + \beta(t)\underbrace{\frac{\partial \ln L_t}{\partial t}}_{\dot{L}}$$

$$(10.2)$$

如果假定规模报酬不变 $\alpha_t + \beta_t = 1$，则式（10.2）可以进一步简化为：

第十章 时变弹性生产函数生产率分解公式及其政策含义

$$\underbrace{\frac{\partial \ln Y_t}{\partial t}}_{\dot{Y}} = \underbrace{\underbrace{\frac{\partial A_t}{\partial t}}_{NT\dot{P}} + \underbrace{\alpha'(t)\ln K_t + (1-\alpha'(t))\ln L_t}_{BT\dot{P}}}_{TF\dot{P}}$$

$$+ \alpha(t)\underbrace{\frac{\partial \ln K_t}{\partial t}}_{\dot{K}} + (1-\alpha(t))\underbrace{\frac{\partial \ln L_t}{\partial t}}_{\dot{L}} \quad (10.3)$$

经济增长可以分解为资本、劳动力、中性技术进步（Neutral Technology Progress，NTP）和偏向技术进步（Biased Technology Progress，BTP）贡献度之和。偏向技术进步反映了技术进步偏向导致收入份额变化对经济增长的贡献度。

由于经济核算过程通常采用以年份为单位的离散时间序列，本书以下考虑离散时间情况的经济增长率分解公式。令 $\dot{Y}_t = \ln Y_t / Y_{t-1}$ 为第 t 期经济增长率，经济增长率可以表示为：

$$\begin{aligned}
\dot{Y}_t &= \ln Y_t / Y_{t-1} = \ln Y_t - \ln Y_{t-1} \\
&= \ln A_t + \alpha(t)\ln K_t + \beta(t)L_t - [\ln A_{t-1} + \alpha(t-1)\ln K_{t-1} + \beta(t-1)L_{t-1}] \\
&= [\ln A_t - \ln A_{t-1}] + [\alpha(t)\ln K_t - \alpha(t-1)\ln K_{t-1}] \\
&\quad + [\beta(t)\ln L_t - \beta(t-1)L_{t-1}] \\
&= [\ln A_t - \ln A_{t-1}] + [\alpha(t)\ln K_t - \alpha(t)\ln K_{t-1} + \alpha(t)\ln K_{t-1} - \alpha(t-1)\ln K_{t-1}] + [\beta(t)\ln L_t - \beta(t)\ln L_{t-1} + \beta(t)\ln L_{t-1} - \beta(t-1)L_{t-1}] \\
&= \underbrace{\underbrace{\ln A_t / A_{t-1}}_{\dot{A}_t} + \underbrace{[\alpha(t) - \alpha(t-1)]\ln K_{t-1} + [\beta(t) - \beta(t-1)]\ln L_{t-1}}_{\dot{B}_t}}_{TF\dot{P}_t}
\end{aligned}$$

$$+ \alpha(t)\underbrace{\ln K_t / K_{t-1}}_{\dot{K}_t} + \beta(t)\underbrace{\ln L_t / L_{t-1}}_{\dot{L}_t} \quad (10.4)$$

如果假定规模报酬不变 $\alpha_t + \beta_t = 1$，则式（10.4）可以进一步简化为：

· 213 ·

时变弹性生产函数模型研究

$$\ln Y_t/Y_{t-1} = \underbrace{\underbrace{\ln A_t/A_{t-1}}_{\dot{A}_t} + \underbrace{[\alpha(t) - \alpha(t-1)]\ln K_{t-1}/L_{t-1}}_{\dot{B}_t}}_{\dot{TFP}_t}$$

$$+ \alpha(t)\underbrace{\ln K_t/K_{t-1}}_{\dot{K}_t} + [1-\alpha(t)]\underbrace{\ln L_t/L_{t-1}}_{\dot{L}_t} \qquad (10.5)$$

令 $\dot{K}_t = \ln K_t/K_{t-1}$ 为第 t 期资本增长率;$\dot{L}_t = \ln L_t/L_{t-1}$ 为第 t 期劳动增长率;$\dot{A}_t = \ln A_t/A_{t-1}$ 为第 t 期中性技术进步增长率;$\dot{B}_t = [\alpha(t) - \alpha(t-1)]\ln K_{t-1}/L_{t-1}$ 为第 t 期偏向技术进步增长率;$\dot{TFP}_t$ 为第 t 期全要素生产率增长率,等于中性技术进步增长率和偏向技术进步增长率之和 $\dot{TFP}_t = \dot{A}_t + \dot{B}_t$。公式(10.5)表明,基于时变弹性生产函数,推导出经济增长率等于资本、劳动力、中性技术进步和偏向技术进步贡献度之和:

$$\dot{Y}_t = \dot{A}_t + \dot{B}_t + \alpha(t)\dot{K}_t + \beta(t)\dot{L}_t \qquad (10.6)$$

其中,$\alpha(t)\dot{K}_t$ 为资本贡献度,衡量资本投入增长对经济增长的贡献,$\beta(t)\dot{L}_t$ 为劳动贡献度,衡量劳动力投入增长对经济增长的贡献,$\dot{A}_t$ 为中性技术贡献度,衡量中性技术进步对经济增长的贡献,$\dot{B}_t$ 为偏向技术贡献度,衡量偏向技术进步引致资本和劳动力产出弹性变化对经济增长的贡献。

第 t 期资本生产率为 Y_t/K_t,第 t 期劳动生产率为 Y_t/L_t,则资本生产率增长率为:

$$\dot{k}_t = \ln \frac{Y_t/K_t}{Y_{t-1}/K_{t-1}}$$

劳动生产率增长率为:

第十章 时变弹性生产函数生产率分解公式及其政策含义

$$\dot{l}_t = \ln \frac{Y_t/L_t}{Y_{t-1}/L_{t-1}}$$

规模报酬不变假设下,根据式(10.5)和式(10.6)全要素生产率增长率可以进一步分解为:

$$\begin{aligned}\dot{TFP}_t &= \dot{A}_t + \dot{B}_t \\ &= \ln Y_t/Y_{t-1} - \alpha(t)\ln K_t/K_{t-1} - [1-\alpha(t)]\ln L_t/L_{t-1} \\ &= \alpha(t)\ln Y_t/Y_{t-1} + [1-\alpha(t)]\ln Y_t/Y_{t-1} - \alpha(t)\ln K_t/K_{t-1} \\ &\quad - [1-\alpha(t)]\ln L_t/L_{t-1} \\ &= \alpha(t)(\ln Y_t/Y_{t-1} - \ln K_t/K_{t-1}) + [1-\alpha(t)] \\ &\quad (\ln Y_t/Y_{t-1} - \ln L_t/L_{t-1}) \\ &= \alpha(t)\left(\ln \frac{Y_t/Y_{t-1}}{K_t/K_{t-1}}\right) + [1-\alpha(t)]\left(\ln \frac{Y_t/Y_{t-1}}{L_t/L_{t-1}}\right) \\ &= \alpha(t)\left(\ln \frac{Y_t/K_t}{Y_{t-1}/K_{t-1}}\right) + [1-\alpha(t)]\left(\ln \frac{Y_t/L_t}{Y_{t-1}/L_{t-1}}\right) \\ &= \alpha(t)\dot{k}_t + [1-\alpha(t)]\dot{l}_t \end{aligned} \quad (10.7)$$

式(10.4)至式(10.7)表明,全要素生产率增长率,即资本投入和劳动力投入不能解释的"索洛余值",在数值上等于中性技术进步增长率与偏向技术进步增长率之和,等于产出增长率减去资本投入和劳动力投入增长率的加权和,还等于资本生产率增长率 $\dot{k}_t$ 与劳动生产率增长率 $\dot{l}_t$ 的加权和,其权数分别为资本产出弹性和劳动产出弹性:

$$\begin{aligned}\dot{TFP}_t &= \dot{Y}_t - \alpha(t)\dot{K}_t - [1-\alpha(t)]\dot{L}_t = \dot{A}_t + \dot{B}_t \\ &= \alpha(t)\dot{k}_t + [1-\alpha(t)]\dot{l}_t \end{aligned} \quad (10.8)$$

第二节

生产率公式政策启示含义

将式（10.7）代入式（10.6）可得：

$$\dot{Y}_t = \underbrace{\alpha(t)\dot{k}_t + [1-\alpha(t)]\dot{I}_t}_{\text{内涵增长}} + \underbrace{\alpha(t)\dot{K}_t + [1-\alpha(t)]\dot{L}_t}_{\text{外延增长}}$$

(10.9)

如果以全要素生产率增长率表示内涵贡献度 $\dot{N}_t$，那么：

$$\dot{N}_t = T\dot{F}P_t = \alpha(t)\dot{k}_t + [1-\alpha(t)]\dot{I}_t \quad (10.10)$$

以资本和劳动力投入贡献度之和表示外延贡献度 $\dot{W}_t$ 为：

$$\dot{W}_t = \alpha(t)\dot{K}_t + [1-\alpha(t)]\dot{L}_t \quad (10.11)$$

则经济增长率等于内涵贡献度和外延贡献度之和：

$$\dot{Y}_t = \dot{N}_t + \dot{W}_t \quad (10.12)$$

进一步的，对式（10.9）两边同时除以经济增长率 $\dot{Y}_t$，可得各要素的经济增长贡献率：

$$\alpha(t)\frac{\dot{k}_t}{\dot{Y}_t} + [1-\alpha(t)]\frac{\dot{I}_t}{\dot{Y}_t} + \alpha(t)\frac{\dot{K}_t}{\dot{Y}_t} + [1-\alpha(t)]\frac{\dot{L}_t}{\dot{Y}} = 1$$

(10.13)

内涵贡献率等于：

第十章 时变弹性生产函数生产率分解公式及其政策含义

$$\frac{\dot{N}_t}{\dot{Y}_t} = 1 - \alpha(t)\frac{\dot{K}_t}{\dot{Y}_t} - \beta(t)\frac{\dot{L}_t}{\dot{Y}} = \alpha(t)\frac{\dot{k}_t}{\dot{Y}_t} + [1-\alpha(t)]\frac{\dot{l}_t}{\dot{Y}_t}$$

(10.14)

外延贡献率等于：

$$\frac{\dot{W}_t}{\dot{Y}_t} = \alpha(t)\frac{\dot{K}_t}{\dot{Y}_t} + [1-\alpha(t)]\frac{\dot{L}_t}{\dot{Y}_t} \tag{10.15}$$

在不变规模报酬假定下，资本产出弹性等于资本收入份额，劳动产出弹性等于劳动收入份额。偏向性技术进步引致资本和劳动力产出弹性变化，从而直接影响内涵贡献率和外延贡献率。为了便于讨论，本书以下假定资本、劳动力和经济增长率保持不变，考察资本和劳动力弹性变化对内涵贡献率和外延贡献率的影响。

如果第 t 期资本产出弹性 $\alpha(t)$ 变化 $\Delta\alpha(t)$，同时劳动产出弹性变化 $-\Delta\alpha(t)$，此时内涵贡献率等于：

$$\frac{\dot{N}'_t}{\dot{Y}_t} = [\alpha(t) + \Delta\alpha(t)]\frac{\dot{k}_t}{\dot{Y}_t} + [1-\alpha(t)-\Delta\alpha(t)]\frac{\dot{l}_t}{\dot{Y}_t} \tag{10.16}$$

对比式（10.14）和式（10.16），内涵贡献率变化量等于：

$$\frac{\dot{N}'_t}{\dot{Y}_t} - \frac{\dot{N}_t}{\dot{Y}_t} = [\alpha(t)+\Delta\alpha(t)]\frac{\dot{k}_t}{\dot{Y}_t} + [1-\alpha(t)-\Delta\alpha(t)]\frac{\dot{l}_t}{\dot{Y}_t}$$

$$-\left\{\alpha(t)\frac{\dot{k}_t}{\dot{Y}_t} + [1-\alpha(t)]\frac{\dot{l}_t}{\dot{Y}_t}\right\}$$

$$= \Delta\alpha(t)\frac{\dot{k}_t}{\dot{Y}_t} - \Delta\alpha(t)\frac{\dot{l}_t}{\dot{Y}_t}$$

$$= \Delta\alpha(t)\frac{\dot{k}_t - \dot{l}_t}{\dot{Y}_t}$$

$$= \Delta\alpha(t)\frac{\ln\dfrac{Y_t/K_t}{Y_{t-1}/K_{t-1}} - \ln\dfrac{Y_t/L_t}{Y_{t-1}/L_{t-1}}}{\dot{Y}_t}$$

$$= \Delta\alpha(t)\frac{\ln\dfrac{K_{t-1}}{K_t} - \ln\dfrac{L_{t-1}}{L_t}}{\ln Y_t/\ln Y_{t-1}}$$

$$= -\Delta\alpha(t)\frac{\dot{K}_t - \dot{L}_t}{\dot{Y}_t} \quad (10.17)$$

此时外延贡献率等于：

$$\frac{\dot{W}'_t}{\dot{Y}_t} = [\alpha(t) + \Delta\alpha(t)]\frac{\dot{K}_t}{\dot{Y}_t} + [1 - \alpha(t) - \Delta\alpha(t)]\frac{\dot{L}_t}{\dot{Y}_t} \quad (10.18)$$

对比式（10.15）和式（10.18），外延贡献率变化量等于：

$$\frac{\dot{W}'_t}{\dot{Y}_t} - \frac{\dot{W}_t}{\dot{Y}_t} = [\alpha(t) + \Delta\alpha(t)]\frac{\dot{K}_t}{\dot{Y}_t} + [1 - \alpha(t) - \Delta\alpha(t)]\frac{\dot{L}_t}{\dot{Y}_t}$$

$$- \left\{ [\alpha(t)]\frac{\dot{K}_t}{\dot{Y}_t} + [1 - \alpha(t)]\frac{\dot{L}_t}{\dot{Y}_t} \right\}$$

$$= \Delta\alpha(t)\frac{\dot{K}_t - \dot{L}_t}{\dot{Y}_t} \quad (10.19)$$

对比式（10.17）和式（10.19）容易发现，内涵贡献率和外延贡献率是一个互为相反数的零和过程。

以上分析表明，如果第 t 期资本产出弹性提高 $\Delta\alpha(t) > 0$，劳

第十章 时变弹性生产函数生产率分解公式及其政策含义

动产出弹性同时降低 $\Delta\alpha(t)$，将提高资本贡献率 $\Delta\alpha(t)\dot{K}_t/\dot{Y}_t$，降低劳动贡献率 $\Delta\alpha(t)\dot{K}_t/\dot{Y}_t$，对内涵贡献率和外延贡献率的影响，取决于资本增长率和劳动力增长率的相对大小：(1) 当资本增长率大于劳动力增长率时 $\dot{K}_t > \dot{L}_t$，将提高外延贡献率，降低内涵贡献率；(2) 当资本增长率等于劳动力增长率时 $\dot{K}_t = \dot{L}_t$，将不影响外延贡献率和内涵贡献率；(3) 当资本增长率小于劳动力增长率时 $\dot{K}_t < \dot{L}_t$，将降低外延贡献率，提高内涵贡献率。

反之，如果第 t 期资本产出弹性降低 $\Delta\alpha(t)$，劳动产出弹性同时提高 $\Delta\alpha(t)$，将降低资本贡献率 $\Delta\alpha(t)\dot{K}_t/\dot{Y}_t$，提高劳动贡献率 $\Delta\alpha(t)\dot{K}_t/\dot{Y}_t$，对内涵贡献率和外延贡献率的影响，取决于资本增长率和劳动力增长率的相对大小：(1) 当资本增长率大于劳动力增长率时 $\dot{K}_t > \dot{L}_t$，将降低外延贡献率，提高内涵贡献率；(2) 当资本增长率等于劳动力增长率时 $\dot{K}_t = \dot{L}_t$，将不影响外延贡献率和内涵贡献率；(3) 当资本增长率小于劳动力增长率时 $\dot{K}_t < \dot{L}_t$，将提高外延贡献率，降低内涵贡献率。

在不变规模报酬假定下，资本产出弹性等于资本收入份额，劳动产出弹性等于劳动收入份额。时变弹性生产函数生产率分解模型，对经济发展方式转变具有重要的政策启示意义：通常情况下，资本增长率高于劳动增长率，如果提高资本份额、降低劳动份额，即提高资本产出弹性、降低劳动产出弹性，将提高资本贡献率，降低劳动贡献率，提高外延贡献率，降低内涵贡献率，从而导致经济向粗放型发展方式转变，不利于经济可持续增长。反之，如果降低资本份额、提高劳动份额，即降低资本产出弹性、提高劳动产出弹性，将降低资本贡献率，提高劳动贡献率，减少外延贡献率，提高内涵贡献率，从而促进经济向集约型发展方式转变，有利于经济可持续增长。

第三节

实证研究

一、数据说明

经验研究使用1978～2008年中国统计数据：（1）国内生产总值Y（单位：亿元）：1952年为基期的实际国内生产总值表示；（2）资本存量K（单位：亿元）：1952年基期资本存量采纳张军（2004）的估算结果为807亿元，经济折旧率采纳张军（2004）方法取9.6%，参考曹吉云（2008）研究方法，法定残值率取4%，以年初固定资本存量和年末固定资本存量的简单算术平均作为资本投入量。（3）劳动力投入L（单位：万人）：以年初和年底就业人员数的平均值表示。（4）中性技术水平由常数项Z1、市场化程度Z2（非国有经济在工业总产值中的比重）和经济结构Z3（第三产业劳动力投入占比）的线性组合表示。以上数据来自《中国统计年鉴（2009）》、《中国国内生产总值核算历史资料》和《新中国五十五年统计资料汇编》。

二、实证结果

在不变规模报酬假定下，产出弹性符合经济学收入份额概念，即资本产出弹性等于资本收入份额，劳动产出弹性等于劳动收入份额；不变规模报酬假定还可在一定程度上消除资本和劳动力可能存在的共线性问题。

采用Fan和Huang（2005）Profile估计方法，选取高斯核函数，根据Silverman法选取窗框，利用局部线性估计方法估计得到时变弹性生产函数模型的时变资本产出弹性$\alpha(t)$估计值，根据

第十章 时变弹性生产函数生产率分解公式及其政策含义

$\beta(t) = 1 - \alpha(t)$ 得到时变劳动产出弹性估计值，计算资本、劳动力、中性技术进步、偏向技术进步、外延和内涵贡献率（见表10-1），并给出变化趋势图（见图10-1至图10-3）。

表 10-1　　　　　　时变弹性与生产率分解

年份	Y（亿元）	K（亿元）	L（亿人）	增长率（%） Y	增长率（%） K	增长率（%） L	时变弹性 K	时变弹性 L	ω
1978	3264	6124	39763	—	—	—	0.5129	0.4871	1.05297
1979	3511	6652	40587	7.30	8.27	2.05	0.5091	0.4909	1.03707
1980	3786	7221	41693	7.55	8.22	2.69	0.5051	0.4949	1.02061
1981	3985	7790	43045	5.11	7.58	3.19	0.501	0.499	1.00401
1982	4346	8354	44511	8.67	6.99	3.35	0.4969	0.5031	0.98768
1983	4817	9005	45867	10.31	7.50	3.00	0.493	0.507	0.97239
1984	5549	9823	47316	14.13	8.70	3.11	0.4895	0.5105	0.95886
1985	6296	10858	49036	12.63	10.02	3.57	0.4862	0.5138	0.94628
1986	6853	12052	50579	8.48	10.43	3.10	0.4834	0.5166	0.93573
1987	7646	13416	52031	10.96	10.72	2.83	0.4808	0.5192	0.92604
1988	8508	14948	53557	10.68	10.81	2.89	0.4785	0.5215	0.91755
1989	8855	16262	54830	3.99	8.43	2.35	0.4763	0.5237	0.90949
1990	9194	17308	60036	3.76	6.23	9.07	0.4742	0.5258	0.90186
1991	10039	18507	65121	8.79	6.70	8.13	0.472	0.528	0.89394
1992	11468	20165	65821	13.31	8.58	1.07	0.4699	0.5301	0.88644
1993	13069	22496	66483	13.07	10.94	1.00	0.4678	0.5322	0.87899
1994	14778	25494	67131	12.29	12.51	0.97	0.4659	0.5341	0.87231
1995	16393	29013	67758	10.37	12.93	0.93	0.4646	0.5354	0.86776
1996	18034	32922	68508	9.54	12.64	1.10	0.4642	0.5358	0.86637

续表

年份	Y(亿元)	K(亿元)	L(亿人)	增长率(%)			时变弹性		
				Y	K	L	K	L	ω
1997	19710	37023	69383	8.89	11.74	1.27	0.4654	0.5346	0.87056
1998	21254	41328	70228	7.54	11.00	1.21	0.4685	0.5315	0.88147
1999	22875	45899	71019	7.35	10.49	1.12	0.4738	0.5262	0.90042
2000	24803	50762	71740	8.09	10.07	1.01	0.481	0.519	0.92678
2001	26863	56129	72555	7.98	10.05	1.13	0.4897	0.5103	0.95963
2002	29302	62336	73380	8.69	10.49	1.13	0.499	0.501	0.99601
2003	32238	69996	74087	9.55	11.59	0.96	0.5084	0.4916	1.03417
2004	35490	79229	74817	9.61	12.39	0.98	0.5178	0.4822	1.07383
2005	39191	90084	75516	9.92	12.84	0.93	0.5272	0.4728	1.11506
2006	43739	102816	76115	10.98	13.22	0.79	0.5367	0.4633	1.15843
2007	49424	117231	76696	12.22	13.12	0.76	0.5466	0.4534	1.20556
2008	53874	132999	77234	8.62	12.62	0.70	0.557	0.443	1.25734

年份	经济贡献率(%)						时变弹性贡献率变化(%)			
	K	L	A	B	W	TFP	K	L	W	TFP
1979	57.67	13.79	18.80	9.74	71.46	28.54	-0.4305	0.1067	-0.3238	0.3238
1980	54.99	17.63	17.79	9.58	72.63	27.37	-0.4355	0.1425	-0.2930	0.2930
1981	74.32	31.15	-19.54	14.07	105.47	-5.47	-0.6082	0.2559	-0.3522	0.3522
1982	40.06	19.44	32.42	8.08	59.50	40.50	-0.3306	0.1584	-0.1721	0.1721
1983	35.86	14.75	43.06	6.33	50.62	49.38	-0.2837	0.1135	-0.1702	0.1702
1984	30.14	11.24	54.59	4.03	41.38	58.62	-0.2155	0.0770	-0.1385	0.1385
1985	38.57	14.52	42.80	4.11	53.10	46.90	-0.2618	0.0933	-0.1685	0.1685
1986	59.46	18.89	16.68	4.98	78.34	21.66	-0.3444	0.1024	-0.2420	0.2420

第十章 时变弹性生产函数生产率分解公式及其政策含义

续表

年份	经济贡献率（%）						时变弹性贡献率变化（%）			
	K	L	A	B	W	TFP	K	L	W	TFP
1987	47.03	13.41	36.16	3.40	60.43	39.57	-0.2543	0.0671	-0.1872	0.1872
1988	48.43	14.11	34.54	2.92	62.54	37.46	-0.2328	0.0622	-0.1706	0.1706
1989	100.63	30.84	-38.51	7.04	131.48	-31.48	-0.4648	0.1296	-0.3352	0.3352
1990	78.57	126.84	-112.19	6.79	205.41	-105.41	-0.3480	0.5066	0.1586	-0.1586
1991	35.98	48.84	12.07	3.11	84.81	15.19	-0.1677	0.2035	0.0358	-0.0358
1992	30.29	4.26	63.46	1.98	34.55	65.45	-0.1354	0.0169	-0.1185	0.1185
1993	39.16	4.07	54.87	1.90	43.23	56.77	-0.1758	0.0161	-0.1597	0.1597
1994	47.42	4.22	46.69	1.68	51.64	48.36	-0.1934	0.0150	-0.1784	0.1784
1995	57.93	4.80	36.06	1.21	62.73	37.27	-0.1621	0.0117	-0.1504	0.1504
1996	61.50	6.18	31.96	0.36	67.68	32.32	-0.0530	0.0046	-0.0484	0.0484
1997	61.46	7.64	31.89	-0.99	69.10	30.90	0.1585	-0.0171	0.1413	-0.1413
1998	68.35	8.53	25.70	-2.58	76.88	23.12	0.4523	-0.0497	0.4025	-0.4025
1999	67.62	8.02	28.18	-3.82	75.64	24.36	0.7564	-0.0808	0.6757	-0.6757
2000	59.87	6.48	37.53	-3.88	66.35	33.65	0.8962	-0.0899	0.8063	-0.8063
2001	61.67	7.23	34.87	-3.77	68.90	31.10	1.0957	-0.1232	0.9725	-0.9725
2002	60.24	6.51	36.00	-2.75	66.75	33.25	1.1226	-0.1209	1.0017	-1.0017
2003	61.70	4.94	34.96	-1.61	66.64	33.36	1.1408	-0.0945	1.0463	-1.0463
2004	66.76	4.92	28.88	-0.56	71.68	28.32	1.2119	-0.0959	1.1161	-1.1161
2005	68.24	4.43	26.79	0.54	72.67	27.33	1.2167	-0.0881	1.1286	-1.1286
2006	64.62	3.33	30.52	1.53	67.95	32.05	1.1438	-0.0684	1.0755	-1.0755
2007	58.69	2.82	36.06	2.44	61.51	38.49	1.0629	-0.0616	1.0013	-1.0013
2008	81.55	3.60	9.74	5.12	85.14	14.86	1.5226	-0.0845	1.4381	-1.4381
平均	57.29	15.58	24.43	2.70	72.87	27.13	0.22	0.04	0.26	-0.26

时变弹性生产函数模型研究

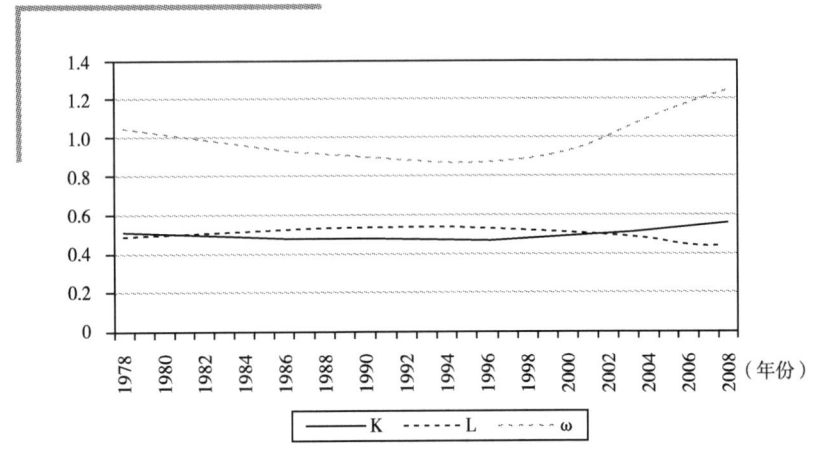

图 10-1 时变弹性与资本密集度

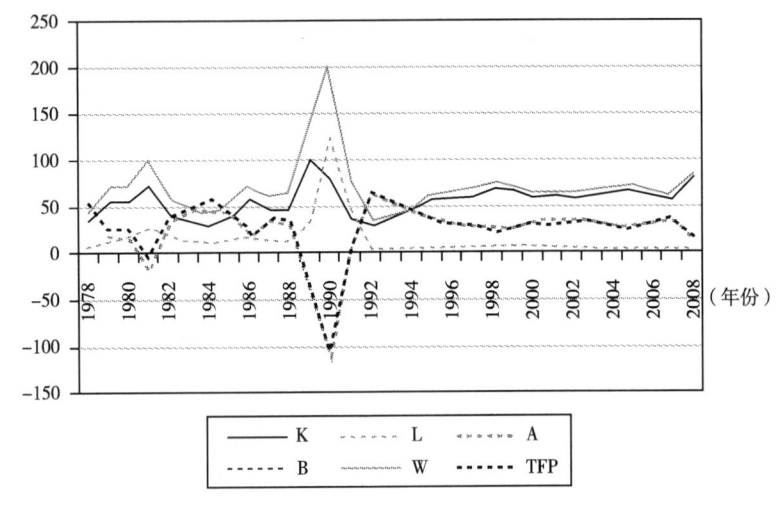

图 10-2 要素贡献率

我国处于经济转型时期，随着生产要素的流动限制减少和价格放开，资本和劳动力的数量与价格是逐期变化的，因而不同时期的资本和劳动力份额也会存在一定程度的变化。由表 10-1 和图

第十章 时变弹性生产函数生产率分解公式及其政策含义

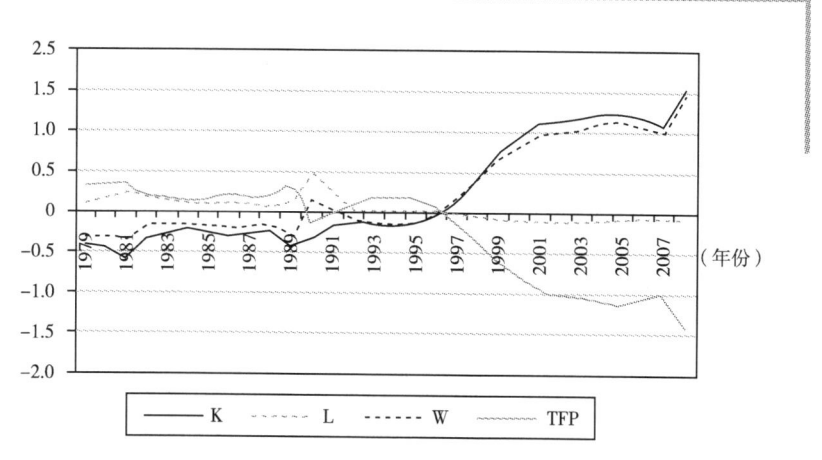

图 10-3 时变弹性与要素贡献率变量

10-1 可知,在 1978~2008 年这段时期内,中国资本产出弹性和劳动力产出弹性都不是固定不变的常数,而是随时间变化而呈现出非线性变化特征。资本产出弹性在 0.4642~0.5570 之间,劳动力产出弹性在 0.4430~0.5358 之间,相对资本密集度在 0.7954~1.1541 之间。在 1978~2008 年期间,资本弹性、劳动力弹性和相对资本密集度可以粗略地化为分两个阶段:第一阶段,1978~1996 年,资本弹性从 1978 年的 0.5129 逐步下降至 1996 年的 0.4642,劳动力弹性从 1978 年的 0.4871 逐步上升至 1996 年的 0.5358,相对资本密集度从 1978 年的 0.9497 逐步上升至 1996 年的 1.1541,说明在这段时期发生了劳动偏向型技术进步;第二阶段,1996~2008 年,资本弹性从 1996 年的 0.4642 快速上升至 2008 年的 0.5570,劳动力弹性从 1996 年的 0.5358 快速下降至 2008 年的 0.4430,相对资本密集度从 1996 年的 1.1541 快速下降至 1996 年的 0.7954,说明在这段时期发生了资本偏向型技术进步。本书研究结果进一步证实了 Shigeru Iwata (2003)、Ahmad (2005)、赵志耘、刘晓路和吕冰洋 (2006)、Bing Xu 和 Berlin Wu (2007)、高宇明和齐中英 (2008)、章上峰和许冰 (2009, 2010)、罗羡华、

· 225 ·

杨振海和周勇（2009），许冰（2010）等关于产出弹性时变的研究结论。

由表10-1和图10-2可知：首先，从经济增长平均贡献率大小顺序看，依次是资本、中性技术进步、劳动力和偏向技术进步，分别为57.29%，24.43%，15.58%，2.70%；外延平均贡献率为72.87%，接近3/4，内涵贡献率仅为27.13%，约为1/4。以上数据说明中国30年经济增长方式主要表现为粗放型经济增长方式。其次，从1979～2008年要素贡献率变化趋势看，主要可以化为分两个阶段：1992年以前要素贡献率变化幅度较大，这是由于改革开放初期经济增长和资本、劳动力投入数量变化较大引起的。1992年以后，由于资本投入增长速度的不断加快，资本贡献率有逐年上升的趋势，劳动贡献率由于劳动增长速度的放慢而在逐年平稳下降，外延贡献率整体上也是逐年上升；中性技术进步和偏向技术进步贡献率则是逐年下降趋势，虽然2000年以后偏向技术进步贡献率开始上升，但是整体上内涵贡献率呈现逐年下降的趋势。郑玉歆（1999，2007）从全要素生产率的阶段性发展特征对近年来生产率下降趋势给出了一个合理的解释。

由表10-1和图10-3可知，根据时变弹性变化的阶段性，可以将弹性变化导致要素经济增长贡献率变化量粗略地化为分两个阶段：第一阶段，1979～1996年，由于资本弹性逐步下降，劳动力弹性逐步上升，资本贡献率平均减少0.2832，劳动力贡献率平均增加0.1157，外延贡献率平均减少0.1675，内涵贡献率平均增加0.1675。第二阶段，1997～2008年，资本弹性快速上升，劳动力弹性快速下降，资本贡献率平均增加0.9817，劳动力贡献率平均家少-0.0812，外延贡献率平均增加0.9005，内涵贡献率平均减少0.9005。整体上，由于资本增长率大于劳动力增长率，资本弹性变化方向决定了外延贡献率和内涵贡献率变化方向，1979～2008年资本、劳动力、外延和内涵贡献率平均变化量分别为0.22，0.04，0.26和-0.26。时变弹性生产函数生产率分解公式政策含义得到经验研究的有效验证。

第四节

结果分析与建议

时变弹性生产函数沿用熟悉的 Cobb-Douglas 生产函数形式，拓展为变参数 Cobb-Douglas 生产函数，具有明确的经济学意义。本章基于时变弹性生产函数，推导出经济增长率等于资本、劳动力、中性技术进步和偏向技术进步贡献度之和。全要素生产率增长率，即资本投入和劳动力投入不能解释的"索洛余值"，在数值上等于中性技术进步增长率与偏向技术进步增长率之和，等于产出增长率减去资本投入和劳动力投入增长率的加权和，还等于资本生产率增长率与劳动生产率增长率的加权和，其权数分别为资本产出弹性和劳动时变产出弹性。

1978～2008 年这经验研究表明：（1）在第一阶段 1978～1996 年，资本弹性从 1978 年的 0.5129 逐步下降至 1996 年的 0.4642，劳动力弹性从 1978 年的 0.4871 逐步上升至 1996 年的 0.5358，相对资本密集度从 1978 年的 0.9497 逐步上升至 1996 年的 1.1541，说明在这段时期发生了劳动偏向型技术进步。第一阶段劳动偏向型技术进步导致资本贡献率平均减少 0.2832，劳动力贡献率平均增加 0.1157，外延贡献率平均减少 0.1675，内涵贡献率平均增加 0.1675。（2）在第二阶段 1996～2008 年，资本弹性从 1996 年的 0.4642 快速上升至 2008 年的 0.5570，劳动力弹性从 1996 年的 0.5358 快速下降至 2008 年的 0.4430，相对资本密集度从 1996 年的 1.1541 快速下降至 1996 年的 0.7954，说明在这段时期发生了资本偏向型技术进步。第二阶段资本偏向型技术进步，导致资本贡献率平均增加 0.9817，劳动力贡献率平均家少 -0.0812，外延贡献率平均增加 0.9005，内涵贡献率平均减少 0.9005。整体上看，资

时变弹性生产函数模型研究

本增长率大于劳动力增长率,资本弹性变化方向决定了外延贡献率和内涵贡献率变化方向,1979~2008年资本、劳动力、外延和内涵贡献率平均变化量分别为 0.22, 0.04, 0.26 和 -0.26。

在不变规模报酬假定下,资本产出弹性等于资本收入份额,劳动产出弹性等于劳动收入份额。时变弹性生产函数生产率分解公式,对经济发展方式转变具有重要的政策含义:通常情况下,资本增长率高于劳动增长率,如果提高资本份额、降低劳动份额,即提高资本产出弹性、降低劳动产出弹性,将提高资本贡献率,降低劳动贡献率,提高外延贡献率,降低内涵贡献率,从而导致经济向粗放型发展方式转变,不利于经济可持续增长。反之,如果降低资本份额、提高劳动份额,即降低资本产出弹性、提高劳动产出弹性,将降低资本贡献率,提高劳动贡献率,减少外延贡献率,提高内涵贡献率,从而促进经济向集约型发展方式转变,有利于经济可持续增长。时变弹性生产函数生产率分解公式政策含义得到经验研究的有效验证。

资源或者生产要素的禀赋的状态通常会决定技术进步的方向:技术进步通常会沿着使用相对丰富的资源而节约相对稀少的资源方向前进。多年来,我国引进和开发的技术大多为自动化设备、数控机床等产品,这种长期出口偏向性的劳动节约型技术进步,扩大了出口部门的出口,使出口产品在国际市场上供大于求,产量上升,价格下降,贸易条件恶化。我国现在是一个劳动力资源丰富的发展中国家,应该充分利用中国当前劳动力多且相对便宜的优势发展劳动力相对密集的产业,或者在资本密集型产业中劳动力密集的区段,提高初次分配中劳动收入份额,实现我国经济"包容性"增长。

第十一章

总结与展望

第一节

经济解释

时变弹性生产函数模型，利用时变产出弹性测度不同时期的资本和劳动收入份额变动，刻画了中国经济非稳态增长典型事实。进一步地，一个有趣的研究问题是，为什么不同时期的资本和劳动收入份额会发生变化？如何利用经济模型推导和解释中国经济非稳态增长典型事实？不同于已有的研究方法，本文尝试通过推导时变弹性生产函数模型的时变弹性指数分解公式，为不同时期的资本和劳动收入份额变化提供新的研究视角，为理解中国经济非稳态增长典型事实提供可能的经济解释。

基于时变弹性生产函数，容易得到资本边际产出和劳动边际产出的计算公式为：

$$MPK_t = \alpha(t) A_t K_t^{\alpha(t)-1} L_t^{\beta(t)} = \alpha(t) Y_t / K_t \quad (11.1)$$

$$MPL_t = \beta(t) A_t K_t^{\alpha(t)} L_t^{\beta(t)-1} = \beta(t) Y_t / L_t \quad (11.2)$$

进一步推导得到资本和劳动力弹性分解公式：

$$\alpha_t = \frac{MPK_t}{Y_t/K_t} = \frac{MPK_t}{YK_t}(\alpha_t = \alpha(t), YK_t = Y_t/K_t) \quad (11.3)$$

$$\beta_t = \frac{MPL_t}{Y_t/L_t} = \frac{MPL_t}{YL_t}(\beta_t = \beta(t), YL_t = Y_t/L_t) \quad (11.4)$$

式（11.3）和式（11.4）说明，资本弹性，在数值上等于资本边际产出与资本生产率的比值；劳动弹性，在数值上等于劳动边际产出与劳动生产率的比值。为了便于考察产出弹性时变性，进一步构造产出弹性的指数分解公式：

$$E\alpha_{t+1} = \frac{\alpha(t+1)}{\alpha(t)} = \frac{MPK_{t+1}/MPK_t}{YK_{t+1}/YK_t} = \frac{EMPK_{t+1}}{EYK_{t+1}} \quad (11.5)$$

$$E\beta_{t+1} = \frac{\beta(t+1)}{\beta(t)} = \frac{MPL_{t+1}/MPL_t}{YL_{t+1}/YL_t} = \frac{EMPL_{t+1}}{EYL_{t+1}} \quad (11.6)$$

指数 E 反映了变量的时变性和增长速度，指数大于 1，表明该指标变量变大；指数小于 1，表明该指标变量变小。根据式（11.5）和式（11.6）可知，资本弹性指数，在数值上等于资本边际产出指数与资本生产率指数的比值；资本边际产出指数大于资本生产率指数，则资本弹性指数大于 1，资本弹性变大。劳动弹性指数，在数值上等于劳动边际产出指数与劳动生产率指数的比值；劳动边际产出指数大于劳动生产率指数，劳动弹性指数大于 1，劳动弹性变大。

时变弹性指数分解公式，解释劳动收入份额变化的模型机制是：资本弹性变大，是由于资本边际产出指数大于资本生产率指数的结果；而劳动弹性变大，是由于劳动边际产出指数大于劳动生产率指数的结果。利用这个模型机制，时变弹性指数分解公式非常直观地解释了 1995 年来资本弹性上升、劳动弹性下降，是由于资本边际产出指数大于资本生产率指数，而劳动边际产出指数小于劳动生产率指数的结果（见图 11-1 和图 11-2）。

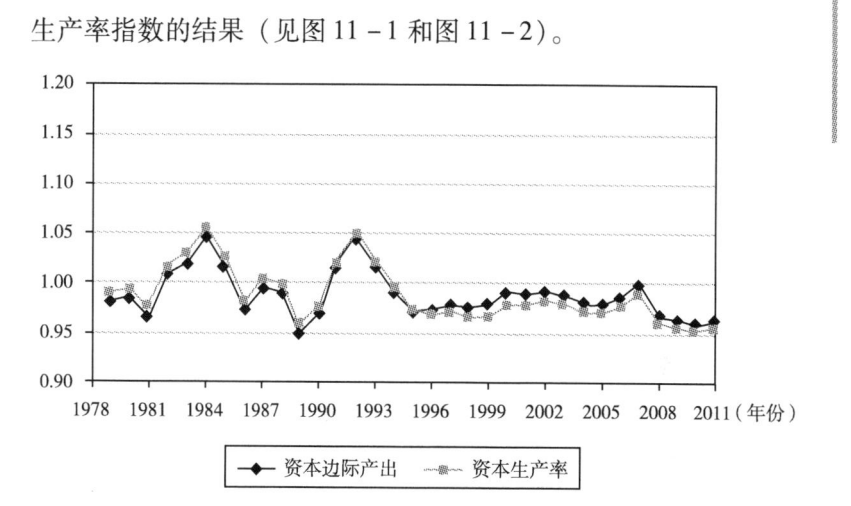

图 11-1　资本边际产出指数与资本生产率指数

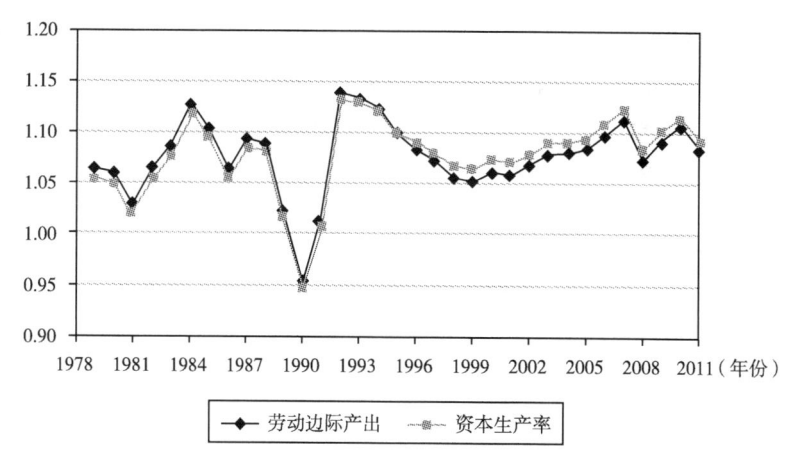

图 11-2　劳动边际产出指数与劳动生产率指数

近年来我国劳动收入份额的持续下降，是导致收入分配不平等不断加剧、国内居民消费低迷不振的深层次原因，并已经引起国家政府管理部门的高度关注，党的十七大报告特别指出以及党的十八大报告重申要"逐步提高劳动报酬在初次分配中的比重"。从偏向性技术进步的视角来解释中国的劳动收入份额变化,得到很多学者的重视。黄先海和徐圣(2009)的实证研究发现劳动节约型技术进步是劳动收入比重下降的重要原因。戴天仕和徐现祥(2010)测度了中国1978~2005年的技术进步的方向,发现中国的技术进步大体上是偏向资本的。陈晓玲和连玉君(2012)采用标准化供给面系统方法估算1978~2008年中国各省区的替代弹性和有偏技术进步,结论表明大部分省区的技术进步是净劳动增强和资本偏向型的。陆雪琴和章上峰(2013)基于中国1978~2011年时间序列数据估算了要素替代弹性、要素增强型技术进步和偏向型技术进步,结果表明希克斯技术进步和哈罗德技术进步大体上都是偏向资本的。

时变弹性指数分解公式,为理解技术进步偏向影响劳动收入份额变化,从另一个侧面提供了新的经济解释和见解:如果劳动报酬增长速度快于劳动生产率提高速度,则劳动收入报酬比重提升;如果劳动报酬增长速度与劳动生产率提高速度同步,则劳动收入报酬比重不变;如果劳动报酬增长速度慢于劳动生产率提高速度,则劳动收入报酬比重下降。因此,"提升初次分配中劳动收入报酬的比重",关键在于劳动报酬增长速度快于或者与劳动生产率提高同步。"十二五"规划提出"劳动报酬增长和劳动生产率提高同步",将有力保障劳动收入报酬比重不再下降,从而促进中国经济由非稳态增长向稳态增长转变。

第二节

研究总结

卡尔多(Kaldor,1961)用六个"典型事实"归纳了20世纪主要发达国家的经济增长特征。Cobb-Douglas生产函数假定样本观测值的经济结构保持不变，解释变量对被解释变量的影响保持不变；Cobb-Douglas 生产函数模型成功地刻画了新古典稳态经济增长模型中生产要素分配份额较强的时间稳定性特征，吻合新古典模型稳态平衡的"卡尔多事实"。此外 Cobb-Douglas 生产函数模型具有结构简单、经济意义明显且容易估计的优点，因而受到广泛应用。

发达市场化国家已经经历了经济社会转型期，市场竞争相对完全，劳动力流动较为方便，经济结构趋于合理稳定，因而生产要素分配份额相对较为稳定；Cobb-Douglas 生产函数模型也较为适用。Cobb-Douglas 生产函数产出弹性是固定常数，可以较好地刻画发达国家市场竞争相对完全、生产要素分配份额相对较为稳定的情况。但是 Cobb-Douglas 生产函数模型不变产出弹性假设并不总是成立的，真正的常参数模型只存在于假设之中（李子奈和叶阿忠，2004）。发展中国家处于经济转型时期，国际化、市场化不断增强，经济结构不断变化，随着生产要素的流动限制减少和价格放开，生产要素投入数量与价格是不断变化的，因而不同时期的生产要素分配份额也会存在一定程度的变化（章上峰和许冰，2010）。Cobb-Douglas 生产函数但是未能反映经济转型发展中国家生产要素分配份额不断变化的事实。利用 Cobb-Douglas 生产函数估计的产出弹性替代生产要素平均份额可能是合适的，但用于替代整个研究时期生产要素分配份额并用于逐期要素贡献率测算，所得的结论很可能是有偏的甚至有误的（章上峰和许冰，2009）。

本书正是从时变产出弹性出发，结合现代统计学和计量经济学的新发展，从理论和应用两个角度深入系统研究时变弹性生产函数模型，试图构建一个相对完整的时变弹性生产函数模型理论和应用研究框架。

（1）根据本书理论研究结果，可得以下几条主要研究结论：

第一，Cobb-Douglas 生产函数可以较好地刻画发达国家市场竞争相对完全、生产要素分配份额相对较为稳定的情况，但是未能反映经济转型发展中国家生产要素分配份额不断变化的事实。不变替

时变弹性生产函数模型研究

代弹性生产函数、变替代弹性生产函数和超越对数生产函数都是可变弹性生产函数模型，是对不变弹性生产函数模型的有效改进；但是他们同时引入新的假设，这些假设是非常严格的，也经常是不合理的。因此，非常有必要建立时变弹性生产函数模型。

第二，可以利用非参数和半参数模型、变系数模型、可变参数状态空间模型和面板数据模型，建立时变弹性生产函数模型用以估计不同时期资本和劳动力产出弹性。建立时变弹性生产函数用于估计不同时期产出弹性在技术上是可行的。

第三，可以利用非参数广义似然比检验方法检验时变弹性生产函数的统计显著性；可以利用产出弹性收入份额的经济学含义，检验时变弹性生产函数的经济意义准确性。变系数生产函数模型和可变参数生产函数模型，具有和非参数生产函数模型相似的估计结果，具有最佳的拟合效果，而且沿用人们熟悉的 Cobb-Douglas 生产函数形式，拓展为变参数 Cobb-Douglas 生产函数，具有明确的数学表达式和经济学意义，是较为合意的两个时变弹性生产函数模型。

（2）根据本书应用研究结果，可得以下几条主要研究结论：

第一，收入份额法在实际应用中可能存在数据缺失、时间跨度短、统计指标和统计口径变化等问题；国民核算资料的缺失问题更是客观上限制了初次分配的研究；在实际应用中，经济学家转而探索利用生产函数模型来估计资本和劳动力产出弹性替代要素分配份额。利用时变弹性生产函数测度劳动收入份额，可以为测度劳动收入份额提供新的研究视角，为国民核算资料提供新的参考依据。实证研究结果表明，利用时变弹性生产函数模型测度劳动收入份额具有可行性、准确性和稳定性三大优点，是一个可选择的新方法。

第二，利用时变弹性生产函数模型可以测度得到理论劳动收入份额，并将实际劳动收入份额变化分解成技术进步偏向和市场扭曲两个因素，可以更好地刻画和理解劳动收入份额变化。研究表明，技术进步偏向是中国劳动收入份额长期运行的决定因素,而市场扭曲则是中国劳动收入份额短期波动的决定因素。

第三,利用Cobb-Douglas生产函数估计得到的α和β值是固定常数,它们反映的只是整个研究时期的一个平均产出弹性水平,未能反映不同时期资本和劳动力收入份额的变化。利用Cobb-Douglas生产函数估计整个研究时期生产要素和全要素生产率的平均贡献率是基本可靠的,但是用于逐期贡献率可能产生存在一定的误差;全要素生产率估算偏差取决于$\alpha_t - \alpha$的正负:当$\alpha_t - \alpha > 0$,Cobb-Douglas生产函数将低估资本贡献度,高估劳动贡献度,并且高估全要素生产率贡献度;当$\alpha_t - \alpha = 0$,Cobb-Douglas生产函数估算没有偏差;当$\alpha_t - \alpha < 0$,Cobb-Douglas生产函数将高估资本贡献度,低估劳动贡献度,并且低估全要素生产率贡献度。利用时变弹性生产函数模型替代收入份额法确定不同时期资本和劳动力的时变产出弹性,可以为科学计算全要素生产率提供新的方法和视角。

第四,基于时变弹性生产函数,可以推导出经济增长率等于资本、劳动力、中性技术进步和偏向技术进步贡献度之和。全要素生产率增长率,即资本投入和劳动力投入不能解释的"索洛余值",在数值上等于中性技术进步增长率与偏向技术进步增长率之和,等于产出增长率减去资本投入和劳动力投入增长率的加权和,还等于资本生产率增长率与劳动生产率增长率的加权和,其权数分别为资本产出弹性和劳动时变产出弹性。

第三节

今后研究展望

模型总是建立在一定的假设基础上的,没有假设,就没有模型。而假设与现实之间是有差距的,这个差距越小,说明模型对现实的描述越准确。假设向现实的逼近,导致了模型的不断发展。生

时变弹性生产函数模型研究

产函数是描述生产过程中投入的生产要素的某种组合与它可能的最大产出之间依存关系的数学表达式。

Cobb-Douglas生产函数生产要素产出弹性是固定常数,可以较好地刻画发达国家市场竞争相对完全、生产要素分配份额相对较为稳定的情况,但是未能反映经济转型发展中国家生产要素分配份额不断变化的事实。

本书基于转型时期中国等发展中国家劳动收入份额不符合"卡尔多事实"出发,结合现代统计学和计量经济学的新发展,从理论和应用两个角度深入系统研究时变弹性生产函数模型,构建了一个相对完整的时变弹性生产函数模型理论和应用研究框架。在理论上,本书研究建立时变弹性生产函数模型的必要性、可行性、统计显著性和经济意义检验方法,并从模型结构出发,研究时变弹性生产函数模型的拓展思路和方法。在应用上,本书研究时变弹性生产函数模型在劳动收入份额测度、技术进步偏向刻画、全要素生产率测算和分解及其对经济发展方式转变的政策启示等方面的实际应用。

当然,本书理论研究和研究应用研究是探索性的。本书提出利用现代统计学和计量经济学的新发展,来估计和检验时变弹性生产函数模型;在研究过程中,从实际需要出发,同时也对现代统计学和计量经济学理论发展提出新的要求。例如,针对可能存在的自相关、异方差、内生性等计量经济问题时,非参数回归模型和变系数回归模型的检验方法和处理方法。这些也是目前国际理论计量经济学研究的前沿。此外,我国目前正处于经济转型的关键时期,构建时变弹性生产函数数理模型,探讨转型路径上非稳态动态经济增长特征;基于时变弹性生产函数研究收入分配份额变化和经济发展方式转变的关系等都是值得进一步深入研究的重要内容。

从演化经济学角度看,非稳态经济增长是中国经济发展到一定阶段向稳态经济增长转变前必然要经历的一个历史阶段。构建经济模型来解释中国经济非稳态增长的成因、表现及其影响,对于现阶

第十一章 总结与展望

段中国的经济发展和政策制定来说，是一个很有现实意义、值得研究的学术课题。关于中国经济的"典型化事实"研究和发现仍然是一个未完成的任务。期望本书研究能起到抛砖引玉的作用，推进更加深入的研究。

参考文献

[1] 白重恩，钱震杰，武康平．中国工业部门要素份额决定因素研究［J］．经济研究，2008（8）：16-28．

[2] 白重恩，钱震杰．我国资本收入份额影响因素及变化原因分析——基于省际面板数据的研究［J］．清华大学学报（哲学社会科学版），2009（4）：137-147．

[3] 白重恩，钱震杰．国民收入的要素分配：统计数据背后的故事［J］．经济研究，2009（3）：27-41．

[4] 白重恩，钱震杰．谁在挤占居民的收入——中国国民收入分配格局分析［J］．中国社会科学，2009（5）：99-115．

[5] 白重恩．国民收入分配和经济增长模式［R］．中国经济50人"长安讲坛"，2009．

[6] 包群，许和连，赖明勇．贸易开放度与经济增长：理论及中国的经验研究［J］．世界经济，2003（2）：2-10．

[7] 曹吉云．我国总量生产函数与技术进步贡献率［J］．数量经济技术经济研究，2007（11）：37-46．

[8] 陈晓玲，连玉君．资本—劳动替代弹性与地区经济增长——德拉格兰德维尔假说的检验［J］．经济学（季刊），2013，11（4）：93-118．

[9] 陈宇峰，贵斌威，陈启清．技术偏向与中国劳动收入份额的再考察［J］．经济研究，2013（6）：113-126．

[10] 迟旭，杨德礼．生产分析和测量的非参数方法［J］．管理工程学报，1995，9（4）：239-244．

[11] 迟旭，杨德礼．中国各行业生产的弹性分析［J］．系统

工程理论与实践，1997（7）：25-33.

［12］单豪杰．中国资本存量K的再估算：1952~2006年［J］．数量经济技术经济研究，2008（10）：17-35.

［13］戴天仕，徐现祥．中国的技术进步方向［J］．世界经济，2010（11）：54-70.

［14］董直庆，王林辉．劳动力市场需求分化和技能溢价源于技术进步吗［J］．经济学家，2011（8）：75-82.

［15］杜广春．资金产出和劳动产出弹性值的合理确定［J］．哈尔滨电工学院学报，1994，17（4）：430-433.

［16］高铁梅．计量经济分析方法与建模——EViews应用及实例［M］．北京：清华大学出版社，2006.

［17］高宇明，齐中英．基于时变参数的我国全要素生产率估计［J］．数量经济技术经济研究，2008（2）：100-109.

［18］高宇明，齐中英．基于时变参数的中国总量生产函数估计［J］．哈尔滨工业大学学报（社会科学版），2008（2）：96-99.

［19］高宇明，齐中英．两种时变参数方法估算全要素生产率研究［J］．数理统计与管理，2008（4）：678-685.

［20］龚六堂，谢丹阳．我国省份之间的要素流动和边际生产率的差异分析［J］．经济研究，2004（1）：45-53.

［21］郭耀煌，贾建民，高隆昌．生产函数的一种基本理论模型［J］．管理工程学报，1995，9（2）：107-111.

［22］郭耀煌，张炜．技术进步评价理论与应用［M］．北京：中国铁道出版社，1995.

［23］国家统计局国民经济核算司．中国经济普查年度国内生产总值核算方法［M］．北京：中国统计出版社，2007.

［24］国家统计局国民经济核算司．中国非经济普查年度国内生产总值核算方法［M］．北京：中国统计出版社，2008.

［25］何枫，陈荣，何林．我国资本存量的估算及其相关分析

[J]. 经济学家, 2003 (5): 29-35.

[26] 贺菊煌. 我国资产的估算 [J]. 数量经济与技术经济研究, 1992 (8): 24-27.

[27] 侯风云. 中国人力资本投资与城乡就业相关性研究 [M]. 上海: 上海三联书店, 上海人民出版社, 2007.

[28] 海韦尔·G. 琼斯. 现代经济增长理论导引 [M]. 郭家麟等译, 北京: 商务印书馆, 1999.

[29] 花俊洲, 吴冲锋, 梅长林. 一类半参数可变系数广义线性模型及其拟合 [J]. 统计研究, 2003 (12): 57-60.

[30] 黄先海, 徐圣. 中国劳动收入比重下降成因分析——基于劳动节约型技术进步的视角. 经济研究, 2009 (7): 34-44.

[31] 黄勇峰, 任若恩, 刘晓生. 中国制造业资本存量永续盘存法估计 [J]. 经济学 (季刊), 2002, 1 (2): 377-396

[32] 焦斌龙, 焦志明. 中国人力资本存量估算: 1978~2007 [J]. 经济学家, 2010 (9): 27-33.

[33] 金剑, 蒋萍. 生产率增长测算的半参数估计方法: 理论综述和相关探讨 [J]. 数量经济技术经济研究, 2006 (9): 22-28.

[34] 金锡万, 陈世菊. 技术进步的动态度量与分析探讨 [J]. 安徽工业大学学报 (自然科学版), 1991 (2): 52-58.

[35] 李稻葵, 刘霖林, 王红领. GDP 中劳动份额演变的 U 型规律. 经济研究, 2009 (1): 70-81.

[36] 李杨, 殷剑峰. 中国高储蓄率问题探究——1992~2003 年中国资金流量表的分析 [J]. 经济研究, 2007, 6: 4-15.

[37] 李坤望, 冯冰. 对外贸易与劳动收入占比: 基于省际工业面板数据的研究 [J]. 国际贸易问题, 2012 (1): 26-37.

[38] 李济广. 劳资分配比例的中外比较 [J]. 统计研究, 2008 (10): 110-112.

[39] 李京文, 钟学义. 中国生产率分析前沿 [M]. 北京: 社

会科学文献出版社，1998.

[40] 李治国，唐国兴．资本形成路径与资本存量调整模型——基于中国转型时期的分析 [J]．经济研究，2003 (2)：34 - 42.

[41] 李金华．经济学模型的精神与灵魂 [N]．光明日报，2013 - 5 - 24.

[42] 李子奈，潘文卿．计量经济学 [M]．北京：高等教育出版社，2000.

[43] 李子奈，叶阿忠．高等计量经济学 [M]．北京：清华大学出版社，2004.

[44] 李子奈．计量经济学应用研究的总体回归模型设定 [J]．经济研究，2008 (8)：136 - 144.

[45] 林毅夫，林毅夫．初次分配要实现公平与效率的统一 [N]．人民日报，2007.

[46] 林毅夫，蔡昉，李周．中国的奇迹：发展战略与经济改革 [M]．上海：上海三联出版社，1995.

[47] 林毅夫，任若恩．东亚经济增长模式相关争论的再探讨 [J]．经济研究，2007 (8)：4 - 12.

[48] 林毅夫，苏剑．论我国经济增长方式的转换 [J]．管理世界，2007 (11)：5 - 13.

[49] 刘海燕，李攀登，章上峰．可变弹性系数生产函数：基于因素导向的分析 [J]．统计与决策，2011 (1)：32 - 33.

[50] 刘金全．技术进步与生产函数的非中性 [J]．数量经济技术经济研究，1999 (2)：16 - 18.

[51] 刘思峰，党耀国，李炳军，李秀丽，王莲花．G - C - D 模型与技术进步贡献率测度 [J]．中国管理科学，1999，7 (2)：76 - 80.

[52] 刘小兵．C - D 生产函数参数的灰色理论求解法 [J]．长沙交通学院学报，1998，l4 (3)：84 - 89.

[53] 刘瀛洲. 用 DEA 方法测算产出弹性 [J]. 运筹与管理, 1997, 6 (3): 45-48.

[54] 陆雪琴, 章上峰. 技术进步偏性定义及其测度 [J]. 数量经济技术经济研究, 2013 (8): 20-34.

[55] 罗长远, 张军. 经济发展中的劳动收入占比: 基于中国产业数据的实证研究 [J]. 中国社会科学, 2009 (4): 65-79.

[56] 罗长远. 卡尔多"特征事实"再思考: 对劳动收入占比的分析 [J]. 世界经济, 2008 (11): 86-96.

[57] 罗长远, 陈琳. 融资约束会导致劳动收入份额下降吗 [J]. 金融研究, 2012 (3).

[58] 罗伊·哈罗德. 动态经济学 [M]. 黄范章译, 北京: 商务印书馆, 1981.

[59] 罗羡华, 杨振海, 周勇. 时变弹性系数生产函数的非参数估计 [J]. 系统工程理论与实践, 2009 (4).

[60] 罗余才. C-D 生产函数参数估计的灰色关联度法 [J]. 系统工程, 1993, 11 (1): 51-56.

[61] 潘士远, 史晋川. 内生经济增长理论: 一个文献综述 [J]. 经济学季刊, 2002, 1 (4): 753-786.

[62] 潘士远, 史晋川. 知识吸收能力与内生经济增长 [J]. 数量经济与技术经济研究, 2001 (11): 82-85.

[63] 彭国华. 我国地区全要素生产率与人力资本构成 [J]. 中国工业研究, 2007 (2): 52-59.

[64] 彭国华. 中国地区收入差距, 全要素生产率及其收敛分析 [J]. 经济研究, 2005 (9): 19-29.

[65] 齐舒畅. 我国投入产出表的编制和应用情况简介 [J]. 中国统计, 2003 (5): 21-22.

[66] 钱雪亚, 王秋实, 刘辉. 中国人力资本水平再估算: 1995~2005 [J]. 统计研究, 2008 (2): 3-10.

[67] 钱雪亚, 王秋实, 伊立夫. 中国人力资本和物质资本存

量：基于总资本框架的估算 [J]．商业经济与管理，2009（3）：39－45．

[68] 钱雪亚，周颖．人力资本存量水平的计量方法及实证评价 [J]．商业经济与管理，2005（2）：3－8．

[69] 钱雪亚．中国区域经济差异源于 FDI？——析二次统计误差的形成 [J]．统计研究，2007（3）：83－87．

[70] 任若恩，刘晓生．关于中国资本存量估计的一些问题 [J]．数量经济与技术经济研究，1997（1）：19－24．

[71] 施红星，刘思峰，方志耕．基于同类技术水平的 Cobb-Douglas 生产函数资本和劳动弹性系数测算问题研究 [C]．2006 年灰色系统理论及其应用学术会议论文集，2006．

[72] 宋海岩，刘淄楠，蒋萍．改革时期中国总投资决定因素的分析 [J]．世界经济文汇，2003（1）：44－56．

[73] 孙福田，王福林．变弹性 C－D 生产函数测算农业机械化的贡献率方法 [J]．东北农业大学学报，2005（1）：75－77．

[74] 孙景蔚．基于损耗的人力资本估算——以长江三角洲经济区三省市为例 [J]．中国人口科学，2005（2）：61－67．

[75] 孙敬水，董亚娟．人力资本、物资资本与经济增长——基于中国数据的经验研究 [J]．山西财经大学学报，200（4）：37－43．

[76] 孙敬水，许利利．人力资本与经济增长关系实证分析——以浙江省为例 [J]．数理统计与管理，2008（5）：777－784．

[77] 宋冬林，王林辉，董直庆．技能偏向型技术进步存在吗？——来自中国的经验证据 [J]．经济研究，2010（5）：68－81．

[78] 汤向俊，资本深化．人力资本积累与中国经济持续增长 [J]．世界经济，2006（8）：57－64．

[79] 陶章华，郭耀煌，张炜．生产函数的一种基本理论表达

式——弹性生产函数 [J]. 管理工程学报, 2001 (2): 19-21.

[80] 王艾青, 安立仁. 中国人力资本存量分析 [J]. 学术研究, 2004 (9): 26-32.

[81] 王诚. 劳动力供求"拐点"与中国二元经济转型 [J]. 中国人口科学, 2005, 6 (7): 2-13.

[82] 王诚. 从零散事实到典型化事实再到规律发现 [J]. 经济研究, 2007 (3): 142-156.

[83] 王金营. 人力资本与经济增长——理论与实证 [M]. 北京: 中国财政经济出版社, 2001.

[84] 王曦, 舒元, 才国伟. 我国国有经济双重目标与TFP核算的微观基础 [J]. 经济学 (季刊), 2007 (1): 25-38.

[85] 王小鲁. 中国经济增长的可持续性与制度变革 [J]. 经济研究, 2000 (7): 3-15.

[86] 王小鲁, 樊纲, 刘鹏. 中国经济增长方式转换和增长可持续性 [J]. 经济研究, 2009, 1 (1): 4-16.

[87] 王小鲁, 樊纲. 中国经济增长的可持续性 [M]. 北京: 经济科学出版社, 2000.

[88] 王智海, 潘杰义. 生产函数中产出弹性的有关问题 [J]. 科学学与科学技术管理, 1994, 15 (6): 15-17.

[89] 王林辉, 袁礼, 郭凌. 技术进步偏向性会引导投资结构吗？[J]. 学海, 2012 (3): 54-62.

[90] 翁杰, 周礼. 中国工业部门劳动收入份额的变动研究: 1997~2008年 [J]. 新华文摘, 2010 (20): 50-55.

[91] 肖红叶, 郝枫. 资本永续盘存法及其国内应用 [J]. 财贸经济, 2005 (3): 55-62.

[92] 肖红叶, 郝枫. 中国收入初次分配结构及其国际比较 [J]. 财贸经济, 2009 (2): 13-21.

[93] 徐杰, 段万春, 杨建龙. 中国资本存量的重估 [J]. 统计研究, 2010 (12): 72-77.

[94] 徐现祥, 王海港. 我国初次分配中的两极分化及成因 [J]. 经济研究, 2008 (2): 106-118.

[95] 徐现祥, 周吉梅, 舒元. 中国省区三次产业资本存量估计 [J]. 统计研究, 2007 (5): 6-13.

[96] 徐瑛, 陈秀山, 刘凤良. 中国技术进步贡献率的度量与分解 [J]. 经济研究, 2006 (8): 93-103.

[97] 许冰, 章上峰. 经济增长与收入分配不平等的倒 U 型多拐点测度研究 [J]. 数量经济技术经济研究, 2010 (2): 54-64.

[98] 许冰, 章上峰. 全要素生产率测算的半参数估计方法及其应用 [J]. 统计与信息论坛, 2008 (4): 37-40.

[99] 许冰. 外商直接投资对区域经济的产出效应——基于路径收敛设计的研究 [J]. 经济研究, 2010 (2): 44-54

[100] 许宪春. 中国资金流量分析 [J]. 金融研究, 2002 (9): 18-33.

[101] 许相敏, 祁支锐. 基于灰色聚类的 Cobb-Douglas 生产函数资本和劳动弹性系数测算 [C]. 2006 年灰色系统理论及其应用学术会议论文集, 2006.

[102] 杨剑波, 郭小群. R&D 内生经济增长理论综述与引申 [J]. 改革, 2008 (1): 154-157.

[103] 姚洋. 中国奇迹的解释: 中国高速经济增长的来 [N]. 南方周末, 2008

[104] 叶阿忠. 非参数计量经济学 [M]. 天津: 南开大学出版社, 2003.

[105] 叶宗裕. 中国省际资本存量估算 [J]. 统计研究, 2010 (12): 65-71.

[106] 于秀艳, 张相斌. 信息技术产业的产出弹性分析 [J]. 情报科学, 2001, 19 (2): 191-193.

[107] 张帆. 中国的物质资本和人力资本估算 [J]. 经济研究, 2000 (8): 65-71.

[108] 张军. 增长、资本形成与技术选择: 解释中国经济增长下降的长期因素 [J]. 经济学 (季刊), 2002, 1 (2): 301-338.

[109] 张军, 施少华. 中国经济全要素生产率变动: 1952~1998 [J]. 世界经济文汇, 2003 (11): 7-24.

[110] 张军, 吴桂英, 张吉鹏. 中国省际物质资本存量估算. 1952~2000 [J]. 经济研究, 2004 (10): 35-44.

[111] 张军, 章元. 对中国资本存量 K 的再估计 [J]. 经济研究, 2003 (7): 305-343.

[112] 张军. 对中国资本存量 K 的再估计 [J]. 经济研究, 2003 (7): 35-43.

[113] 张军扩. "七五"期间经济效益的综合分析——各要素对经济增长贡献率的测算 [J]. 经济研究, 1991 (4): 8-17.

[114] 张良, 窦春轶, 时书丽. Cobb-Douglas 生产函数的模糊分析 [J]. 运筹与管理, 2006, 15 (1): 58-61.

[115] 张平. 在增长的迷雾中抉择: 行难知亦难——评吴敬琏著《中国经济增长模式的抉择》[J]. 经济研究, 2006 (2): 120-125.

[116] 章上峰. 时变弹性生产函数生产率分解公式及其政策含义 [J]. 数量经济技术经济研究, 2011 (7): 26-41.

[117] 章上峰, 许冰. 时变弹性生产函数与全要素生产率 [J]. 经济学 (季刊), 2009, 8 (2): 551-568.

[118] 章上峰, 许冰. 初次分配中劳动报酬比重测算方法研究 [J]. 统计研究, 2010 (8): 74-78.

[119] 章上峰, 许冰, 顾文涛. 时变弹性生产函数模型统计学与经济学检验 [J]. 统计研究, 2011 (6): 92-97.

[120] 章上峰, 许冰. 中国经济非稳态增长典型事实及解析 [J]. 数量经济技术经济研究, 2015 (3): 94-110.

[121] 张杰, 卜茂亮, 陈志远. 中国制造业部门劳动报酬比

重的下降及其动因分析 [J]. 中国工业经济, 2012, 5: 57-69.

[122] 张莉, 李捷瑜, 徐现祥. 国际贸易, 偏向型技术进步与要素收入分配 [J]. 经济学, 2012, 11 (1): 409-428.

[123] 赵志耘, 刘晓路, 吕冰洋. 中国要素产出弹性估计 [J]. 经济理论与经济管理, 2006 (6): 5-11.

[124] 郑玉歆. 全要素生产率的测度及经济增长方式的"阶段性"规律——由东亚经济增长方式的争论谈起 [J]. 经济研究, 1999 (5): 55-60.

[125] 郑玉歆. 全要素生产率的再认识——用TFP分析经济增长质量存在的若干局限 [J]. 数量经济技术经济研究, 2007 (9): 3-11.

[126] 庄巨忠. 以共享方式构建和谐社会: 一个战略框架 [J]. 亚行研究报告, 2007.

[127] 郑志国. 中国企业利润侵蚀工资问题研究 [J]. 中国工业经济, 2008 (1): 5-13.

[128] 卓勇良. 关于劳动所得比重下降和资本所得比重上升的研究 [J]. 浙江社会科学, 2007 (3): 26-33.

[129] Acemoglu D. Labor-and capital-augmenting technical change [J]. NBER Working Paper No. 7544, 2000. Journal of the European Economic Association, 2003, 1 (1): 1-37.

[130] Acemoglu D. Directed technical change [J]. The Review of Economic Studies, 2002, 69 (4): 781-809.

[131] Acemoglu D. Patterns of skill premia [J]. The Review of Economic Studies, 2003, 70 (2): 199-230.

[132] Acemoglu D. Veronica Guerrier. Capital Deepening and Non-balanced Economic Growth [J]. Journal of Political Economy, 2008, 6 (3): 467-498.

[133] Arrow K. J. The Economic Implication of Learning by Doing [J]. Review of Economic Studies, 1962 (29), 155-173.

[134] Barro R. J. Government Spending in a Simple Model of Endogenous Growth, Journal of Political Economy [J]. 1990 (98): s103 - s125.

[135] Barro R. J. , Sala-i-Martin X. Economic Growth [M]. McGraw-Hill, 2002.

[136] Becker G. S. , Kevin M. , Tammura R. Human Capital, Fertility, and Economic Growth [J]. Journal of Political Economy, 1990 (98): s12 - s37.

[137] Bentolina S. , Saint P. G. . Explaining Movements in the Labor Share [J]. Contributions to Macroeconomics, 2003, 3 (1).

[138] Xu B. , Wu B. On nonparametric estimation for the growth of total factor productivity: A study on china and its four eastern provinces [J]. International Journal of Innovative Computing, Information and Control, 2007, 3 (1): 141 - 150.

[139] Blanchard O. J. The Medium Run, Brookings Papers on Economic Activity, 1997 (2): 89 - 158.

[140] Brunsdon C. Fotheringham A. S. and Charlton M, some notes on parametric significance test for geographically weighted regression [J]. Journal of Regional Science, 1999 (39): 497 - 524.

[141] Silverman B. W. Density Estimation for Statistics and Data Analysis [M]. London: Chapman and Hall, 1986. A.

[142] Jones C. I. , Romer P. M. The New Kaldor Facts: Ideas, Institutions, Population, and Human Capital [J]. American Economic Journal: Macroeconomics, 2010, 2 (1): 224 - 245

[143] Chow G. Capital Formation and Economic Growth in China [J]. Quarterly Journal of Economics, 1993 (114): 809 - 842.

[144] Cleveland W. S. , Grosse E. , Shyu W. M. Local regression Models [M]. In Statistical Models in S (J. M. Chambers, and T. J. Hastie, eds.) 309 - 376. Wadsworth, Brooks-Cole, Pacific

Grove, CA, 1991.

[145] Daniel A. A. , Kevin C. , Garth F. Structural Identication of Production Functions [J]. working papers, Department of Economics, UCLA, December 28, 2006

[146] Chambers D. Trading Places: Does Past Growth Impact Inequality? [J]. Journal of Development Economics, 2007, 82 (1): 257 – 266.

[147] Long D. , Braxtford J. , Lawrence H. S. Equipment Investment and Economic Growth [J]. Quarterly Journal of Economics, 1991 (106): 455 – 502.

[148] Elias D. , Thompson P. Schumpeterian Growth without Scale Effect [J]. Journal of Economic Growth, 1998 (3): 313 – 335.

[149] Domar E. D. Capital Expansion, Rate of Growth, and Employment [J]. Econometrica, 1946 (14): 137 – 147.

[150] Fan J. , Huang T. Profile likelihood inferences on semiparametric varying-coefficient partially linear Models [J]. Bernoulli, 2005, 11 (6): 1031 – 1057.

[151] Fan J. , Gijbels I. Local Polynomial Modeling and Its Applications [M]. Chapman and Hall, London, 1996.

[152] Farrell M. J. Measurement of Productive Efficiency [J]. Journal of the Royal Statistical Society, 1957, Part3, Serial A.

[153] Fei, John C. H. , Gustav R. Development of the Labor Surplus Economy: Theory and Policy [M]. Homewood, IL: Richard A. Irwin, Inc, 1964.

[154] Gollin D. Getting Income Shares Right [J]. Journal of Political Economy, 2002: 458 – 474.

[155] Goodfriend M. , McDermott J. Early Development [J]. American Economic Review, 1995 (85): 116 – 133.

[156] Griliches Z., Mairesse J. Production Functions: The Search for Identication [M]. In Econometrics and Economic Theory in the Twentieth Century: The Ragnar Frisch Centennial Symposium, ed. S. Strøm. Cambridge, UK: Cambridge University Press, 1998.

[157] Grossman G. M., Helpman E. Innovation and Growth in the Global Economy [M]. Cambridge, MA: MIT Press, 1991.

[158] Hastie T. J., Tibishirani R. J. Varying-coefficient models [J]. J. Roy. Statist. Soc. Ser. B, 1993 (55): 757-796.

[159] Harrod R. F. An Essay in Dynamic Theory, Economic Journal, 1939 (49): 14-33.

[160] Harrod R. F. Toward a Dynamic Economics: Some Recent Developments of Economic Theory and Their Application to Policy [M]. London: Macm illan, 1948.

[161] Harvey A. C. Forecasting, Structural Time Series Models and the Kalman Filter [M]. Cambridge University Press, 1989.

[162] Hofman A. A. Economic Growth, Factor Shares and Income Distribution in Latin American in the Twentieth Century [R]. Presented at the International Workshop on Modern Economic Growth and Distribution in Asia, Latin America, and the European Periphery: A Historical National Accounts Approach, 16-18 March: Tokyo, 2001.

[163] Jian H. Nonparametric identification and estimation of production functions using control function approaches to endogeneity [J]. Job Market Paper, the pennsylvania state university, 2008, 130, 343-414.

[164] Hu Z., Mohsin S. K. Why is China Growing So Fast? IMF Staff Papers, The International Monetary Fund. Washington, DC. 1997.

[165] Ahmad I., Leelahanon S., Li Q. Efficient Estimation of a Semiparametric Partially Linear Varying Coefficient Model [J]. Ann.

Statist. , 2005 (33): 258 - 283.

[166] Fan J. , Zhang W. Statistical estimation in varying coefficient models [J]. Ann. Statist. , 1999 (27): 1491 - 1518.

[167] Fan J. , Zhang C. , Zhang J. , et al. , Generalized likelihood test statistic and wilks phenomenon [J]. Ann statist, 2001: 153 - 193.

[168] Jones C. I. , R&D-Based Modem of Economic Growth [J]. Journal of Political Economy, 1995 (103): 759 - 784.

[169] You J. , Chen G. Estimation of a semiparametric varying-coefficient partially linear errors-in-variables model [J]. Journal of Multivariate Analysis, 2006 (97): 324 - 341.

[170] Huang J. Z. , Wu C. O, Zhou L. Varying-coefficient model and biasis function approximations for the analysis of repeated measurements [J]. Biometrika, 2002 (89): 809 - 822.

[171] Jeremy T. Fox and Amit Gandhi. Nonparametric Identification and Estimation of Random Coefficients in Nonlinear Economic Models, working papers, Department of Economics University of Michigan, 2010. http: //www-personal. umich. edu/ ~ jtfox/.

[172] Kaldor N. Capital Accumulation and Economic Growth [M]. MacMillan, 1961.

[173] Kendrick J. W. , Total Capital and Economic Growth [J]. Atlantic Economic Journal, 1994 (22): 1 - 18.

[174] Kendrick J. W. , The Formation and Stocks of Total Capital [M]. New York: Cohmbia University Press, 1976.

[175] Kravis I. B. , Relative Income Shares in Fact and Theory [J]. American Economic Review, 1959, 49 (5): 917 - 949.

[176] Krugman P. Myth of East Asia's Miracle [J]. Foreign Affairs, 1994, 73 (6): 62 - 78.

[177] Kumbhakar S. Estimation and Decomposition of Productivi-

ty Change When Production is Not Efficient: A Panel Data Approach [J]. Econometric Reviews, 2000, 19 (4): 425 –460.

[178] Leandro P. de la Escosura, Joan R. R. Wages and labor income in history: a survey [R]. Working Paper 03 – 10, Economic History and Institutions Series 06, February 2003.

[179] Levinsohn J., Petrin A. Estimating Production Functions Using Inputs to Control for Unobservables [J]. Review of Economic Studies, 2003: 317 –342.

[180] Lucas R. E. On the Mechanics of Economic Development [J]. Journal of Monetary Economics, 1988 (22): 3 –42.

[181] Mankiw N. G. The Growth of Nations [C]. Brookings Papers on Economic Activity, 1995 (1): 275 –310.

[182] Mankiw N. G, Romer D., Weil D. A Contibution To The Empirics of Economic Growth [J]. Quarterly of Economics, 1992 (107): 407 –437.

[183] Marshall A. Principles of Economics [M]. London: Macmillan, 1920.

[184] Ahluwalia M. S. Income Distribution and Development: Some Stylized Facts [J]. American Economic Review, 1976, 66 (2): 128 –135.

[185] Nelder J. A., Wedderburn R. W. M. Generalized linear models [M]. J. R. Statist. Soc. A., 1972 (135): 370 –384.

[186] Olley S., Pakes A. The Dynamics of Productivity in the Telecommunications Equipment Industry [J]. Econometrica, 1996 (64): 1263 –1295

[187] Romer P. M., Increasing Returns And Long-Run Growth [J]. Journal of Political Economy. 1986 (94): 1002 –1037.

[188] Perkins D. H., Reforming China's Economic System [J]. Journal of Economic Literature, 1998, 26 (2): 601 –645.

参考文献

[189] Philippe A., Howitt P. A. Model of Growth through Creative Destruction [J]. Econometrica, 1992 (60): 321 – 351.

[190] Poterba J. M., The Rate of Return to Corporate Capital and Factor Shares: New Estimates Using Revisited National Income Accounts and Capital Stock Data [J]. NBER Working Paper No. 6263, 1997.

[191] Barro R. J., Inequality and Growth in a Panel of Countries [J]. Journal of Economic Growth, 2000: Nay5 – 32.

[192] Barro R. J., Human Capital and Growth [J]. American Economic Review, 2001, 91 (2): 12 – 17.

[193] Romer P. M., Endogenous Technology Change [J]. Journal of Political Economy, 1990 (98): 71 – 102.

[194] Romer P. M., The Origins of Endogenous Growth [J]. Journal Economic Perspectives, 1994 (8): 3 – 22.

[195] Romer P. M., Increasing Returns and Long Run Growth [J]. Journal of Political Economy, 1986 (94): 1002 – 1037.

[196] Sala-I-Martin, Xavier. The World Distribution of Income: Estimated from Individual Country Distributions [J]. NBER Working Paper w8933, 2003.

[197] Schumpeter J. A., The Theory Economic Development [M]. Cambridge, MA: Harvard University Press, 1934.

[198] Iwata S., Mohsin S. K., Hiroshi M. Sources of Economic Growth in East Asia: A Nonparametric Assessment [J]. IMF Staff Papers, Vol. 50, 2003.

[199] Smith A. An Inquiry into the Nature and Causes the Wealth Nations [M]. 1776, New York: Random House, 1937.

[200] Solow R. M., A Skeptical Note on the Constancy of Relative Shares [J]. American Economic Review, 1958, 48 (4): 618 – 631.

[201] Solow R. M., A Contribution to the Theory of Economic Growth [J]. Quarterly Journal of Economics, 1956 (99): 500 – 521.

[202] Solow R. M., Growth Theory: An Exposition [M]. New York, Oxford: Oxford University Press, 2000.

[203] Solow R. M., Technical Change and the Aggregate Production Function [J]. Review of Economics of Statistics, 1957 (3): 312 – 320.

[204] Stern Nicholas. The Determine of Growth [J]. Economic Journal, 1991 (101): 122 – 133.

[205] Sundrum R. M., Income Distribution in Less Development Countries [M]. London and New York: Routledge, 1990.

[206] Swan T. W., Economic Growth and Capital Accumulation [J]. Economic Record, 1956 (32): 334 – 361.

[207] Tamura R. Income Convergence in an Endogenous Growth Model [J]. Journal of Political Economy, 1991 (99): 522 – 540.

[208] Uzawa H. Optimal Growth in a Two-Sector Model of Capital Accumulation [J]. Review of Economic Studies, 1964 (31): 1 – 24.

[209] Uzawa H. Optimal Technical Change in an Aggregative Model of Economic Growth [J]. Review of International Economics, 1965 (6): 18 – 31.

[210] YanW., Yao Y. Sources of China's Economic Growth, 1952 – 99: Incorporating Human Capital Accumulation [J]. World Bank working paper, 2001.

[211] Young A. Gold into Base Metals: Productivity Growth in the People's Republic of China during the Reform Period [J]. NBRE working paper 7856, 2000.

[212] Zhang J. Investment, Investment Efficiency and Economic Growth in China [J]. Journal of Asian Economics, 2003 (14): 713 – 734.

[213] Zhang S. , Xu B. , Qiu S. , Jia W. , et al. , Estimation of efficiency and varying-elasticity with DEA model [J]. Journal of Management Science and Statistical Decision, 2010, 7 (2): 72 – 76.

[214] Zhang S. , Gu W. , On nonparametric estimation for the frontier elasticity of output with DEA model [J]. Journal of Management Science and Statistical Decision, 2010, 7 (1): 135 – 140.

后　　记

自1776年亚当·斯密发表《国富论》和1817年大卫·李嘉图于发表《政治经济学及赋税原理》以来，经济增长和收入分配一直是经济学家和政府关心的研究话题。生产函数模型成功联系了经济增长理论和收入分配理论，一直深受经济学理论学者和应用学者的青睐。我在硕士求学阶段，开始研究构建非参数和变系数生产函数模型，可以看成是时变弹性生产函数模型的雏形。但是当时的研究更加重视模型技术，忽视经济学原理和解释。硕士毕业留校担任数量经济研究所助教后，利用半年时间从经济学角度对时变弹性生产函数模型做了全新的梳理，完成第一篇学术论文《时变弹性生产函数与全要素生产率》。怀着对学术真理的追求，我做了一次大胆的尝试，于2008年1月把这篇文章投到北京大学中国经济研究中心主办的国家顶级期刊《经济学（季刊）》。

2008年8月，我在上海财经大学经济学院参加第二届"现代经济学"进修期间，收到《经济学（季刊）》发来的专家匿名评审意见"选题新颖，创新地构建了时变弹性生产函数模型，提出了一个改进生产率增长测算方法的独到思路，做出了开创性的研究"。论文修改结合专家审稿意见，最终发表在2009年1月第8卷第2期《经济学（季刊）》上。感谢《经济学（季刊）》，使我树立了开展时变弹性生产函数模型研究作为博士论文的信心！

2009年6月，我主持"时变弹性生产函数：理论与应用研究"获准国家社会科学基金青年项目立项资助，保障了充足研究经费。我逐步进入经济学学术殿堂，体验学院式研究的快乐和充实。以时变弹性生产函数模型为主题，在国家权威期刊《经济学（季刊）》、

后 记

《数量经济技术经济研究》、《统计研究》，先后发表了五篇学术论文《时变弹性生产函数与全要素生产率》、《初次分配中劳动报酬比重测算方法研究》、《时变弹性生产函数模型统计学与经济学检验》、《时变弹性生产函数生产率分解公式及其政策涵义》、《中国经济非稳态增长典型事实及解析》，试图构建一个相对完整的理论和应用研究框架。

本书是在我博士论文基础上，结合最近几年思考和研究写作而成的。我的博士论文从选题、构思到写作和发表，我在学术上每一点小小的进步，都凝聚着恩师许冰教授的大量心血。恩师五十岁时远赴国际著名学府日本早稻田大学攻读博士学位，执着学术精神令人感动。正是由于恩师的悉心指导，我的博士论文获得国家统计局优秀博士论文一等奖的学术荣誉。恩师宽广的国际视野、宽阔的处事胸襟、渊博的学术知识、严谨的求学之道和高尚的人格魅力，我耳濡目染，受益终身，我庆幸自己遇到了良师，在此对恩师的教诲和模范致以我由衷的谢意和崇高的敬意！

在我的求学和学术研究过程中，很多人给予了莫大的帮助。浙江工商大学李金昌教授、苏为华教授、丁正中教授、徐川育教授、赵卫亚教授、洪兴建教授、陈振龙教授、胡祖光教授、张仁寿教授、何大安教授、钱水土教授、江涛教授、赵英军教授、孙敬水教授、张旭昆教授、顾文涛副教授等，浙江大学林正炎教授、史晋川教授、汪炜教授、钱雪亚教授、郭继强教授、王义中副教授等，浙江省委党校林万雄教授，中国社会科学院汪同三研究员、李金华教授、张平教授、程炼副研究员等，清华大学李子奈教授，华中科技大学王少平教授，南开大学张晓峒教授，中国人民大学赵国庆教授，上海财经大学田国强教授，上海交通大学朱保华教授，厦门大学蔡宗武教授，北京师范大学邱东教授，天津财经大学肖红叶教授，复旦大学张军教授、陆铭教授，中山大学徐现祥教授，日本早稻田大学 Watada 教授，台湾政治大学吴柏林教授，台湾淡江大学黄文涛教授，等等，在不同场合给予帮助和启发，有些还对论文研究提出了很多建设性的修改意见，在此一并向他们致以最真挚的谢意！同时也要感谢曾一起并肩学习的同学们，浙江工商大学同事们，以及上海财经大学"现代经济学"、"现代金融学"暑期师资进修班、中国青年经济学者论坛、中国青年经济学家联谊会、全国博士生学术会议、中国博士后经济学论坛不期而遇但同样热爱经济学研究的同行们，他们有些还成为我学习和工作中的好朋友。在此一并致谢！

居里夫人曾经说过"即使在人类知识宝库里投进一粒沙子也是伟大的"。在自己感兴趣的经济学知识海洋里遨游，是发自内心快乐而充实的事情。但是学术研究需要大量的时间和精力，因此对于家庭和身边的亲人而言可能是不称职的。因此，我要特别感谢我的家人，他们给予我充分的信任、信心和支持。父母年逾花甲，从农村过来和我们蜗居，帮做家务和照顾孙子；我的爱人黄尾吴女士贤惠秀丽，无怨无悔伴我一路走来，相夫教子；我的儿子章学权正在茁壮成长，能够体贴我没有足够时间陪伴他。因为家人默默地支持，我有了更多时间和精力从事学习和研究工作。又因为家庭，我有了更多的责任、灵感和动力。祝愿我的父母健康长寿！祝愿所有亲人朋友健康快乐！

本书是对前一阶段时变弹性生产函数模型研究的总结，还存在一些没有展开的细节研究，笔者2014年主持的国家自然科学基金项目中对后续问题做进一步的探索和研究。由于出版时间限制以及个人水平、精力有限，文中存在的许多不足之处，恳请读者批评指正。

章上峰

2015年8月于杭州